How-nual Shuwasystem Industry Trend Guide Book

図解入門
業界研究

最新 外食業界の動向とカラクリがよ〜くわかる本

業界人、就職、転職に役立つ情報満載！

［第4版］

中村 恵二
南 まい 著

秀和システム

はじめに

不要不急の外出が制限されたコロナ禍のもとでは、外食産業も甚大な影響を受けてきました。感染拡大の防止策として、観光、イベントなどへの参加を自粛したり長距離の移動を避けるようになり、世界中で人々の動きが止まりました。しかしながらその一方、日々の暮らしにおいては在宅時間が増えたことにより、いわゆる〝巣ごもり需要〟が生まれ、家庭内で消費する食材をインターネット通販などで購入する量が大きく増加しました。

また、コロナ禍前から懸念されていた少子高齢化と人口減少、そして外国人労働者の激減に伴う働き手の不足が外食業界においても顕著となり、人手不足が原因の倒産も増えてきました。

2023年5月に新型コロナウイルス感染症の感染法上の分類が5類に移行した頃から、個人消費の回復と経済活動の正常化に伴い、サービス消費が緩やかに増加し、インバウンド（訪日外国人旅行客）の復調もあり、外食業界の売上高がコロナ禍前に近付いてきました。

しかし、原燃料費高騰等によるコスト高の影響も顕在化し、インフレを背景に消費者の生活防衛意識が高まると、割高なデリバリーも含めた外食控えや、低価格な業態・商品への需要移行も見られ、完全な復活にはまだ至っていません。需要拡大の余地はまだ限定的な上に、コスト高も当面続くとみられる中、外食業界の各社は収益力強化に向けて、価格とメニューの見直しを通じた原価低減、配膳ロボットやモバイルオーダー導入による省人化投資などを推進しています。

さらに、原価低減・省力化によって捻出した余力を、顧客満足度や付加価値の向上につなげる取り組みも行われてきました。

振り返れば、1964（昭和39）年、東京オリンピックの開催をきっかけとして、日本の飲食業は巨大な市場を形成していきました。旧国鉄の車内販売や食堂車、駅構内の食堂などを手がけていた日本食堂が業界のトップで、街にはオリンピックのために訪れた外国人向けに本格的な洋食レストランが現れ、一般食堂のメニューにも少しずつ洋食メニューが登場してきました。

その後、1970（昭和45）年の大阪万博では、「ケンタッキーフライドチキン」が実験店を出店。これが日本初上陸のファストフードになりました。

その後、日本ではバブル経済が崩壊し、長期にわたる不況の中で、外食業界の市場規模も一時期縮小したものの、女性の社会進出や核家族化など生活様式の劇的な変化が起きました。食生活では、食の簡便化や利便性の追求が進む一方で、食を楽しむ人や素材にこだわりを持つ人が嗜好《しこう》としてより高いレベルの食事を求める——といった〝食の二極化〟の傾向も見られるようになりました。

人は生きている限り食べることから逃れられません。そして、そこに楽しみを見いだす気持ちが尽きることもありません。外食は、中食《なかしょく》とか内食《うちしょく》と違い、非日常的な時空でもあります。格調ある店内で楽しむプロの料理、懐かしい家庭の味、いつ訪れてもくつろげる店の雰囲気など、どの人にも、様々な食の楽しみの形があるでしょう。

本書では、そういった食の楽しみを支える外食業界について、最新動向や経営の仕組み、業界の歴史と現状、今後の展望、取り組むべき課題など、その全体像を見渡せるような多角的な解説を心がけました。すでに外食業界で活躍している方をはじめ、新規オープンを目指している方、外食業界への就職や転職を希望する方にも満足していただける内容になっています。

時代に合った新たな付加価値を見いだし創造することで、外食業界に再びかつての活気が戻ってくることを期待しています。

2024年3月　中村恵二

最新外食業界の動向とカラクリがよ～くわかる本［第4版］

第3章 業界のリーディングカンパニー

第4章 外食・中食と農畜水産業

第7章 スマート・レストランを目指して

第8章 外食業界のセールスプロモーション

DATA 資料編・索引

第1章

外食業界の現在《いま》を俯瞰《ふかん》する

総務省が毎月発表している「サービス産業動向調査」によると、2023年10～12月の飲食店の売上高は1兆8045億円で、前年同期比8.3%増と好調に推移しています。

コロナ禍前の外食業界を振り返ってみると、少子高齢化が顕著になると共に、長期のデフレスパイラルなどによる低価格化と不況によって、外食機会が減少し、外食市場は縮小傾向にありました。しかしその後は、コンビニや弁当など、いわゆる中食《なかしょく》といわれる市場が増加すると共に、訪日外国人の増加などにより、前年実績をコンスタントに上回るようになり、他業種からも注目を集めつつありました。

2020年初春から日本も巻き込まれたコロナ禍により、外食業界にも甚大な影響が及んだものの、いまようやく回復の兆しを見せています。外食業界は個人をはじめとして新規参入が多く、競合も激化していますが、そのような中で、業態革新など、新たな食のサービス提供に取り組む起業者による挑戦も続いています。

Section

1-1 フード・ビジネス3業態の市場動向

生活に身近な飲食料品に関連する業態として、「食料品工業」、「食料品流通業」、「飲食店、飲食サービス業」の3業態があります。これらの各業態の活況度合いを把握できるように算出したのが、飲食店、**フード・ビジネス・インデックス（FBI）**という経済指数です。

3業態の活況指数として

FBIの算出にあたっては、3業態の各業界の付加価値額（≒儲け）を加重平均し、指数化して表します。

「食料品工業」では鉱工業生産指数のうち、食料品・タバコ工業の指数を使い、「食料品流通業」では第3次産業活動指数から飲食料品卸売業、飲食料品小売業、各種商品小売業（飲食関連）の3系統の指数を使い、それぞれ加重平均しています。

「飲食店、**飲食サービス業***」では、食料品流通業と同様に第3次産業活動指数から、「食堂・レストラン・専門店」、「パブレストラン、居酒屋」、「喫茶店」、「ファストフード店」および持ち帰りや飲食配達業などの「飲食サービス業」の5系統を加重平均して、指数化しています。

事業所数の6割は飲食店と飲食サービス業

2022年（試算値）のフード・ビジネス全体の名目事業規模は約208兆円で、「食料品工業」が38兆円、「食料品流通業」が142兆円、「飲食店、飲食サービス業」が28兆円になっています。

また、総務省・経済産業省の「令和3年経済センサス-活動調査」によると、同年のフード・ビジネスに携わる事業所数約92万のうち、「飲食店、飲食サービス業」が55万事業所で60%を占めています。2021年（調査値）のフード・ビジネス従業者数約917万人のうち、「飲食店、飲食サービス業」が401万人で4割を占め、次いで「食料品関連小売業」が307万人となっています。

Term **飲食サービス業**　「飲食店、飲食サービス業」の中で、中分類に属するものとして、「客の注文に応じその場所で調理した飲食料品を提供する事業所のうち、その場では飲食しない持ち帰り・配達飲食サービス業など」を指す。

■コロナ禍前への復調の兆し

2022年のFBIは指数値92・2、前年比1・9%増と3年ぶりの上昇となっています。内訳では、「食料品工業」は前年比0・9%減、「食料品流通業」は同2・1%減と共に低下していますが、「飲食店、飲食サービス業」が前年比14・2%増と急上昇したことから、FBIの指数値を押し上げています。

2020年から21年にかけて、コロナ禍により大きな影響を受けていた「飲食店、飲食サービス業」が復調の兆しを見せてきたと分析されています。

また2022年の「飲食店、飲食サービス業」の内訳では、「パブレストラン、居酒屋」、「食堂、レストラン、専門店」、「喫茶店」、「ファストフード店」が前年比を上回り、「飲食サービス業」が横ばいで推移しています。コロナ禍前の2018年の「飲食店、飲食サービス業」のFBIは2015年の100を原指数とした比較で101・8と順調に推移していたのが、新型コロナの感染拡大による外出自粛や対面営業の制限などにより、2020年から一気に下降線をたどり、2021年発表のFBIでは、67・4にまで落ち込んでしまいました。

フード・ビジネス・インデックス（FBI）の仕組み

- フード・ビジネス・インデックス（Food Business Index）は、飲食料関連産業全体の活況度合いを把握できるように試算した指標。
- 「食料品工業」、「食料品流通業」、「飲食店、飲食サービス業」の３業種（鉱工業生産指数、第３次産業活動指数）を付加価値額の割合で求めた比で加重平均した指数。

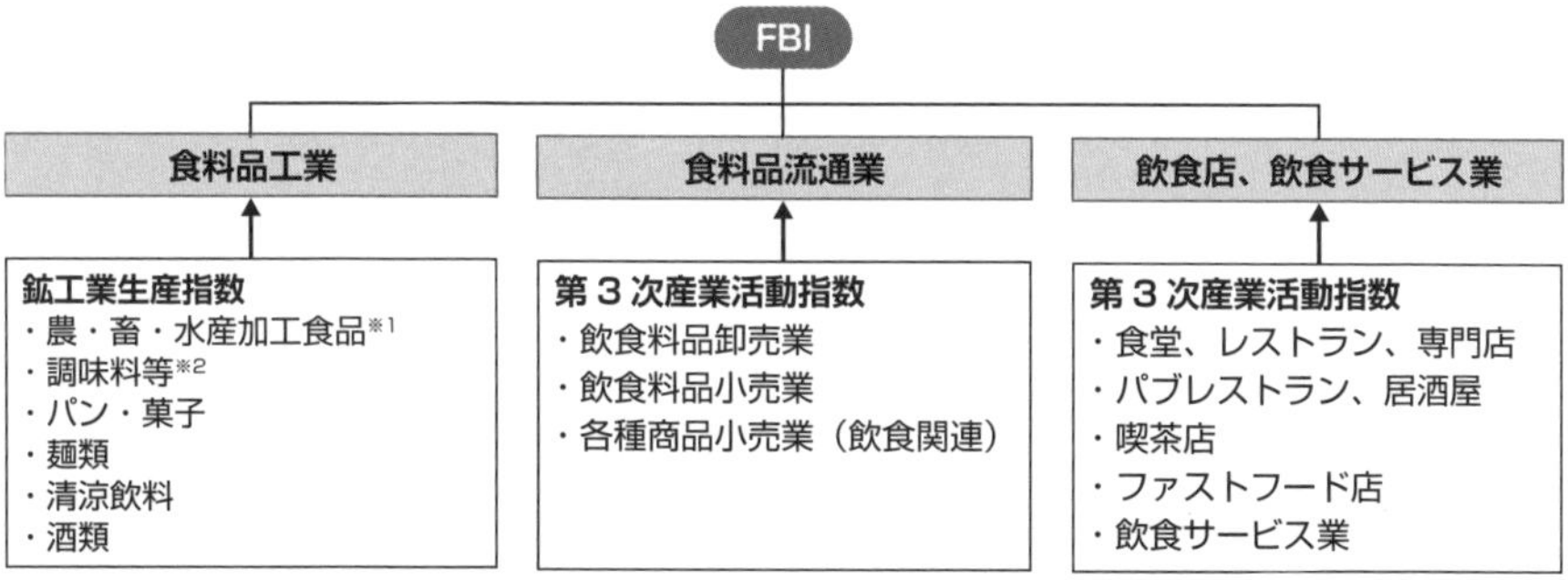

※1　肉加工品、乳製品、水産・野菜食料品。　※2　食用油脂、調味料、糖類、製粉・調整粉。
（資料）経済産業省「鉱工業指数」「第３次産業活動指数」より作成（試算値）。

Point **FBIの参考指標**　総務省・経済産業省「経済構造実態調査」、経済産業省「商業動態統計調査」「鉱工業指数」「第3次産業活動指数」、日本銀行「企業物価指数」、総務省「消費者物価指数」、（一社）日本フードサービス協会「外食産業市場規模推計」が使われている。

Section

1-2 外食業界の市場動向

外食業界では市場規模の推計に、日本フードサービス協会の付属機関である**外食産業総合調査研究センター**（**外食総研**）の調査結果を長らく用いています。前節で紹介したＦＢＩのうち「飲食業、飲食サービス業」の市場規模でも、基礎数値となっているのがこの調査結果です。

外食業界の形態

外食業界の形態として、大きく「**給食主体部門**」「**料飲主体部門**」に分けられ、前者は飲食店などの「**営業給食**」と学校や事業所などの「**集団給食**」に分類されています。「営業給食」には一般的に家の外で食事をする人々に料理やサービスを提供する「飲食店」と「機内食など」「宿泊施設」などが含まれ、「集団給食」には学校・事業所・病院・保育所給食が含まれています。なお、外食総研の従来の外食産業市場データでは「事業所給食中の弁当給食の売上」を含んだものを「料理品小売業」の売上としてきましたが、2023年3月の調査結果の資料では「外食産業市場規模」に「料理品小売業（弁当給食を除く）」の市場規模を加えて、「広義の外食産業の市場規模」として紹介しています。

料理品小売業とは

料理品小売業は主として各種の料理品（折詰料理、惣菜《そうざい》など）を小売する（店内で飲食させるために販売するもの、つまり「飲食店」を除く）事業所をいいます。

具体的には、惣菜屋、折詰小売業、揚物小売業、仕出弁当屋、駅弁売店、サンドイッチ・ハンバーガーなどの調理パン小売業、おにぎり小売業、寿司小売業、煮豆小売業、持ち帰りのハンバーガー店、持ち帰り弁当屋、宅配や持ち帰りのピザ小売業など、持ち帰ったり（**テイクアウト***）または宅配（デリバリー）されてすぐ食べられる調理済み惣菜や弁当などを販売する小売業を指します。弁当給食については、集団給食と重複することから、持ち帰りの弁当、おにぎりなどとは区別されています。

Term

テイクアウト　和製英語ともいわれ、フィリピンあたりの英語で「外へ出す」「連れ出す」という意味の「takeout」からきているとされる。米国などでは、食品を持ち帰るかどうかについて、「Stay or go?」あるいは「For here or to go?」などと尋ねられることが多いようだ。

拡大する中食（惣菜）市場

食市場については、前節で解説したように、食品製造と食品流通業、そして飲食店・飲食サービス業に区分されていますが、コロナ禍による行動規制を通し、人々の食生活の変化から、業態的にも、**「外食」「内食《うちしょく》」**そしてその中間にある**「中食《なかしょく》」**の区分が、少し曖昧になってきました。食市場全体の中でも、中食（**惣菜**）市場の伸びに支えられている部分が大きくなってきました。日本惣菜協会が毎年公表している「惣菜白書」の中で、2022年の中食（惣菜）市場規模は、対前年比103・5％の10兆4652億円。コロナ禍前の2019年との比較では101・4％と、外食業界同様に回復期にあるとしています。詳しくは次節で解説しますが、中食（惣菜）のカテゴリーに含まれている持ち帰り弁当やおにぎり店などの売上は、広義の外食市場の売上構成でも割合を増やしています。ちなみに惣菜の販売形態は百貨店と総合スーパー、食品スーパー、惣菜専門店、CVS（コンビニエンスストア）などに区分されますが、その中で一番構成比の大きいのがCVSで、次いで食品スーパー、惣菜惣菜専門店の順になっています。最近、おにぎり店などは店内でも食事できる形態が人気です。

惣菜（中食）の定義

惣菜の定義

市販の弁当や惣菜など、家庭外で調理・加工され、家庭や職場・学校、屋外などに持ち帰ってすぐに（調理加熱することなく）食べられる、日持ちのしない調理済み食品。ただし、比較的保存性が高い袋物惣菜は対象とし、調理冷凍食品やレトルト食品などは対象外。

米飯類	弁当、おにぎり、寿司など
調理パン	サンドイッチ、コロッケパンなど
調理麺	調理済やきそば、うどん、そば、スパゲティなど
一般惣菜	和・洋・中華惣菜、煮物、焼き物、炒め物、揚げ物、蒸し物、和え物、酢の物、サラダなど
袋物惣菜	パウチ入りポテトサラダ等のサラダ、肉じゃが、焼魚・煮魚など

「惣菜白書」より

Term

5類に移行　2023（令和5）年5月8日、新型コロナウイルス感染症の位置付けがそれまでの2類相当（新型インフルエンザなど）から、外出の自粛要請や就業制限のない5類感染症に移行されたことをいう。

広義の外食市場規模

日本フードサービス協会調べによる2021年の外食産業の市場規模24兆655億円に対し、22年の市場規模は前年比14・2%増の27兆4828億円と推計できます。コロナ禍前の2019年の33兆4901億円に対しては82%くらいまで復調してきたことがわかります。

外食の売上高は、1世帯当たりの消費支出や法人の交際費などの伸びにも左右されますが、近年は円安の影響でインバウンド（訪日外国人）の客数が増加し、2023年10月までの外食全体の売上は対前年比108・8%となっています。客単価も105・0%と上昇しています。

2023年5月より新型コロナの感染法上の扱いが**5類に移行**＊し、インバウンド需要の増加が目立ち、売上高と客単価を押し上げています。2023年4～6月の訪日客の旅行消費額はコロナ禍前の2019年比で95%まで回復し、同時に円安によって外国人観光客が割安な日本に殺到したことが要因となりました。かつてのように中国からの団体観光客による爆買いにはならないものの、全国各地で**オーバーツーリズム**＊と呼ばれる状況になってきました。

人手不足による倒産の増加

復調の兆しを見せている外食業界ですが、ロシアによるウクライナ侵攻に伴う世界的な食糧危機や原油価格の高騰、さらには国内経済における金融緩和策などに起因する原材料費の高騰、さらには人手不足等により、売上機会のロスなども発生しています。

物価高による消費者の節約志向もあり、業態によっては価格訴求型のメニュー施策を余儀なくされるなど、コロナ禍からの回復がうまくいっていない業態も見られます。

2023年10月の外食産業市場動向調査によると、店舗数は前年比99・2%と減少し、コロナ禍前の2019年対比でも92・7%になっています。

2023年に入って、飲食店の倒産件数が増加しています。新型コロナの5類への移行後、外食の売上高は増加したものの、東京商工リサーチによる「飲食業の倒産動向」では、2023年8月時点で2022年の倒産件数を上回っている状況です。ただし、倒産に至った理由を見ると、人手不足による倒産が増えてきました（本文44ページのコラムで詳しく解説しています）。

オーバーツーリズム　インバウンドの復調などにより、特定の観光地において、旅行者などが著しく増加し、地域住民の生活や自然環境、景観等に対して許容限度を超える影響をもたらすこと。

広義の外食市場の業態区分

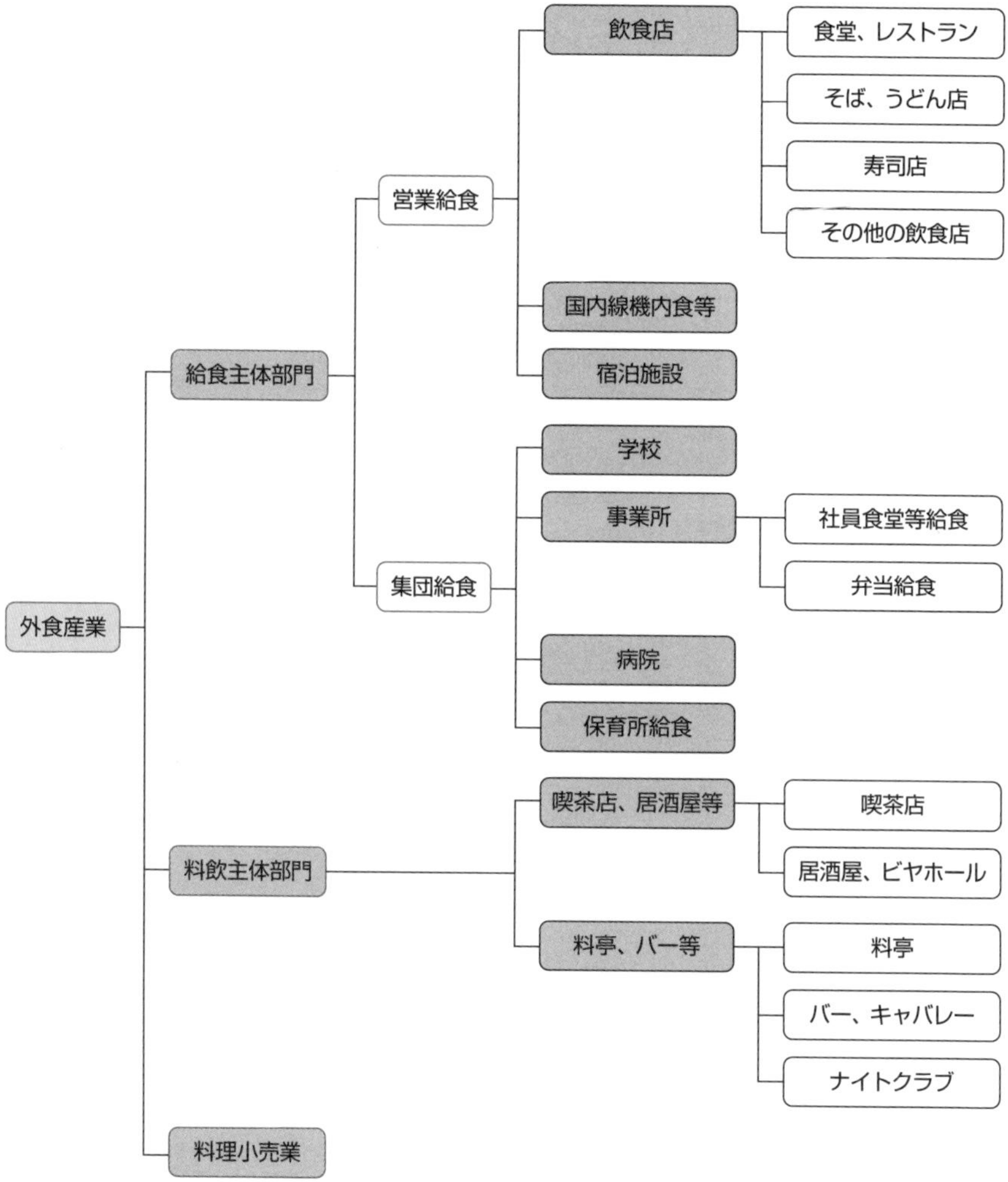

日本フードサービス協会より

Point

「外食産業市場動向調査」の概要　日本フードサービス協会が会員企業に対して毎月実施している、売上高を含む市場動向調査のうち、直近の2024年1月度の調査では、調査対象6業態458社、73,000店舗のうち、回答があったものを集計している。

Section

1-3 中食業界との共生時代

前節で解説したように、広義の外食市場には、「**中食***」や、デリバリー形態での販売、仕出し（ケータリング）、給食業務を請け負う事業などが含まれます。

中食の市場推移

近年、外食業界が宅配や持ち帰り弁当を提供するなど、外食、中食、内食の区分でのボーダーレス化が一層進んできました。業態の区分としては、家庭内で調理をしたものを食事する「**内食***」、飲食店などで食事の場を提供される「外食」、そして惣菜や弁当など、自宅や職場などの任意の場所で食事するスタイルを「**中食***」としています。

日本惣菜協会の「惣菜白書2023」によれば、2022年の惣菜の市場規模は対前年比3・5％増の10兆4652億円になっています。2年連続のプラス3％台の伸び率で、コロナ禍前の水準まで回復しています。2020～21年はコロナ禍で食市場全体が縮小したものの、2012年との比較でも中食（惣菜）市場は116・1％と最も成長している事業です。

増え続ける中食利用者

前記したように、コロナ禍の影響などもあり、近年の外食業界では新たなニーズに対応したカテゴリーが急激に伸びてきました。同時に調理済み冷凍惣菜の販売、コンビニや食品スーパーにおけるイートイン、個人宅へのフードデリバリーなど、新しい市場の拡大に伴い、外食と内食・中食の間で相互乗り入れする企業が増えてきました。高齢化、核家族化、女性の社会進出といったライフスタイルの変化を反映して、惣菜の利用が急速に伸びています。仕事と家庭の両立のため調理時間を短縮したい共働き夫婦や、食材の買い出しの負担を軽減したい高齢者が、デリバリーやお弁当を利用するケースも増加しています。

Term

内食　うちしょく。外食の対語で、家で素材から調理したものを食べること。

進む外食・内食・中食の相互乗り入れ

これらの変化に対応して、提供者側も変化しています。例えば、中食が外食並みの味を提供する一方、一部のファミリーレストランやファストフード店ではデリバリーや持ち帰りなど中食業界の要素を取り入れたサービスを提供するなど、両者の相互乗り入れが進展しています。さらに、内食への食材提供を主な業務にしていた食品スーパーやデパートの地下食料品売場、そしてコンビニエンスストアなどが惣菜分野に力を入れ、中食市場への参入を深めています。

今後もこのような区分間でのボーダーレス化は進んでいくと考えられます。高齢化や晩婚化、それに伴う単身世帯の増加や女性の社会進出などによる生活様式の多様化で、内食の機会が減少傾向にある中、外食業界だからこそ可能な新たな食の提供が求められます。

これまで「時間がない」「調理が面倒くさい」「お金がない」といった理由やコロナ禍による〝巣ごもり〟によって利用者が多かった中食は、外食店での食事と同じくらい食の楽しさを得られる一業態として、今後も進化する可能性を秘めているといえます。

外食・内食・中食の区分

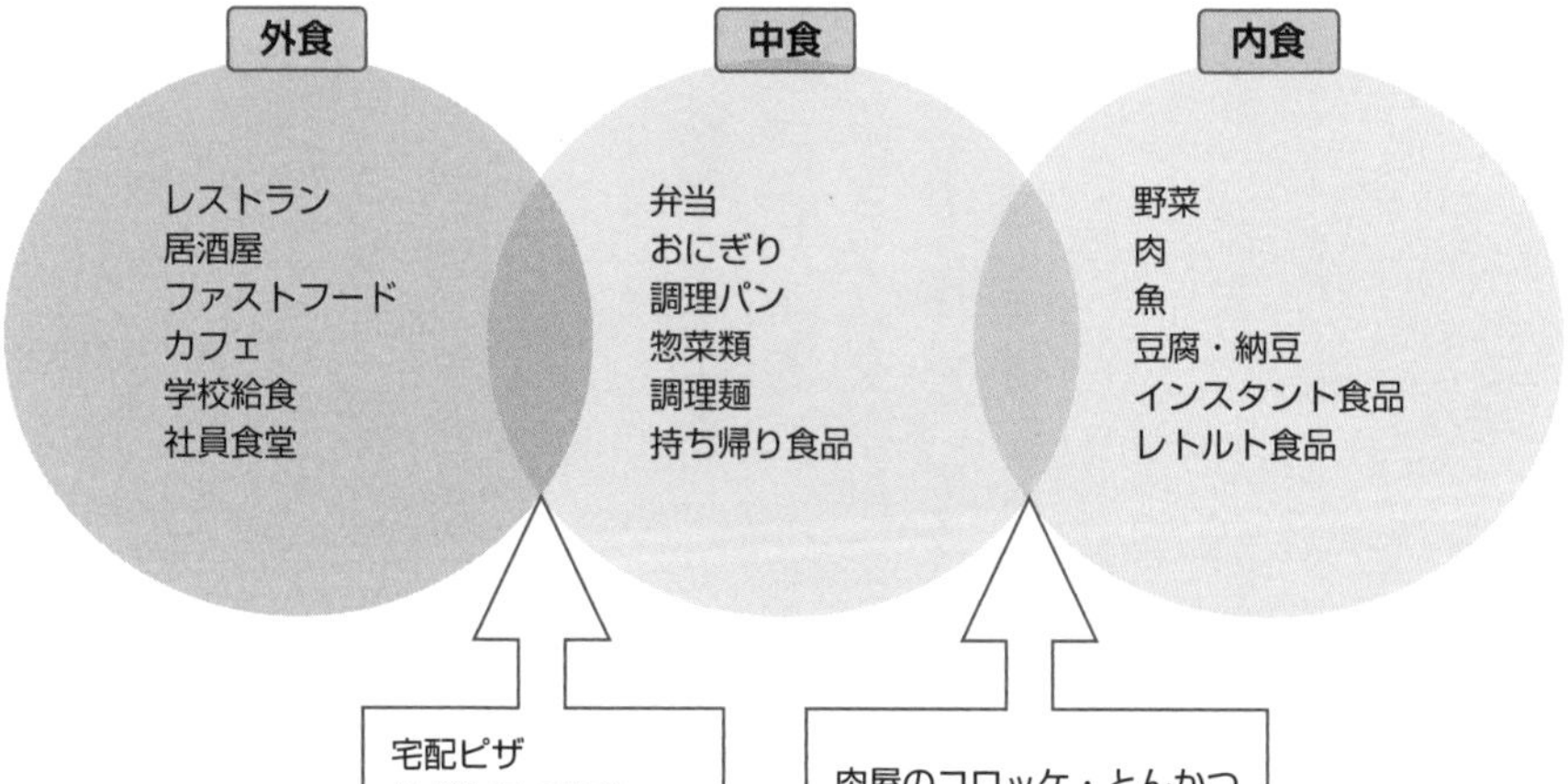

Term

中食　なかしょく。外食と家庭での料理の中間に当たり、惣菜や弁当などを買って帰って家で食べること、あるいはその食品のこと。

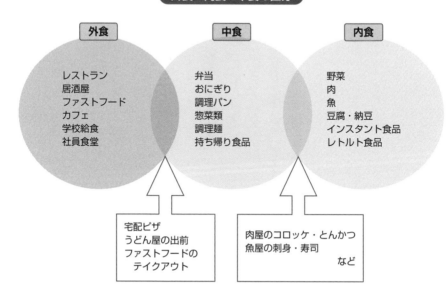

Section
1-4 外食費比率と食の外部化率の変化

家計消費支出のうち食料・飲料支出に占める外食費の比率を「**外食費率**」といいます。また、同様に食料・飲料支出に占める「広義の外食費」――外食費に中食やデリバリー形態での販売、仕出し（ケータリング）、給食などへの支出を加えたもの――の比率を「**食の外部化率**」と呼びます。

核家族の細分化

これまで外食費率や食の外部化率は共に、短期的には景気変動の影響を受けながらも、長期的にはほぼ一貫して増加傾向が見られました。少子高齢化の進展や所得水準の上昇、単身世帯や夫婦共働き世帯の増加などが要因になっていました。

高度経済成長期に急速に増加した「核家族」が、その後の経済成長によりさらに細分化しています。統計上では、「単独世帯」「夫婦のみの世帯」「1人親と子どもからなる世帯」「1組の夫婦と未婚の子どもだけの世帯」「3世代世帯」「その他」と6形態に分類されています。

女性の就業人口の増加

総務省の「労働力調査」によれば、日本の就業者数推移では、2021年が女性3002万人に対して、男性が3711万人となっています。女性の就業者数は、2020年にはコロナ禍の影響で前年より減少したものの、2012年から21年までの9年間で約340万人の増加となっています。

また、就業率は近年、男女共に上昇傾向にありますが、2021年の15～64歳女性は71・3％（前年比0・7％増）、25～44歳女性は78・6％（同1・2％増）であり、15～64歳男性の83・9％（同0・1％増）と比較して、女性の就業率の増加が顕著だといえます。

Point
食の外部化率　消費者が食費のうち食を外部に依存している支出額の割合であり、具体的には「食費に占める外食費と中食費の合計の割合」で算出される。

大量消費から多品種少量の消費形態へ

国民生活においては、高度経済成長を支えた大量消費から多品種少量型の消費への転換が始まりました。外食業界においても、80年代に隆盛を極めた**ドミナント戦略**＊による外食チェーン店の拡大とセントラル・キッチン方式による画一的なメニュー・価格・サービスの飲食店舗に対して、消費者の側からの食に対するニーズが多様化し、外食業界は転換期を迎えたのです。

食材の品質、料理の味、店の雰囲気、サービスなどで構成される「価値」を、それに見合った価格で提供する店かどうか――が消費者の選択基準になってきたのです。

また、コロナ禍前に問題となったBSE（狂牛病）問題や、いまでもあとを絶たない病原性大腸菌O-157による食中毒事件、輸入農産物の残留農薬問題や鳥インフルエンザ、さらには食品表示偽装、消費期限切れ食材使用問題……などで、食の安全性についての消費者の意識は年々高まり、外食業界は安全・安心な食材の仕入れ、店舗や工場での衛生管理の徹底、アレルギー・栄養成分・カロリーなどの表示や情報公開に努めるようになってきました。

一般外食が消費支出に占める割合（世帯主の属性別）

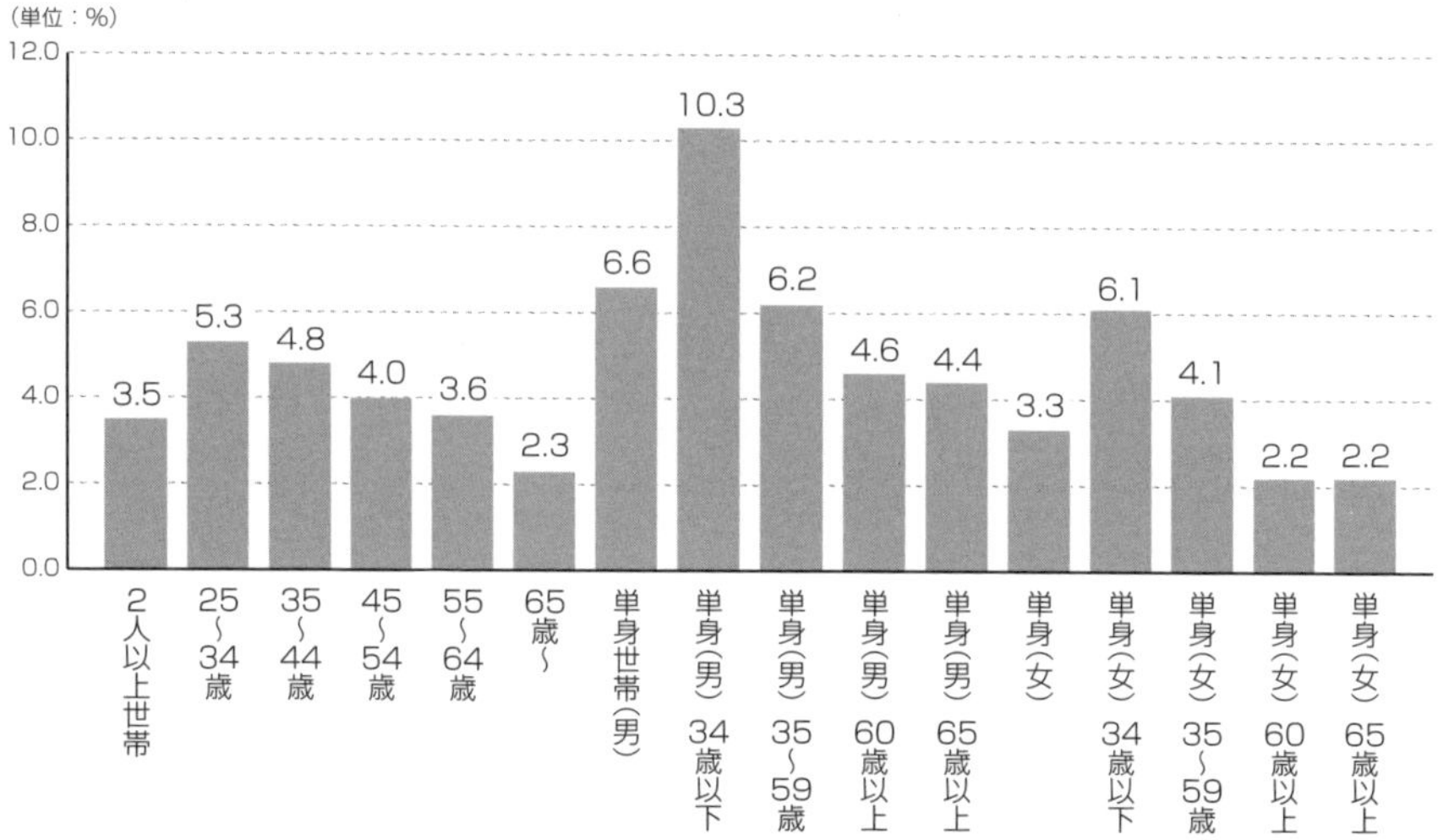

出典：総務省「家計調査」(2022年)

Term　**ドミナント戦略**　チェーンストアなどが限定された地域内に集中して出店して、その地域での高いシェアを狙う戦略。「ドミナント」とは「支配的な、最も有力な、優勢な」を意味する言葉。

余暇市場における外食の動向

日本生産性本部の余暇創研が毎年発表している『**レジャー白書***』でも、コロナ禍に伴う行動制限が全面解除された2022年の、国内観光旅行をはじめとする外出を伴うレジャーの参加人口が上位に戻り始めている、と指摘しています。

2022年の余暇市場は62兆8230億円で、前年比12・7％の増加となっています。全体としてコロナ禍による急激な落ち込みから回復に向かっているものの、2019年比ではまだ86・9％の水準になっています。

参加率*では、「国内観光旅行（避暑、避寒、温泉など）」が前年比10％増の42・8％と、2019年以来の1位となったほか、「外食（日常的なものは除く）」が同2・4％増の35・8％で4位、「ドライブ」が5・7％増の34・6％で5位と、外出を伴う種目で参加人口の増加が見られます。

一方、「動画鑑賞（レンタル、配信を含む）」や前年1位だった「読書（仕事、勉強などを除く娯楽としての）」といった在宅レジャーも引き続き上位になっていますが、参加人口の増加傾向は見られません。

女性に多い外食の参加率

性別の参加率を見ると、男性は前年に続き「動画鑑賞（レンタル、配信を含む）」が1位。女性は「国内観光旅行（避暑、避寒、温泉など）」が32・8％から45・4％に大きく上昇して1位となっています。

女性の2位が「外食」で、前年（4位）から3・3％増の37・6％になっています。男性の外食参加率は6位で前年よりワンランク下がっていますが、参加率自体は前年より1・3％増の33・9％になっています。

直近5年間の外食での参加率の動きを見ると、コロナ禍前の2018年41・9％、翌19年43・7％で2位をキープしていましたが、コロナ禍の時期になって33％台まで落ち込んでしまいました。不要不急の外出自粛の影響が顕著に現れています。ちなみに2018年、19年は上位7位まで同じ種目で、1位が国内旅行、2位以下が外食、読書、ドライブの順でした。

Term **レジャー白書**　公益財団法人日本生産性本部 余暇創研が年１回発行する白書。1977年に創刊され、全国調査をもとに日本における余暇の実態を需給双方の視点から総合的・時系列的に取りまとめている。

■外食の潜在需要も増加

レジャー白書で示された各種目の希望率と参加率の差を「潜在需要」として算出することができます。

2022年に1位の「国内観光旅行（避暑、避寒、温泉など）」の潜在需要を見ると、参加率42・8%に対して希望率67・5%で、その差が24・7%。海外旅行は参加率1・8%に対して希望率26・9%、その差が25・1%と、旅行の潜在需要が大きくなっています。

外食は参加率35・8%、希望率36%ですので、潜在需要はほぼ見られません。

とはいえ、外食の参加希望率約36%というのは、娯楽部門では一番高くなっています。

また、白書では各種目の年間平均活動回数と年間平均費用の調査も公表しています。

2022年の外食の年間平均活動回数は16回で、年間平均費用は5万5400円となっています。このほか、外食関連のバー、スナック、パブ、飲み屋への参加率は10・3%、年間平均10・8回で、年間費用は5万5200円になっています。

余暇活動の参加率上位10種目

順位	2021年		2022年	
	余暇活動種目	参加率（%）	余暇活動種目	参加率（%）
1	読書（仕事、勉強などを除く娯楽としての）	37.6	国内観光旅行（避暑、避寒、温泉など）	42.8
2	動画鑑賞（レンタル、配信を含む）	37.4	動画鑑賞（レンタル、配信を含む）	38.4
3	音楽鑑賞（配信、CD、レコード、テープ、FMなど）	34.7	読書（仕事、勉強などを除く娯楽としての）	36.6
4	外食（日常的なものは除く）	33.4	外食（日常的なものは除く）	35.8
5	ウォーキング	32.9	ドライブ	34.6
6	国内観光旅行（避暑、避寒、温泉など）	32.8	音楽鑑賞（配信、CD、レコード、テープ、FMなど）	34.2
7	ドライブ	28.9	ウォーキング	31.5
8	映画（テレビは除く）	28.2	映画（テレビは除く）	30.7
9	SNS、ツイッターなどのデジタルコミュニケーション	26.2	複合ショッピングセンター、アウトレットモール	27.2
10	園芸、庭いじり	25.3	SNS、ツイッターなどのデジタルコミュニケーション	24.7

出典：レジャー白書2023

Term

参加率　レジャー白書で報告されている、「外食」などの特定の余暇活動を1年間に1回以上行った人（回答者）の割合。

Section

1-5 増え続ける新しい食の機会

出前サービスは昔から飲食店の重要な販売手段でしたが、いまではスマートフォンのアプリからインターネット経由で手軽に注文できる新しいサービスが消費者の支持を集めています。豊富なメニュー構成のサービスも多く、自宅ですぐに食べられる「即食」として人気を呼んでいます。

■デリバリー市場の拡大

外食・中食データサービスの「**Circana**／**サカーナ・ジャパン**」の調べでは、2023年1～12月計のフードデリバリー（出前）の市場規模は8603億円で、前年比11％増となっています。コロナ禍が始まった2020年と比較しても137％増と大きく成長しています。

また、デリバリーの食機会数（利用して食べた人の延べ人数）も、金額ほどではないとはいえ、2023年も大幅に増加しています。

コロナ禍により時短営業や休業要請など様々な規制を強いられた外食業界では、デリバリーへの依存を高めていきました。

■ゴーストレストランの出現

フードデリバリーの新業態として、ネットを介した外食のデリバリーサービスや、「**ゴーストレストラン***」（実店舗を持たず、オンラインのみで注文を受け付けてデリバリーサービスを行う飲食店）形態が好調に推移しています。

街の中では配達代行業で働く人の姿を見かけることも多くなりました。また、東京都内には、ゴーストレストランだけが入るビルも誕生するなど、キッチンだけの設備で、客席などを持たないスタイルの店も増えてきました。

ゴーストレストランの業態は、店舗型よりも少ない初期投資で外食市場に参入できるメリットがあり、起業する人も増えています。

Term **ゴーストレストラン**　客が店内で飲食することなく、デリバリーやテイクアウトに特化した店舗で料理を提供するレストランのこと。テイクアウトの場合はデリバリー料を加算しない分だけ、料理を安く提供している。

■キッチンカー人気と「ミールキット」人気

前記したゴーストレストランと並んで、最近、人気を呼んでいるのが**キッチンカー**による食の販売です。キッチンカーによる営業では、個人の独立開業のほか、外食企業からの参入も増えてきました。その背景にも中食需要の増加があるとみられています。

ネットによる「**即食**」の注文も増えてきました。総務省の2022年の家計消費状況調査によると、ネットショッピング利用の世帯割合は、過去最高だった前年と同じ52・7%。そのうち食料品の購入が22・3%を占め、一番多くなっています。その食料品には、自宅で簡単に調理できるとか、温めるだけで食べられる商品も多く、スマートフォンから注文して配達状況も確認できるなどより便利になったほか、持ち帰りや出前など、いわゆる「中食」での女性からの利用ニーズが増えています。特に人気となっている**ミールキット***は、1食分の食材・調味料、さらにはレシピなどをセットとした、調理を簡便化するキットとして重宝されています。

共働き世帯の増加を背景に、国内のミールキット市場は順調に成長し、中食における即食がこれからのトレンドになるのではないかと注目されています（2-16節参照）。

増加するキッチンカー

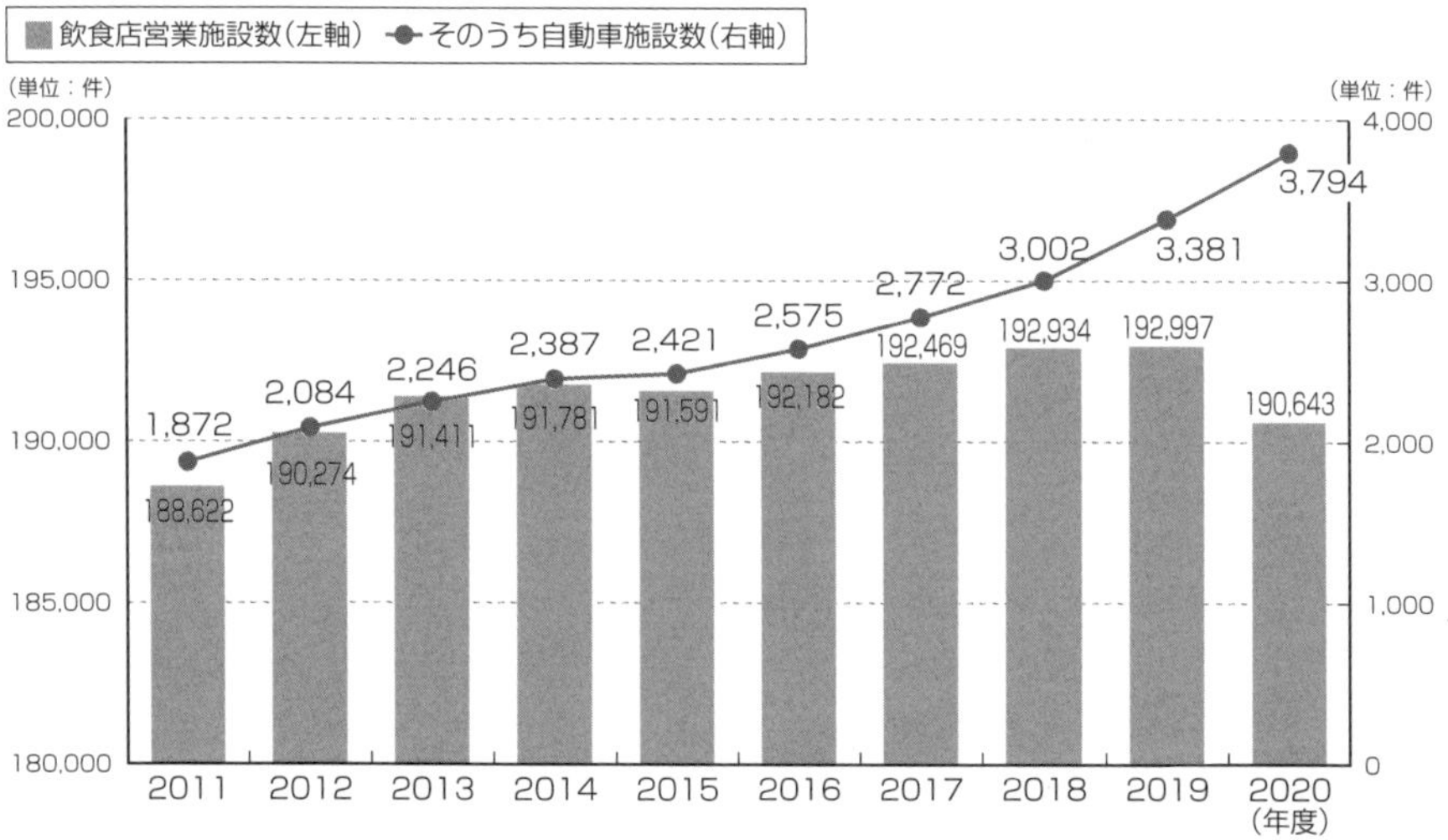

出典：JC-NET（中小企業基盤整備機構）より　※東京都福祉保健局の「食品衛生関係事業報告」各年度版をもとに作成

ミールキット　レシピと食材がセットになったアイテムで、野菜や肉などの食材が必要な分量だけ入っている。最近では高齢者向けや郷土料理のセットなどもある。

Section

1-6 復調の兆しを見せるインバウンドと外食業界

日本政府観光局（JNTO）発表の2023年の訪日外国人客数は2506万6100人で、過去最高を記録した2019年のおよそ8割まで復調しています。コロナ禍前には訪日客全体の3割ほどのシェアを占めていた中国では、コロナ禍による団体旅行等の規制が長期化していましたが、24年1月の訪日客数は40万人を超えるまで回復してきました。

旅行消費は過去最高

観光庁の「訪日外国人消費動向調査*」によると、2023年に日本を訪れた外国人の国内での消費額は5兆2923億円。コロナ禍前で過去最高額だった19年の4兆8135億円を大きく上回り、初めて5兆円の大台を突破しました。1人当たりの支出額も21・2万円と、19年の15・9万円から大幅に増加しています。

費目別では、最も多かったのが宿泊費で1兆8289億円（構成比34・6%）、次いで買い物代1兆3954億円（同26・4%）、飲食費1兆1957億円（同22・6%）となっています。

円安による割安感

2023年の訪日外国人（一般客）1人当たりの旅行支出は先述の通り21・2万円で、19年から33・8%の増加となっています。背景にあるのは円安で、コロナ禍前の19年に1ドル＝110円程度だった外国為替レートが、直近では150円近くで推移しています。コロナ禍前よりも割安で楽しめるのが人気となっています。

国籍・地域別の消費額シェアは、台湾14・7%、中国（香港・マカオを除く）14・4%、韓国14・1%と、上位3位まできっ抗しています。次いで米国、香港、オーストラリア、タイ、シンガポールと続いています。

Term **訪日外国人消費動向調査**　観光庁が四半期ごとに行っている調査。訪日外国人の人数が最も正確に把握されている全国18の空港・海港で、訪日外国人の一部を対象に聞き取り調査を行い、消費動向や旅行単価を把握している。

インバウンド対策に関する意識

世界中のレストランとゲストをつなぐプラットフォームの開発・提供を行っているTableCheck＊による「第2回飲食店のインバウンド対策に関する意識調査2023」でも、日本人客と訪日客の1店舗当たりの予約人数を比較すると、日本人客の2023年10月の予約人数が、2019年同月比で69・8％にとどまっているのに対し、訪日客の予約人数は同年同月比で229・4％になっています。

また、同調査で飲食店勤務者に訪日客の来店頻度を尋ねたところ、「ほぼ毎日」訪日客が来店すると回答した人の割合は33・4％で、コロナ禍前の15・9％から約2倍の割合にまで増加していることが報告されています。さらに、主要な8都道府県別で見ると、「ほぼ毎日」と回答した人の割合が最も高かったのは京都府の44・4％でした。また、「ほぼ毎日」から「週1回」までの高頻度層の割合が高かったのは、東京、京都、神奈川の順で上位3位を占めています。同調査ではさらに、観光地での訪日客の来店頻度は上位にありますが、全国的にも訪日客の来店頻度は増加傾向にあると解説しています。

訪日外国人数の推移（2015～23年度）

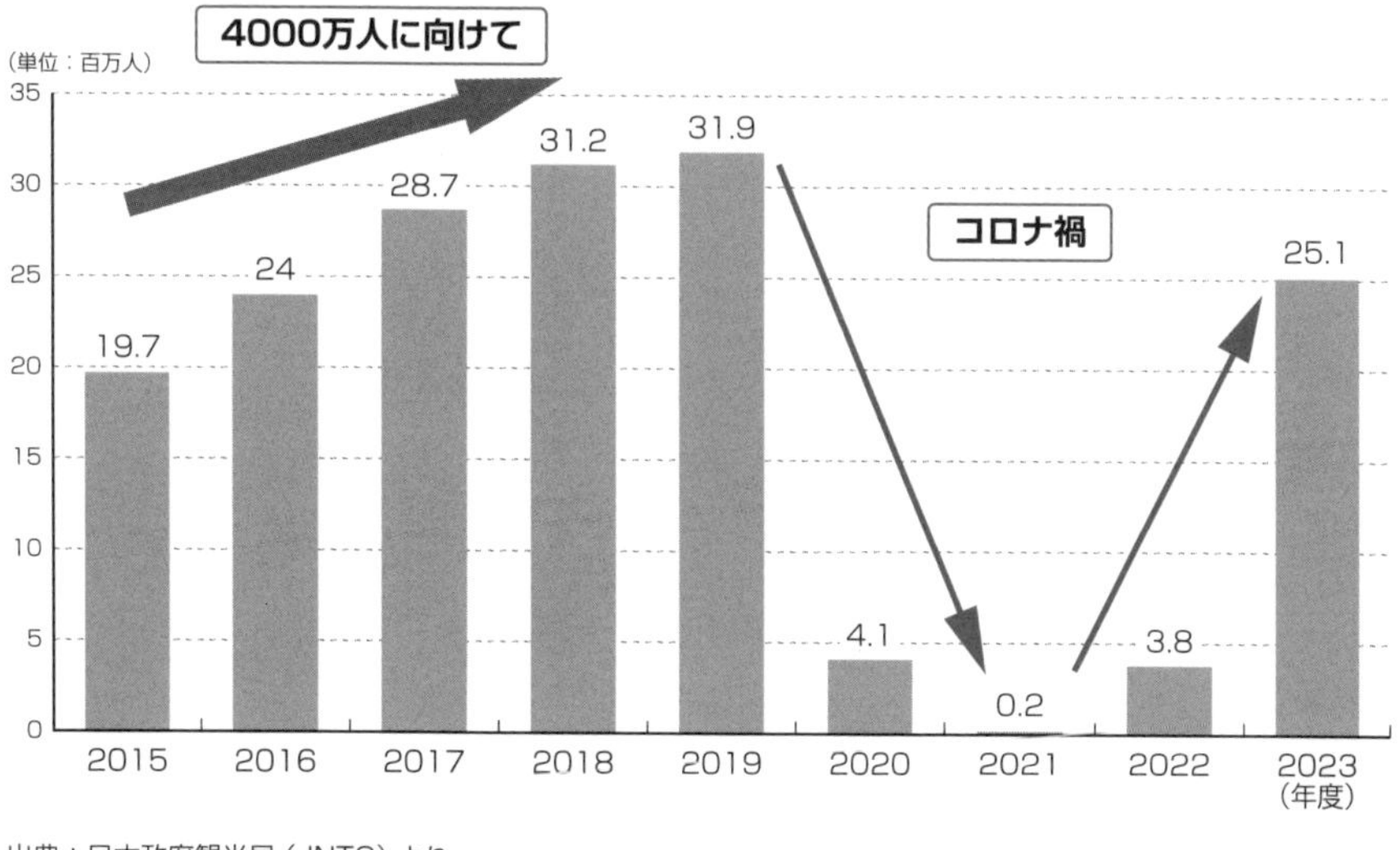

出典：日本政府観光局（JNTO）より

TableCheck（テーブルチェック） 株式会社TableCheckが運営する、飲食店向けの予約・顧客管理システムおよびユーザー向けの飲食店検索・予約ポータルサイトです。

外国人旅行者が満足したメニュー

コロナ禍前に観光庁が実施した訪日外国人消費動向調査のうち、「最も満足した飲食」について国籍・地域別に見ると、韓国の旅行者の26・7%、香港の旅行者の22・6%が「肉料理」と答えています。台湾は「ラーメン」と回答した人が29・9%、中国は「魚料理」と回答した人が23・7%でした。また、米国からの旅行者は「寿司」と答えた人が27・0%になっています。

ラーメンの人気は高く、台湾に次いで香港からの旅行者の19・7%、中国19・2%、米国17・5%、韓国14・7%が、日本のラーメンに満足しています。さらに、「和食」の筆頭に挙げられる寿司では、米国に次いで韓国21・2%、香港15・4%、中国15%が満足していると答えています。

いずれのメニューでも、「おいしい」が圧倒的に多く、「寿司」や「魚料理」、「果物」では、「品質がよい（新鮮など）」の割合が高くなっています。さらに、「外国の料理」や「酒」でも、日本のものは多くの訪日客が「好きな料理・食品である」と回答しています。

和食を求めて

「食」は日本を訪れる外国人観光客の期待度が最も高い要素になっています。観光庁の調査でも、外国人観光客が訪日前に期待していることの中で、ショッピングや景勝地観光よりも、「日本食を食べること」と回答している人のほうが多く、全体の7割を占めています。

肉料理については、神戸ビーフや松阪牛などのブランド和牛の人気は依然として高く、世界的にも日本の牛肉は「WAGYU」としてブランド力が高まっています。

さらに寿司も、「WAGYU」と同様に「SUSHI」で通じるほど外国人の認知度が高い料理で、特に欧米からの観光客に人気があります。

関東や関西の小麦粉料理、いわゆる「**粉もん***」も、訪日客の満足度は高いのですが、認知度はいまひとつです。その理由としては、特にもんじゃ焼きは東京下町に集中しているなど、他の料理よりも出会う機会が比較的少ないことが挙げられます。

粉もん　たこ焼き、お好み焼き、もんじゃ焼き、ちぢみなど、主として小麦粉（メリケン粉）で作った食べ物のこと。昔は屋台を中心に売られていた。

接客マニュアルの整備

観光庁では、インバウンドの復活および訪日客の食に対する関心の高さから、飲食店や宿泊施設など飲食業に関連するあらゆる施設の関係者に、「多様な食文化・食習慣を有する外国人客への具体的な接遇手法」を周知するためのマニュアルの再整備を進めています。

「外国人を含むお客様一人ひとりに対応した質の高い接遇をしてもらうこと」、「日本の食文化に対する理解を深め、プロフェッショナルとしての意識を高めてもらうこと」、さらには「日本における外食産業の向上・充実を図ること」を目的としており、「多様な食文化・食習慣を有する外国人客への対応マニュアル」というタイトルになっています。

外国人の顧客に日本での食事を安心しておいしく食べてもらうための具体的な対応方法や、国別・宗教別・嗜好別に見た外国人の食文化・食習慣の特徴などを解説しています。最先端の実例も掲載されているほか、**ハラール**＊など食に関する宗教・嗜好上のトラブルや事故を回避するための確認書としても活用できるものになっています。また、チェーン店独自のインバウド対応のマニュアルも整備されてきました。

店舗受け入れ接遇マニュアル（和歌山県新宮市の例）

出典：訪新外国人いらっしゃい商店街づくり推進協議会（新宮市）

Term
ハラール　「許されている」という意味のアラビア語で、イスラム教徒が日常生活において守るべき規範のこと。

インバウンド集客

2020年3月に公開された、経済産業省の「令和元年度ローカルクールジャパン推進事業（トラベルテックの導入に関する調査等事業）」の報告書では、「インバウンド集客は**タビマエ**＊や**タビナカ**＊に行き先を自由にリサーチし決定する旅行客の検索行動に合わせ、受け入れ手である観光施設がどのように整備・対応していくかが最初の切り口」だとされています。また、クチコミの閲覧や入力ができる旅行者同士のコミュニティ・ツールや、SNS、写真・動画共有サービスなどに対応するセールスプロモーションの必要性にも触れられています。

旅行業界では、**メタサーチ**＊（旅行比較サイト）が登場してから、情報をオンラインで入手することが容易になり、ホテル予約の際にも、1回の検索で複数の宿泊施設を比較することが可能となり、利用者が増えています。

これは飲食業界においても同様で、レストランの情報収集から比較検討・予約までを簡便化するメタサーチは、今後さらに進化し、飲食業界における情報収集や予約の主流になるといわれています。

FIT（個人旅行）の拡大とグルメ検索

旅行業界において、メタサーチによる旅行取り扱いが拡大している背景には、**FIT**＊（**個人旅行**）の増加があります。

その影響で外食業界においても、従来から重要視されていた「タビマエ」だけでなく、「タビナカ」の訪日客に向けた情報発信も必要とされるようになりました。

旅行中に訪れるレストランの店舗情報を集める際、訪日客が参考にするサイトは、旅行専門サイト、旅行代理店のサイト、旅行先について書かれた個人サイトやブログ、旅行先の国・地域の公的サイト、SNSのコミュニティなど多岐にわたります。

一方で、共通する部分は「スマートフォンの普及」です。多くの訪日客は、目当ての店舗を訪問する際、店舗の位置情報などを検索しながら行動します。現在、世界で最も多く利用されている検索エンジンと地図検索サービスは、共にGoogleのサービスだといわれています。その検索結果に表示される店舗情報を無料で整備できる「**Google ビジネスプロフィール**＊」（**GBP**＊）は、2023年には観光庁にも言及され、インバウンド向けに魅力を発信する視認性の高い便利なツールとして注目されています。

Term

タビマエ／タビナカ　それぞれ、「訪日旅行に行く前」「訪日旅行の最中」の時期を指す言葉。
メタサーチ　複数の予約サイトやクチコミサイトなどの情報をまとめて検索することができるサービス。
FIT　Foreign Independent Tour。団体旅行やパッケージツアーを利用せず個人で海外を観光する旅行形態。

■Googleのローカル検索

ユーザーの現在地や検索キーワードに基づいて、「地域名＋行きたいお店の種類」といった語句に関連するローカルビジネス情報を表示する検索方法を「**ローカル検索**」と呼び、その検索結果の表示順位を最適化する施策が、近年、**MEO**（マップ検索の最適化）や**ローカルSEO**などと呼ばれ、新しい店舗集客対策として飲食業界で重要視されています（本文224ページのコラム参照）。

前記したように、世界での**Googleマップ**やGoogle検索のシェアは圧倒的です。アプリに関するデータ分析を行う「Apptopia」の調査（2021年）によると、Googleマップは世界の旅行関連アプリの中でダウンロード（DL）数1位、約1億6000万DLを記録しています。また、世界での検索エンジン使用比率はGoogleが約91％となっています。Googleのローカル検索はGoogle検索全体の50％以上を占めています。クチコミサイトやWebサイトを見るのではなく、「近く　ランチ」といった検索結果からGBPのクチコミ情報やメニューなどを見て来店するという検索行動も増えていることから、ローカル検索結果に表示される店舗情報の整備は事業者の新常識だといわれています。GBPについては8－8節で詳しく解説します。

スマートフォンでのローカル検索の例

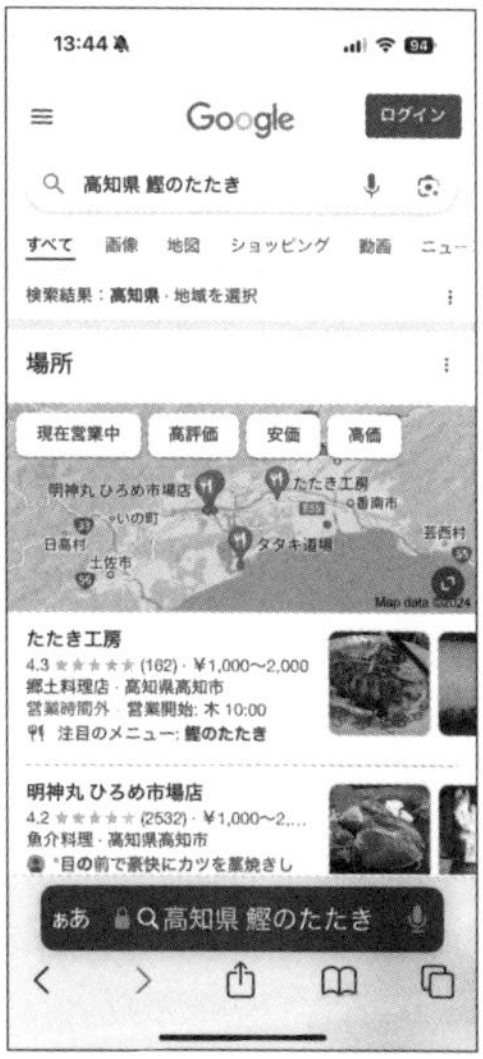

「高知県　鰹《かつお》のたたき」で検索すると、地図と3軒のお店が表示されます。
「明神丸　ひろめ市場店」で検索すると、お店の詳しい情報が表示されます。

Term
Googleビジネスプロフィール／GBP　Google検索やGoogleマップで表示されるビジネス情報を管理できる無料のツール。オーナー権限を取得することで、レビューに返信したり最新情報を更新したりできる。

Section
1-7 変わる外食事業の経営形態

外食事業の特性として、少子高齢化や人口減少など社会情勢の変化に伴う市場の縮小、あるいは金融危機、為替相場や消費増税に伴う景気の変動、といった外部要因の影響を受けやすいという特性があります。

国内市場の縮小による業界再編成

M&A（合併・買収）による多店舗化などで、企業のスケールメリットが発揮され、かつ経営の効率化が実現すると、食のコングロマリット（複合企業体）を形成することも可能になってきます。

1980年代頃より、日本の企業はバブルによる好景気を背景にM&Aを活発に行うようになりました。しかし、バブルが崩壊し、「失われた10年」と呼ばれる1990年代に突入すると、中小企業の間では事業承継が問題になり始めました。2008年9月に起きた**リーマン・ショック**＊ののち、日本企業による海外企業の買収や、国内大手企業同士の業界再編を目的とした合併などが活発に行われるようになりました。外食業界でも、縮小する国内市場への対応から、海外進出を目指した合併ならびに国内での業界再編による合併の2タイプが見られました。

株式移転（HD化）の手法

株式移転（**HD化**＝ホールディングス化）は、複数の事業会社の株式を1つの持株会社に取りまとめて事業会社を傘下とする手法。持株会社には、事業を行いながら複数の子会社を保有する「**事業持株会社**」および事業は行わず子会社の経営管理のみを行う「**純粋持株会社**」という2つの形態があります。

外食業界では、単独での生き残りが厳しい場合に経営資源の集中と経営効率化を図ることを目的とした経営統合や、同じ外食でもそれぞれの業態の違いを尊重する形での資本提携などで、親会社の位置付けが変わってきます。

Term
リーマン・ショック　2008年9月15日に起きた米投資銀行リーマン・ブラザーズの経営破綻を機に、世界的な金融危機と不況に発展した事象。世界的な金融不安から、企業にお金が出回らなくなる信用収縮が深刻化した。

■外食業界M&Aの歴史

外食業界の**M&A***の歴史は他業界と比較してもまだ浅く、2000年代に入ってから活発に行われるようになりました。そのけん引役を務めたのが**ゼンショーHD**と**コロワイド**です。

ゼンショーは2000年7月にファミリーレストランのココスジャパンを約80億円で傘下に収めたのを皮切りに、定食チェーンのなか卯《う》など多数の外食ブランド、そして食品スーパーなども傘下に収めています。

コロワイドも2002年に和食チェーンの平成フードサービスを子会社化したのを皮切りに、居酒屋チェーンのほか、06年にすてーき宮、12年に焼肉チェーンの牛角、14年に回転寿司のかっぱ寿司など、大型のM&Aを行ってきました。

コロナ禍により一時的に外食企業のM&Aは中断したものの、新型コロナの5類への移行後は、地方の中堅レストランチェーンの子会社化、同業態同士の合併など、業界の再編成に向けたM&Aが活発化しています。大手外食企業の動向については第3章で詳しく解説します。

外食企業のHD化の形態

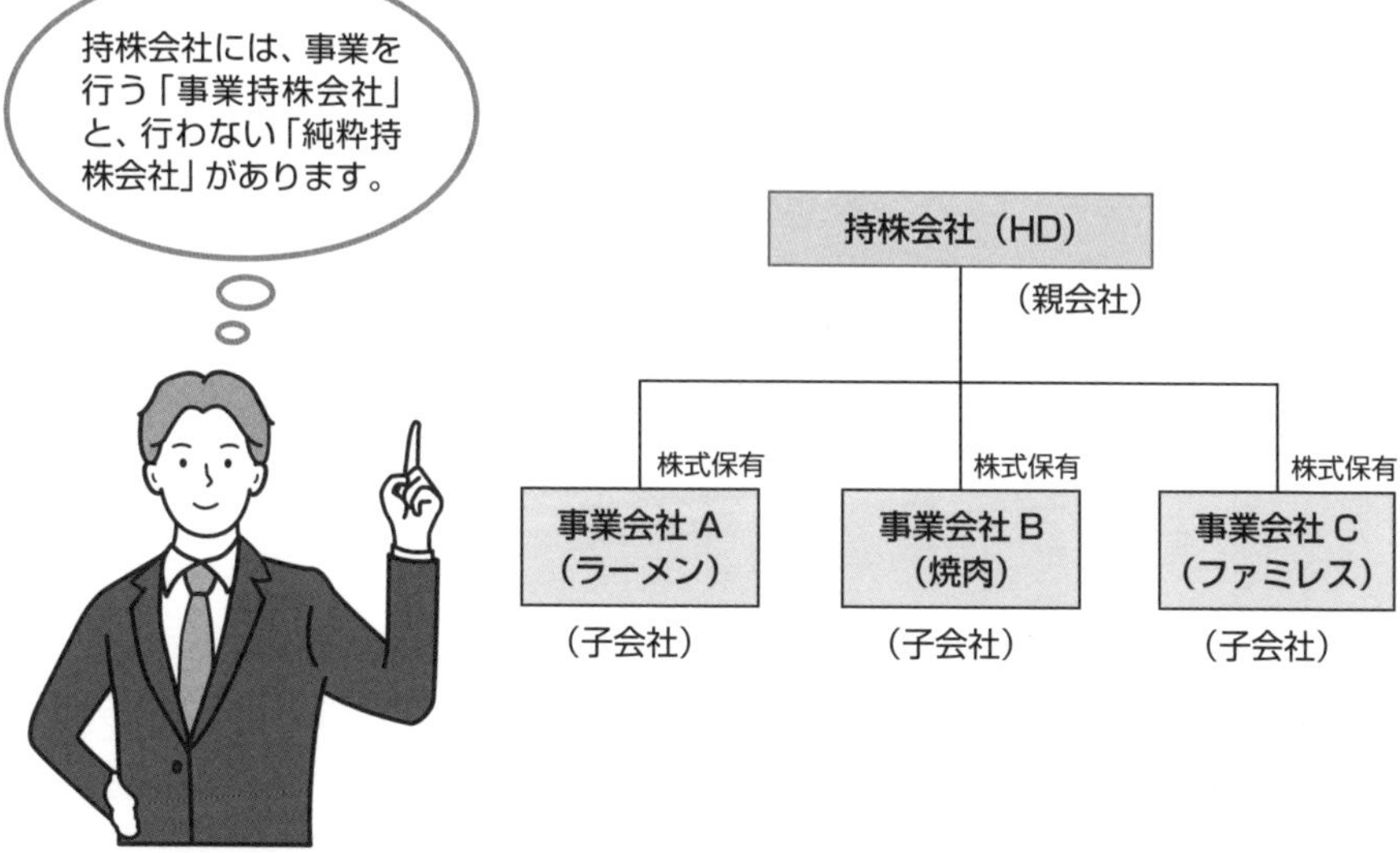

Term **M&A** 「Mergers（合併）and Acquisitions（買収）」の略で、2つ以上の会社が1つになったり（合併）、ある会社が他の会社を買ったり（買収）すること。

Section

1-8 外食業界の新たな取り組み

近年は消費者が外食店を選ぶ際に、料理の味や接客サービスのほか、環境保全に取り組んでいるかどうかも基準とするケースが増えています。外食業界は「食」を通して様々な役割を担っており、農業に参入する企業が出現するなど新しい取り組みも始まっています。

外食業界が担う役割

外食業界は、料理の味や接客サービスで消費者を満足させるだけでなく、業界として様々な役割があります。

まず、外食店は生産者とつながりを持ち、食材を利用して自社メニューを開発し、商品として提供しています。生産者には食材の安定的調達を約束し、消費者にはリーズナブルな価格と高品質を維持しつつ多様なメニューを展開することで農産物の価値を伝える――という、食料の安定供給の支援者としての役割を担っています。

国産食材を使用する店舗が増えていることからは、食の安全安心のほかにも、外食業界と生産者が手を携えていこうとする意志が見てとれます。

食育と日本食文化推奨

子どもに**食育**を行う企業も出てきています。外食店のスタッフが学校を訪問し、食や命の大切さや、リサイクルなどの環境活動に関する授業を行ったり、親子で参加する料理教室や食材の収穫体験を通じて、供給する側の生産現場と食べる側である消費者とをつなぐ橋渡し的な立場で、両者の距離を縮めています。

「日本食文化」は、ユネスコの**無形文化遺産***として登録されています。日本食（和食）は、バランスのよい健康食として世界中にファンを増やしています。世界における日本食の知名度と、それを味わう場を提供する外食業界の活動にも、注目が集まっています。

Term

無形文化遺産　2013年12月4日、「和食；日本人の伝統的な食文化」が、ユネスコの無形文化遺産に登録された。登録決定の理由として、「自然尊重の精神」に始まる様々な特徴が挙げられている。また、東日本大震災からの復興というメッセージも込められている。

外食業界の農業参入

「外食業界が農業に参入する」という動きは、2000年頃から進んできています（第4章参照）。外食事業や宅食事業を手がける**ワタミ**株式会社は、2002年に有限会社ワタミファームを設立して、農業に参入しました。2021年には岩手県陸前高田市に有機農業のテーマパーク「**ワタミオーガニックランド**＊」をオープンさせています。ワタミが農業を進めている背景には、「土づくり、人づくり、地域づくり」のコンセプトのもと、地域に合わせた有機循環型モデルタウンづくりを推進していこうとするポリシーがあります。

モスバーガーも2006年に農業生産法人**サングレイス**（現：**モスファーム・サングレイス**）を設立し、食と農の連携を行い自社で使用するトマトの栽培を始めました。農業への参入によって自社農場から農作物を調達することが可能になり、安心・安全な食材を自信を持って使えるようになりました。

業界では環境保全対策の取り組みとして、生ゴミの堆肥化によるリサイクル、紙コップやストローなど生ゴミ以外の廃棄物リサイクルによる再資源化や省エネによる地球温暖化対策などを業界全体で推進する動きも出ています。

ワタミの考える循環の仕組み

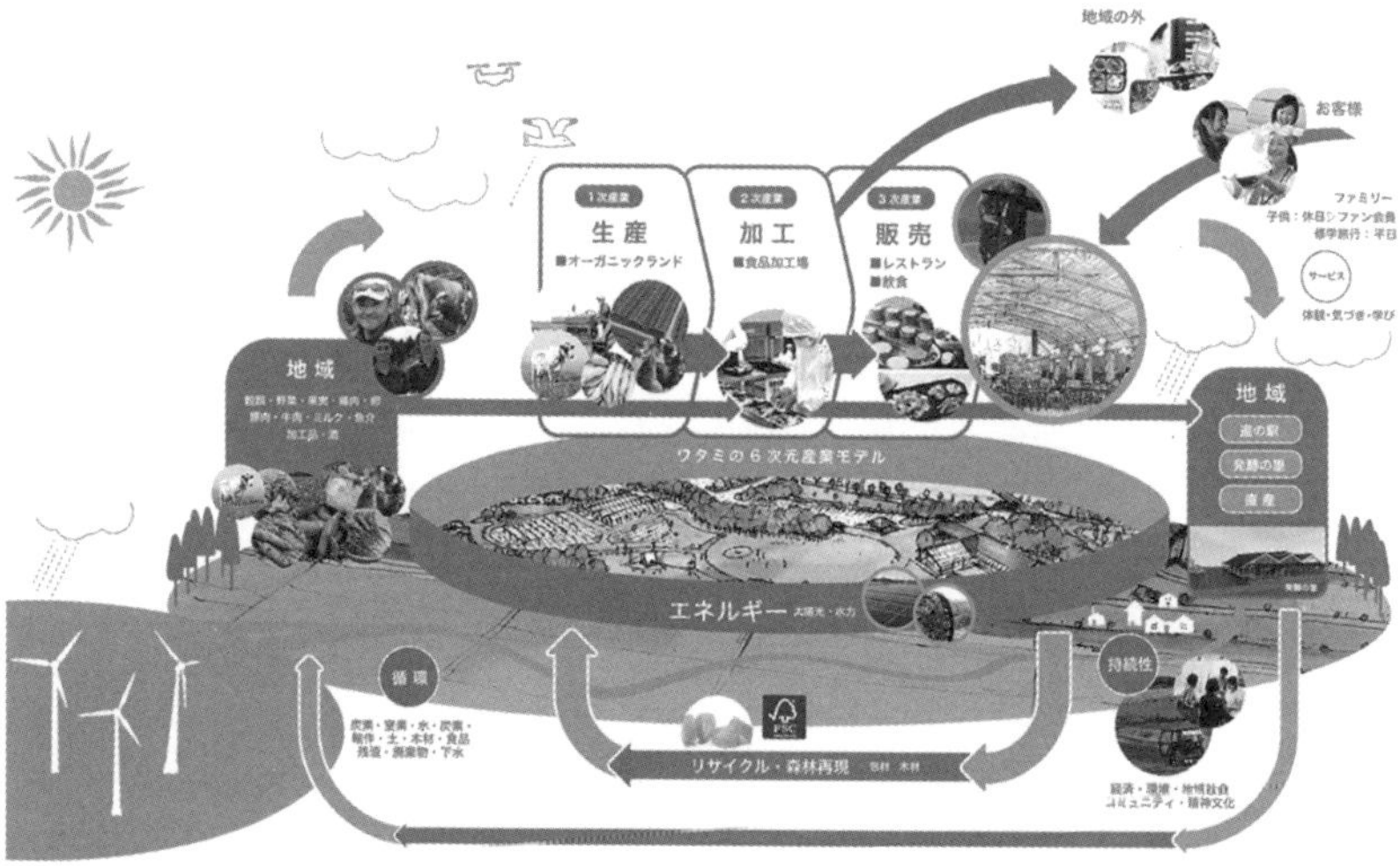

出典：ワタミオーガニック公式サイトより

ワタミオーガニックランド　ワタミグループが岩手県陸前高田市に2021年にオープンさせた、有機・循環型社会をテーマとした体験型の農業テーマパーク。約23haの広大な敷地に、今後20年がかりで完成を目指している。第一弾としてオープンしたモデルエリアでは、地元食材使ったBBQなどが楽しめる。

Section

1-9 外食業界の新たな市場創出

総務省の2022年家計調査では、世帯主が60〜69歳の家庭は国内消費全体の約2割、70歳以上は約3割を占めるようになり、個人消費全体への影響が大きくなっています。外食業界でも「**高齢者ニーズ**」への対応が急務となり、高齢者向けのメニューやサービスを導入する取り組みが始まっています。

高齢者メニューへの挑戦

少子高齢化問題が今後の日本の人口構成の推移に大きな影響を及ぼすことは歴然としています。外食業界も対応を迫られる局面を迎えていますが、それはすなわち、新市場・業態開発のチャンス到来ともいえます。

現在の高齢者は外食の機会が少なく、これまで外食市場にほとんど影響を与えてきませんでした。しかしこれから高齢化を迎える世代の人々は、多様な形態の外食店を知り尽くし、大衆消費をリードしてきた世代です。外食業界では、食についての経験が豊富で量よりも質を求める約800万人もの高齢者世代の食の楽しみを満たすための挑戦が始まっています。

多様化する若者のニーズ

少子化や晩婚化なども、人口構成の変化の要因として見逃せません。80年代後半に生まれた世代を中心に、経済的には安定した消費社会の中で育ち、親世代以上に様々な分野で多様な価値観を持ち、独自の生活様式を追求してきた世代への対応に戸惑う外食企業も少なからずあります。食生活の好みも多様でさらにアバウトに対応している世代は、カップ麺や**ジャンクフード***などを愛用する一方で健康志向が強く、自分の子どもへは安心安全の食を与えようとするなど複雑化しています。購買力を持ち消費者の中核を成してくる彼らの価値観によって、食生活文化の変化もあるでしょう。

Term

ジャンクフード　junk food。栄養価のバランスを著しく欠いた調理済み食品。高カロリー、高塩分で、他の栄養素であるビタミンやミネラル、食物繊維があまり含まれない食べ物をいう。

所得層別の戦略

外食店の価格構成からも、ターゲットとなる所得層・年齢層の特徴が見えてきます。

特に、近年の高所得層をターゲットとしている飲食店に変化が見られます。ターゲットが若者や健康な人ではなく、**ヘルシー志向**＊の人や高齢者であるため、そういった人の味覚を満足させられる品質が問われるようになったのです。

特に、今後増え続ける高齢者が中心となり高所得層を構成していくため、この世代を惹《ひ》き付けてお得意様にできるかどうかが、外食店の1つの課題にもなっています。見慣れた、あるいは珍しい食材を利用した料理の味、接客、サービスなど、どれだけの付加価値を提供できるかがポイントになります。

一方、低所得層向け飲食店のターゲットは若者です。より安く十分なボリュームが期待されます。

しかし、このところの低価格競争に慣れた客は、比較対象店を持ちながら価格や味などを吟味しています。安ければ満足するというわけではなく、お得感を生み出すことが鍵になります。

高齢者食の商品とサービス

高齢者向け食品	流動食、在宅用やわらか食、施設用やわらか食、栄養補給食、水分補給食、とろみ調整食品・固形化補助剤、低たんぱく食、施設用冷凍骨なし魚
宅配サービス	病者・高齢者食宅配、冷凍弁当通販、食材宅配、牛乳販売店、施設向け完成食宅配
高齢者向け施設給食	病院給食、高齢者福祉施設給食

出典：農林水産省 資料より

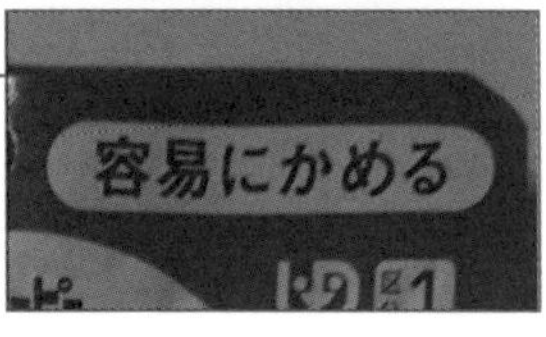

Term　**ヘルシー志向**　健康志向。健康に暮らしていくために、バランスのよい健全な食生活や適度な運動を行うこと。

Section

1-10 外食業界の海外事業展開

農林水産省が2023年に外務省の協力のもと、海外における日本食レストラン数の調査を実施したところ、前回調査した2021年から約2割増の18万7000店になっていました。国内の外食市場が飽和状態となり、国内での売上高の増加は困難だとして、外食チェーンの多くが、経済成長中で中間層が増加しつつあるアジアなどへの進出を活発化させています。

ユネスコ無形文化遺産に登録

1－8節でも触れましたが、日本食は高品質でおいしく、健康にもよいという評価から、日本企業による海外進出への動きが活発になってきました。

2006年の調査では約2万4000店だったものが7年後の2013年には5万5000店にまで増加し、コロナ禍前の2019年には15万6000店、世界的にもコロナの規制が緩和された2023年には18万7000店にまで増加しています。

その背景には2013年12月、日本人の伝統的な食文化である「和食」がユネスコの無形文化遺産に登録されたこともあります。

アジアが約2割増加

2023年の地域別増減では、アジアが2021年より約2万1000店増の約12万2000店と一番多くなっています。アジアのコロナ禍後の規制解除と日本食人気の高まり、チェーン展開する企業の進出等がその要因です。次に店舗数の多い北米は約1割の減少ですが、約2万8000店を数えています。

中南米では、日本のアニメ人気などから日本食への需要も増加し、コロナ禍前より約2倍の伸びとなりました。欧州でも日本食の人気は高く、チェーン展開する企業の進出等により約2割の増加になっています。

Point **中南米で人気の日本アニメ**　日本貿易振興機構（JETRO）によると、1980年代前後から『アルプスの少女ハイジ』や『キャンディ・キャンディ』、1990年代以降は『ドラゴンボール』や『ポケットモンスター』などが人気を博していた。

■中華の本場で日本式中華料理

進出先としては圧倒的に中国が多くなっていますが、台湾、シンガポールへの進出も増加しています。アジア以外では、米国への進出が増えています。

熊本に本店がある**味千拉麺**《あじせんらーめん》*の重光産業は、1968年に熊本県で1号店を出店して以降、国内・海外で拡大を続けています。当初は中国で苦戦したものの、同社の強みの「とんこつスープ」がヒットし、急速に出店数を増やしています。

海外展開が一番早かったのは**吉野家**ホールディングスで、1975年、米国デンバーにYOSHINOYA・米国1号店を開店しています。さらに、居酒屋チェーンのワタミやモンテローザ、イタリアンのサイゼリヤやカレー店の壱番屋なども積極的に海外へ進出しています。

トリドールホールディングスの**丸亀製麺**も「MARUGAME UDON」として台湾やフィリピン、インドネシア、米国など世界8か国に233店舗を展開しています。同社では丸亀製麺以外のブランドも合わせると、海外に700店舗以上を展開し、さらに中長期計画では2028年3月までに海外で4000店舗の出店を目指しています。

吉野家の海外進出の歴史

1970年代	米国開拓期 Beef Bowlの米国上陸
1980年代	米国復興期 ロサンゼルス地区での再出発とアジア展開のスタート
1990年代	エリア開拓期 アジア市場へ積極的に参入
2000年代	アジア開発期 世界に広がる、吉野家ブランド
2010年代	アジアでの飛躍期 海外1,500店舗達成を目指して
2020年代	中期経営計画策定「基盤整備、そして更なる成長へ」 ベトナム、雲南、モンゴルへ1号店出店

出典：吉野家ホームページより

Term **味千拉麺**　熊本市に本社を構える重光産業株式会社のラーメンチェーンのブランドで、海外店が626店、国内が68店舗と、圧倒的に海外出店が主力となっている。

Section
1-11 深刻化する人手不足と働き方改革

東京商工リサーチによる2023年（1～7月）の「飲食業の倒産動向」調査によると、7月までの飲食業の倒産（負債1000万円以上）が前年同期比78・0％増と大幅に増えています。上半期の統計では1994年以降の30年間で最多を記録し、最近の飲食店の倒産は「不況型倒産」ではなく、「人手不足」による倒産が増加していると指摘されています。

■宿泊・飲食サービスの悪化

倒産の要因としては、コロナ禍対策として行われてきた休業・時短協力金など経営基盤を支えてきた制度が終了し、同時に水道光熱費をはじめとする原材料費の高騰などが押し寄せていることが挙げられています。

日本銀行の「全国企業短期経済観測調査」業況判断**D．I．***では、近年、企業規模を問わず全業種で人手が不足していると指摘。特に深刻なのが非製造業で、宿泊・飲食サービス業の「雇用人員判断D．I．」は全産業計を大きく上回って最も不足感が強く、先行きでも引き続き人手不足感が強くなると予測しており、人材不足感は深刻な状況が続いています。

■入職率・離職率共に拡大

総務省の「サービス産業動向調査」によれば、飲食店従事者数は2020年5月の大幅な減少後、22年3月以降は増加傾向にあります。2023年8月は397万1300人で、19年8月との比較では、まだ完全には回復していないものの、92・3％の水準まで回復してきました。

また、厚生労働省の「令和4年雇用動向調査」では、2022年の宿泊・飲食サービス業の入職率が34・6％（前年比10・8ポイント増）、離職率は26・8％（前年比1・2ポイント増）と、入職率・離職率共に増加し、入職率では改善が見られるものの、離職率は依然として高い状況にあります。

Term **D.I.**　Diffusion Index（ディフュージョン・インデックス）の略で、企業の業況感や設備、雇用人員の過不足などの各種判断を指数化したもの。各判断項目について3個の選択肢を用意し、選択肢ごとの回答社数を単純集計して、全回答社数に対する「回答社数構成百分比」を算出する。

働き方改革と外食業界

２０１８年７月に公布された「**働き方改革法**※」では、労働時間や労働環境、待遇格差の是正など、飲食店経営においても多くの対応を迫られました。特に労働時間では、時間外労働の時間数に「月45時間、年３６０時間」の上限が設けられたほか、臨時的に特別な事情がある場合でも「年７２０時間、単月１００時間未満、複数月平均80時間」の限度が設定されました。

また労働時間について、「使用者の指示による、就業を命じられた業務に必要な準備行為（所定の制服への着替え等）や、業務終了後の業務に関連した後始末（清掃等）などの時間」、「使用者の指示があった場合には即時に業務に従事することを求められており、労働から離れることが保障されていない状態での待機等の時間」、さらには「参加することが業務上義務付けられている研修・教育訓練の受講や、使用者の指示により業務に必要な学習等を行っていた時間」も含まれることが明記されました。こういった労働時間の状況をタイムカードやＩＣカードなどで把握し、すべての人の労働時間を客観的な方法で把握しなければならなくなりました。

時間外労働の上限規則

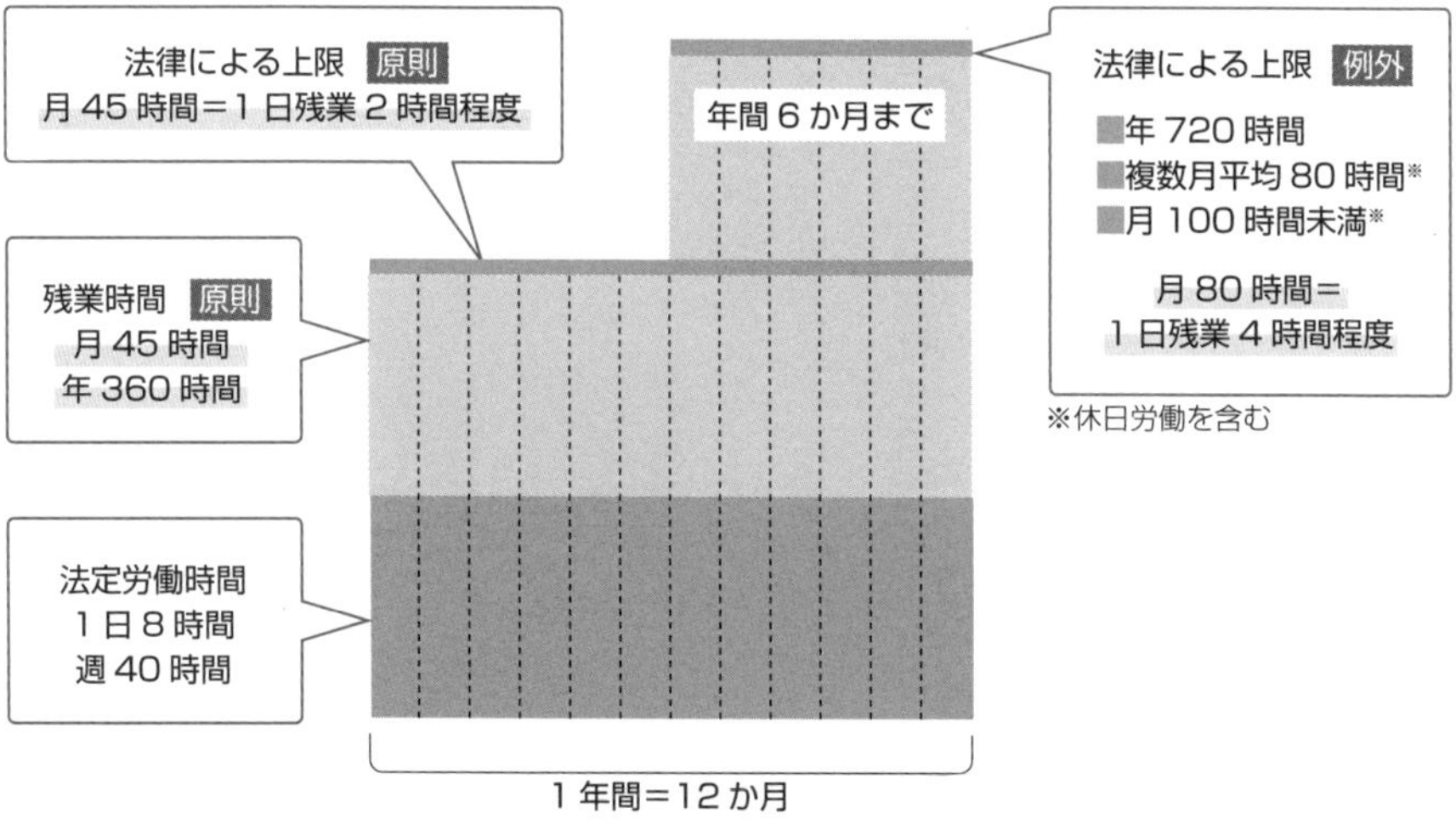

出典：厚生労働省「働き方改革」ホームページより

Term **働き方改革法**　2018年6月に成立し、2019年4月に施行された、労働関係法の改正に関する法律。働き方改革関連法では「有給休暇」「時間外労働」「時間外労働の割増賃金」「勤務間インターバル制度」「同一労働同一賃金」の5つが主なポイントとなっている。

割増賃金と年次有給休暇

このほか、時間外労働の割増賃金率は、これまで大企業50%、中小企業25%でしたが、働き方改革によって中小企業への優遇措置が廃止され、中小企業も50%となりました。さらに、一定日数の年次有給休暇の確実な取得が定められ、10日以上の年次有給休暇が付与される労働者に対して、5日は毎年時季を指定して取得させせなくてはならなくなりました。

また、10日以上の年次有給休暇が付与される労働者については、次のように明記されました。

・入社後6か月が経過している「正社員」またはフルタイムの「契約社員」
・入社後6か月が経過している週30時間以上勤務の「パート・アルバイト」
・入社後3年半以上経過している週4日出勤の「パート・アルバイト」
・入社後5年半以上経過している週3日出勤の「パート・アルバイト」

勤務間インターバル制度

飲食店では、仕込みのために早く出勤しなくてはならなかったり、深夜営業が終わってから次の出社までの時間が短いことがよくあります。

「**勤務間インターバル**」制度とは、1日の勤務終了後、翌日の出社までの間に、一定時間以上の休息時間（インターバル）を設けることにより、長時間労働の抑制、働く側の生活時間や睡眠時間の確保を図るもので、**ワーク・ライフ・バランス**＊の向上が期待されています。

2021年7月30日に、「過労死等の防止のための対策に関する大綱」の変更が閣議決定されました。新たな大綱では、次のような数値目標を設定しています。

・2025年までに、勤務間インターバル制度を知らなかった企業割合を5%未満とする。
・2025年までに、勤務間インターバル制度を導入している企業割合を15%以上とする。

仮にインターバルを11時間とした場合、前日の勤務終了時間が23時だった場合には、次の日の出社は10時以降にしなければならない——といったイメージになります。

Term **ワーク・ライフ・バランス**　「仕事と生活の両立」を指す言葉。仕事と日常生活のいずれかを犠牲にすることなく、従業員が健全に働けている状態を「ワーク・ライフ・バランスが実現している／充実している」と表現している。

管理部門における働き方改革

外食企業では、総務など管理部門に勤務する人たちの労務管理も対象になっています。また、働き方改革関連法とは直接関係しない、社会保険適用の拡大や経理部門におけるインボイス制度への対応なども、複雑になってきました。

年金法の改正により、2022年10月から、社会保険の適用拡大が段階的に施行されました。今回の改正では、対象となる企業の規模や従業員の要件が広がり、社会保険に加入するパート・アルバイト従業員の対象範囲が広がることから、労務管理が複雑になってきました。

また、**インボイス制度**＊が導入された2023年10月1日以降、一定の要件を満たした適格請求書の交付・保存をしなければ仕入れ税額控除を受けられなくなったため、経理業務も多くの面で煩雑になっています。

インボイス制度では、顧客の中に飲食費を「接待費」として経費計上することから、適格請求書の要件を満たした領収書やレシートの発行を求められたり、仕入れ関係での経理処理も変わる可能性があり、業務への影響が多岐にわたります。

インターバル制の概念

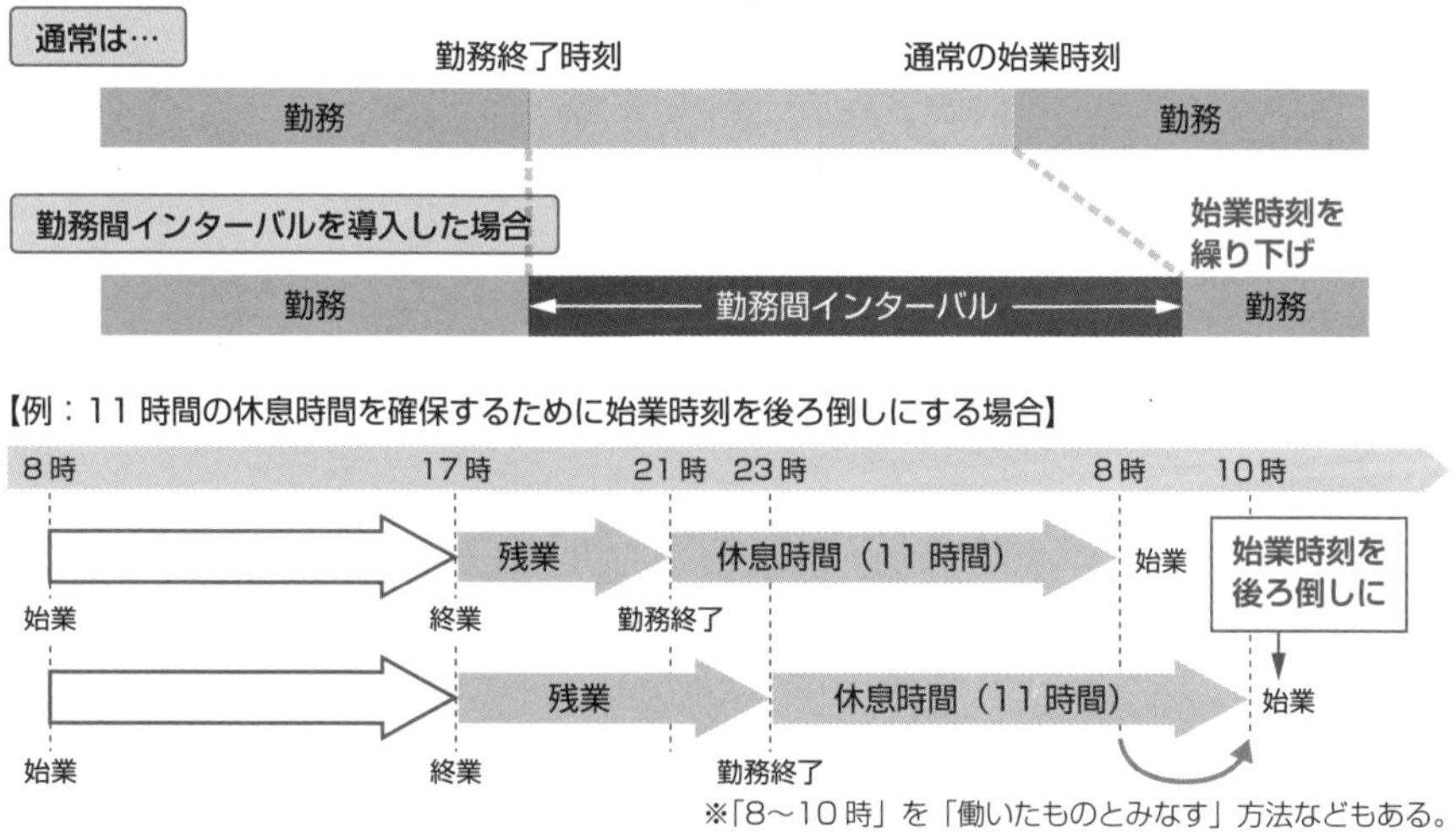

出典：厚生労働省 都道府県労働局資料より

Term **インボイス制度**　消費税の仕入れ税額控除の方式の1つ。課税事業者が発行するインボイス（売り手が買い手に正確な適用税率や消費税額等を伝えるために発行する請求書・納品書など）に記載された税額のみを仕入れ税額控除の対象とする制度のこと。124ページのコラム参照。

Section
1-12 変わる業界のセールスプロモーション

様々な変化を遂げる外食業界において、特に目立つのが、セールスプロモーションの変遷です。従来はチラシやポスター、CMなどのマス広告が主流でしたが、近年は各種のダイレクトなデジタルマーケティングの活用が進んでいます。

大衆から個人へ

飲食店経営においては、消費者の嗜好の変化など、外食ニーズの変化に合わせた**セールスプロモーション**の戦略立案が重要になってきました。消費者個人の外食ニーズが変化しつつある中、メディアの活用形態も大きく変化しています。

これまでの主流は大衆をターゲットとしたマスメディアの活用でしたが、消費者個人の嗜好に基づき検索結果やレコメンド表示がカスタマイズされる「**パーソナライズ機能***」の発展により、情報が個人へ届けられるダイレクトなデジタルマーケティングの活用に移りつつあります。これは、コロナ禍の影響でお店探し手段のデジタルへの移行が加速したことも影響していると考えられます。

ネット集客の考え方

その結果、Web上で新規顧客の認知を集めるセールスプロモーション競争は（8-5節参照）、かける広告費によって露出度が決定される「資本力勝負」だけでなく、「顧客との関連性の高さと店舗の魅力」で勝てる時代に変わってきました。これは前記したパーソナライズ機能の発展や、各メディアの**アルゴリズム***のアップデートによるものですが、例えば、飲食店と相性のいいInstagramと、全世界で圧倒的なシェアを誇るGoogle検索とでは、おすすめに選ばれやすくなる基準が異なります。しかし、多くの媒体で共通するのは、登録された店舗の基本情報、更新頻度、店舗が更新する投稿内容、**ガイドライン***やポリシー違反の有無だといわれています。

Term

パーソナライズ機能　ユーザーの属性や行動履歴に基づいて、最適なコンテンツやサービスを提供する機能。

アルゴリズム　ある目的を達成するための手順や方法をまとめたもの。Webサービスでは、ユーザーに最適な情報を提供するために、様々なアルゴリズムが利用されている。

したがって、「店舗情報を正しく登録すること」「魅力的な情報発信を行うこと」「これらの情報が真実であること」が重要になります。このように、実店舗の魅力度が、Web上の露出にも反映される仕組みが広がってきています。

■グルメサイト離れ

2022年度のTableCheckによる「グルメサイトに関する意識調査」によると、飲食店情報を調べる際に最も多く利用する手段は「Google」であり、2年前の同調査と比較して約1.5倍となっています。対して店舗側が積極的に活用しているツールとしては食べログがトップ、次いでInstagramが挙げられ、Google利用が急速に広まりつつあるユーザーとは対照的な結果が報告されました。Googleのシェア拡大は、2018年以降、Google検索での店舗の検索結果の表示情報が整備されたことが要因だと考えられます。また、Instagramはユーザー同士で簡単に写真や動画をシェアできる機能やパーソナライズ機能などが飲食業界と相性がいいとされ、多くの飲食店で利用されており、外食業界におけるセールスプロモーションはグルメサイトが圧倒的に強かった時代から新たな展開を迎えています。

Column クチコミ（お客様の声）は財産

「○○っていう焼肉屋さん、安くてお肉も柔らかくて、デザートのプリンも自家製で絶品だったよ！」――こんなふうに親しい友人からすすめられたら、興味を持ちませんか？　最近は、お店のクチコミをインターネットで簡単に調べることができます。クチコミは、宣伝広告とは違って第三者の意見であるため、潜在顧客の購買意欲に大きな影響を与えます。

クチコミに返信すれば、顧客と一対一のコミュニケーションがとれ、店の姿勢を世の中に示すこともできます。クチコミには、店の魅力や伸びしろのヒントも隠されています。好意的なクチコミが広まるよう品質やサービスの向上に努め、可能なら返信するようにしましょう。

多くの大型組織では、こうしたクチコミへの対応を本部または店舗のみで行っているのが現状ですが、全体で向き合う環境を作ることが重要です。

Term **ガイドライン**　ある目的を達成するための指針。共通の判断基準を設けることで、公平性や一貫性が保たれる一方で、違反すると知らぬ間にペナルティーが課せられることもあるので、利用するWebサービスのガイドラインは必ず確認する必要がある。

コロナ明けに「ラーメン店」の倒産・休廃業が近年最多に

東京商工リサーチの調査によると、2023年のラーメン店の倒産（負債1000万円以上）が、2009年以降では最多を記録しました。また、休業・解散の動きも同様に2009年以降では最多を更新しています。

その背景には、コロナ禍での経済対策だった「ゼロゼロ融資」の返済が始まり、資金繰りが厳しくなってきたことや、時短営業・休業に対する補償などが終了したことがあります。ゼロゼロ融資は、コロナ禍により売上が減少した個人事業者や中小企業に対して、実質無利子・無担保で融資を行う仕組みです。コロナ禍が始まった2020年に開始され、政府系金融機関は2022年9月まで、民間金融機関でも2021年3月まで新規貸付を受け付け、返済が滞った場合でも元本の8割あるいは全額を信用保証協会が肩代わりする仕組みになっていました。

しかし、コロナ禍が落ち着いて経済活動が活発になってもコロナ禍前の客足が戻らず、人手不足で営業に支障をきたし、さらに食材や水道・光熱費の高騰、人件費上昇などのコストアップにより、資金繰りが厳しくなってきたのです。

ラーメン店は、開業にあたって店舗や調理設備への大口の投資をあまり必要とせず、少ない開業資金で参入しやすく、独立開業もしやすい業態ですが、その一方で、同業との競合は激しく、またクチコミによって店の評判が左右されやすく、足元が不安定な業種の1つで、開業後早期に廃業に追い込まれる割合も高くなっていました。

コロナ禍に続き、ロシアのウクライナ侵攻や円安進行などで、輸入小麦など原材料・食材費、電気・ガスなどの光熱費、人件費などのコストが上昇し、収益は厳しい局面が続いています。

物価上昇への対抗策としては価格転嫁も考えられますが、ラーメン業界には昔から**「1000円の壁」**と呼ばれる、値上げに対する客離れのリスクが根強くあり、値上げに踏み切れないジレンマもあります。

そんな経営環境の厳しさもあり、廃業に踏み切る小・零細規模のラーメン店が増えてきました。

インボイスの導入を機会に「1000円の壁」を越えた店も出てきました。

第2章

外食・中食業界の業態別概要と動向

現在の外食・中食業界においては、これまでの和食、洋食、中華のカテゴリーを超え、業界全体でのボーダーレス化が進んでいます。同時に、少子高齢化の進展に伴う市場の縮小に対応するため、外食・中食のカテゴリーでつながるグループ企業を経営統合して複合業態化したり、持株会社に移行させながら、グループ全体での経営戦略の立案や経営資源の最適配分に努める経営手法を採用する会社も増えてきました。

外食・中食の業態別分類にあたっては、総務省統計局が定めている日本標準産業分類を参考にしますが、最近増加しているテイクアウトやデリバリーサービス等は、これまで卸売・小売業に区分されていたものが、飲食店・宿泊業と統合されて集計されています。また、外食と中食との間での競合も激しくなり、本章では中食も含めた広義の外食市場から、現状に当てはまる主要業態の概要と動向について解説します。

Section

2-1 外食・中食業界の業態区分

外食ニーズの多様化に合わせ、外食・中食業界での業態区分も多彩になってきました。新たなサービス形態を模索する中で、レストランではファミリー／カジュアル／ディナーなどの区分が進み、喫茶店でもオーソドックスな喫茶店から外資系カフェや低価格のセルフサービス店、テイクアウト中心のカフェなどへと、従来1つのカテゴリーだったものからいくつも枝分かれしています。

主力メニューによる分類

「**業種**」といった場合、一般的には事業の種類を指しますが、外食・中食業界においては、「主として何を売る店か」ということで区分されます。主力のメニューの種類で分類すれば、一般的には「和食」「洋食」「中華」「そば・うどん」「寿司」「喫茶」となりますが、細分化されると、「和食」の場合には、いわゆる会席料理店などに加えて、天ぷら、うなぎ、ふぐ、しゃぶしゃぶ・すき焼き店などの専門料理に分かれます。「寿司店」の場合も同様で、板前が客に配膳する寿司屋と回転寿司の2形態に分かれ、「中華」でも北京料理、上海料理など専門中華料理のほか、ラーメン店、餃子《ぎょうざ》店などの特定単品料理の専門店に分かれます。

業態・客単価による分類

最近の外食業界においては、回転寿司、和食ファミリーレストランというように、**業態**と業種の双方の意味を合わせて再分類されることが多くなってきました。

さらに、客単価が反映される業態区分もあります。レストラン業態でいえば、**ファミリーレストラン**とディナーレストランとの区分などです。ファミリーレストランは、1970年代に米国から日本に進出し、低価格帯のメニュー構成で広く受け入れられてきました。このファミリーレストランの業態を応用し、それまで専門性が強かった中華料理の分野でも、気軽に立ち寄れる中華レストランの業態が生まれてきました。

Point

総務省「日本標準産業分類」における飲食業　一般食堂、日本料理店、西洋料理店、中華料理店、焼肉店（東洋料理のもの）、その他の食堂、レストラン、そば・うどん店、すし店、喫茶店、その他の一般飲食店、ハンバーガー店、お好み焼店、他に分類されない一般飲食、料亭、バー、キャバレー、ナイトクラブ、酒場、ビヤホール。

中食業態の出現

第1章でも述べた通り、コロナ禍以降、いわゆる非対面・非接触の接客スタイルや自宅での引きこもり型の食事スタイルから、**内食**・**中食**・**外食**という区分が明確になり、中でも弁当・惣菜が中心の中食スタイルに合わせた業態やサービスが増えてきました。

統計上でも、そういった業態は「広義の外食市場」に含まれるようになってきました。また、既存の業態においても持ち帰り品の需要が高まり、売上構成に占める割合も増えてきたことから、中食業態と既存の外食業態との区分も不明確になってきました。

それに伴い、これまで経営分析に使われてきた「客席の回転数」とか「平均客単価」といった指標だけでは、現状分析がしにくくなってきました。

経営面でも、複数の業態を1社で管理する持株会社の形態も増えてきました。さらには、人口減少や少子高齢化による国内市場の縮小から、海外に市場を求める企業も増え、日本の外食業界がグローバルな業態に進化しつつあることも明確になってきました。

内食・中食（惣菜）・外食　市場規模

	内食	中食（惣菜）	外食	食市場 計
2012年	32兆4669億円	8兆7132億円	23兆2217億円	64兆4018億円
2021年	36兆4416億円	10兆1149億円	16兆9494億円	63兆5059億円
12年・21年比	112.2%	116.1%	73.0%	98.6%

出典：「惣菜白書2023ダイジェスト版」より

出典の発刊時点で2022年外食市場規模（7月頃）および内閣府「国民経済計算」2022年分統計（12月頃）が未発表のため、2021年数値で比較しました。

社会保険 事業所業態分類票における飲食業　食堂、レストラン、専門料理店、そば・うどん店、すし店、酒場、ビヤホール、バー、キャバレー、ナイトクラブ、喫茶店、その他の飲食店、持ち帰り飲食サービス業、配達飲食サービス業。

Section

2-2 給食産業

「集団給食」は学校給食分野と産業給食分野に分かれます。さらに「産業給食」は、事業所給食（事業所対象）、病院給食（病院対象）、有料老人ホームなど高齢者福祉施設への食事供給、保育所給食（保育園や社会福祉施設対象）などに分類できます。これらを含めた「給食産業」へは、様々な業種・業態から、約千社の企業が市場参入しているといわれます。

集団給食の動向

日本フードサービス協会がまとめた外食産業市場規模推計によると、2021年の「集団給食」の市場規模は外食産業全体の17・4％を占め、2兆9409億円（前年比4％増）。コロナ禍の行動制限緩和などで持ち直したものの、コロナ禍前の19年度比では6・7％減になっています。

「集団給食」のうち「事業所給食」は1兆3964億円（同0・8％増）、「保育所給食」は3338億円（同14・5％増）、「病院給食」は7428億円（同0・9％減）、「学校給食」は4679億円（同16・7％増）となっています。

少子高齢化の影響

集団給食の運営・形態には直営と委託があります。業態別にその動向を見ていくと、学校給食（国公私立の小学校、中学校、定時制高校の給食で、大学の学生食堂は含みません）は、近年の少子高齢化に伴う児童数の減少などから市場規模の縮小傾向が続きました。前年はコロナ禍による休校があったことから大幅に減少したものの、その反動により増加しました。自治体の予算削減により民間委託が進んでいると共に、近年はセントラルキッチンを導入するなど、効率化が図られています。**保育所給食**は、**待機児童***の解消を目指して国や自治体が施設の新設を進めていることもあり、今後需要の拡大が見込まれます。

Term

待機児童　「待機児童」は、保育所に入所できていない子どものうち、「保護者が求職活動をしていない」「他の保育サービスを利用している」といった特定の条件に当てはまるケースを除外した子どもたちのこと。全国の自治体ではその解消を目指している。

事業所給食と病院給食

事業所給食は**定食方式**、**カフェテリア方式**、**仕出し弁当方式**の3業態に分かれます。高度経済成長期には定食と仕出し弁当がほとんどでしたが、近年は消費者の嗜好の多様化に合わせたカフェテリア、健康維持を意識してカロリーやヘルシー食材にこだわった直営の社員食堂が人気を集めています。コロナ禍によるテレワーク化の影響はあったものの、企業が福利厚生の見直しを進めている傾向から、事業所給食は引き続き需要の増加が期待されています。

病院給食は、入院患者などを対象にした固定市場であり、かつては他の業態と競合しない聖域市場でした。しかし、コロナ禍による通常医療の減少からの影響もありました。法律で直営を義務付ける規制が緩和された現在では、病院経営の合理化もあり、約半分が委託となっています。

また、今日では高齢化に伴って老人福祉施設が急増しています。そのため病院給食と同様に、老人福祉施設給食においても外部委託の需要が増えています。今後は**嚥下食**《えんげしょく》＊や咀嚼《そしゃく》困難者食、治療食などの専門的な給食市場も一層の拡大が予想されます。

日本メディカル給食協会　年次別会員数の推移

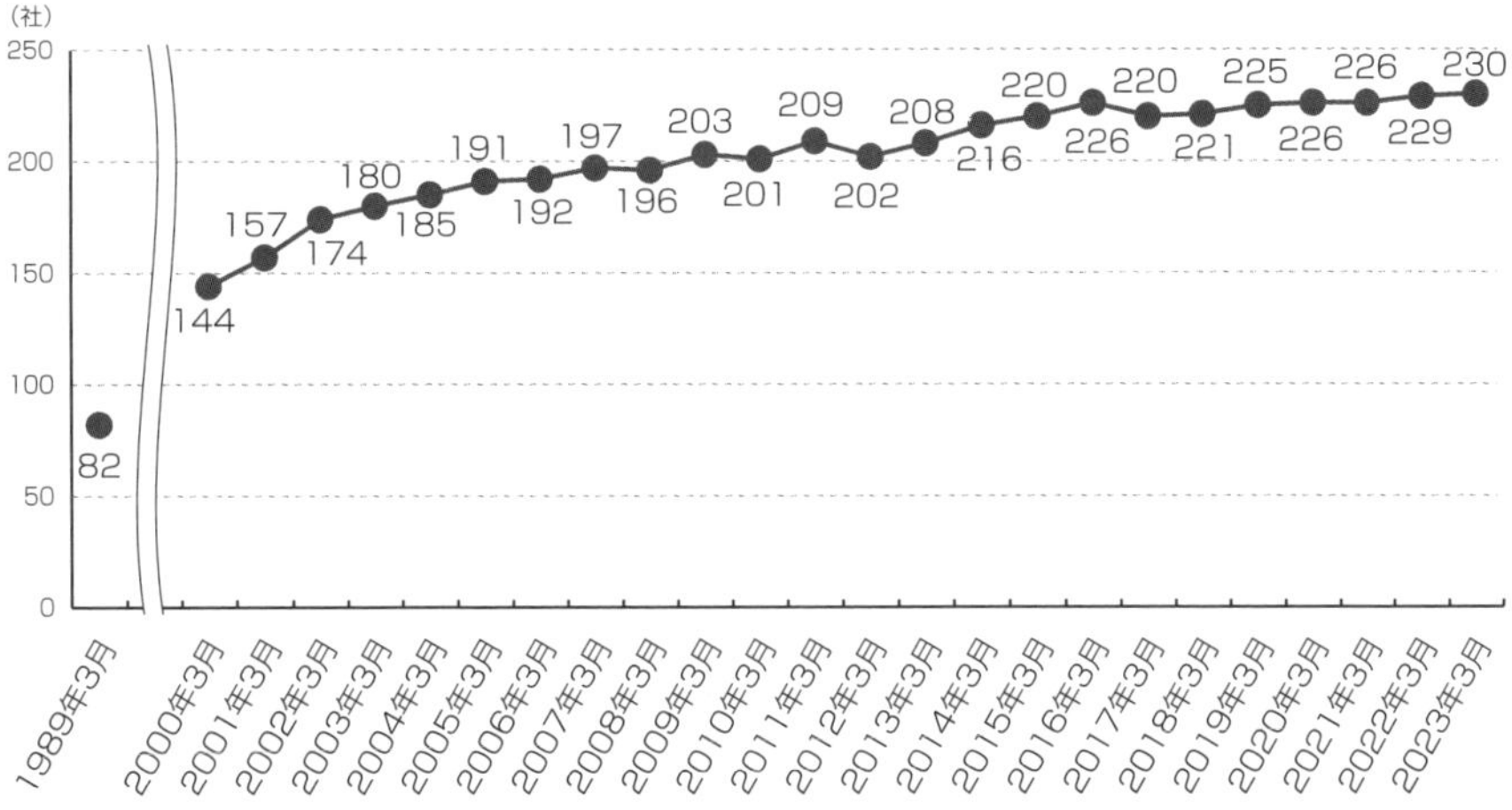

出典：日本メディカル給食協会資料より

Term

嚥下食　飲み込みや咀嚼といった嚥下機能の低下が見られる場合に、嚥下機能のレベルに合わせて、飲み込みやすいように形態やとろみ、食塊のまとまりやすさなどを調整した食事のこと。

■病院・特養ホームでの給食業務の受託

事業所給食市場が停滞気味のため、多くの給食業者は、病院や高齢者関連施設を有望な市場と見て全国展開を始めました。

日本メディカル給食協会*の調べによると、2023年3月現在、同協会に加盟している事業者数は231社。登録受託施設数は1万4466施設で、対前年比2.6%、367施設の増加となっています。施設の種別では、特別養護老人ホーム等が53.9%、次いで病院が26.9%を占めています。また、病床数でも対前年比約4%、5万2959床の増加で、病院の病床が全体の49.9%を占め、特別養護老人ホーム等の割合は35.9%です。

日清医療食品がこの業界では最大手で、同社は介護用品大手の**ワタキューHDの子会社**です。2023年5月現在、全国に5502か所の契約先があり、売上高ではゼンショーHD、日本マグドナルドに次いで外食業界第3位に位置し、22年度は3347億円の売上高を計上しています。

■新規参入と業界再編成の動き

三井物産と米国アラマークグループが出資する**エームサービス**は、1976年に三井物産本社で給食事業を開始し、その後、病院や学校給食などを手がけてきました。最近は同業で医療給食に強いメフォスやオフィスコーヒー大手のやまとを買収し、業容を拡大しています。

カラオケなど複合業態を展開している給食大手**シダックス**は、2023年12月、創業家の資産管理会社である志太HDによるTOB（株式公開買付け）が成立し、志太HDは食品宅配大手**オイシックス・ラ・大地**に自社株式を割り当てて子会社となる予定で、シダックスはオイシックスの傘下に入ることになり、2024年3月に上場廃止となりました。

このほか、給食業務の大手では、グリーンハウス、LEOC、富士産業、魚国総本社、日本ゼネラルフード、一冨士フードサービス、ソシオークホールディングスなどがあります。

近年は大手飲食チェーンや宅配事業者などが給食事業へ参入・展開するケースも多く、地場給食事業者間の競争も激化。学校や官公庁などの入札事業では価格競争に陥りやすく、厳しい状況が続いています。

Term

日本メディカル給食協会　2023年3月現在、正会員231社、賛助会員61社。会員企業の受託施設数は、病院・診療所で約4700か所、介護老人保健施設で約1700か所、特別養護老人ホーム等で8100か所の合計約1万4500施設、受託床数138万5000床となっている。

■在宅配食サービス

行動制限の緩和に伴い2023年は3年ぶりに規制のない大型連休や年末年始を迎えたことで、業界全体としては回復傾向にあります。「ほっともっと」を展開するプレナス、食品スーパーや百貨店、駅ビル、駅ナカ等で様々なスタイルの惣菜店舗を展開するカネ美食品、惣菜系の「RF1」を展開するロック・フィールド、「ほっかほっか亭」を展開するハークスレイなどが、高いシェアを誇っています。

弁当・惣菜・デリバリーの市場は順調に増加し、特に独り暮らしの高齢者向けや要介護者向けの**在宅配食サービス**は顕著な拡大基調にあります。最近は買い物難民対策や在宅介護支援など公的な補助制度が拡充されていることから、外食産業だけでなく、流通業や生協などからの参入も相次ぎ、競合が激しくなる一方で、市場規模は拡大していくと予測されています。

また、食の新しいトレンドとして、メタボなど生活習慣病対策や病院での**栄養サポートチーム（NST）加算***の新設などで栄養管理ビジネスが本格化し、管理栄養士を中心に健康弁当や治療食、嚥下食、咀嚼困難者食などの新商品開発が活発化し、新しいメニューや新しい業態の開発につなげています。

受託施設数（比率）と受託床数（比率）

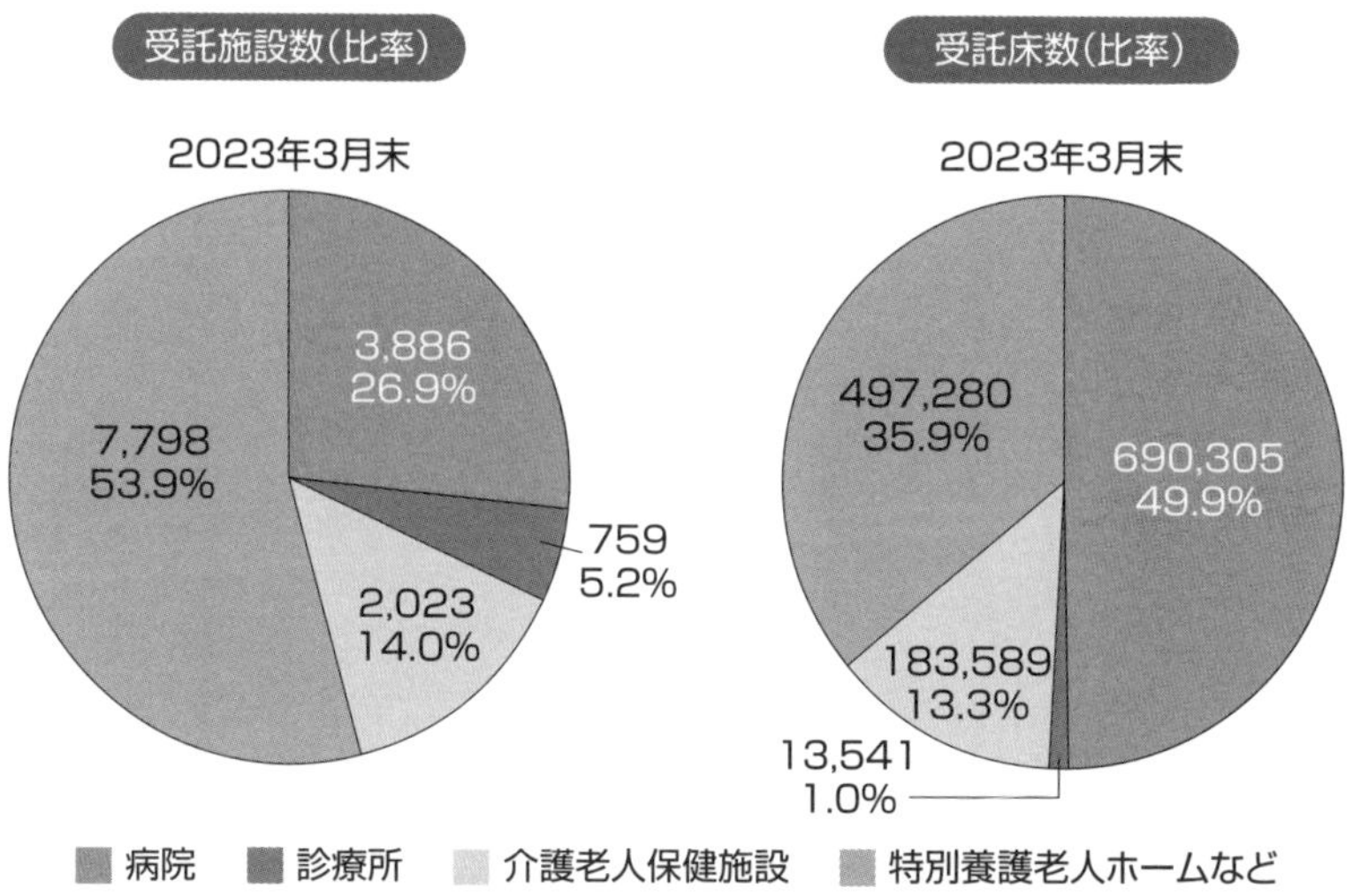

出典：日本メディカル給食協会

栄養サポートチーム加算　栄養障害の状態にある患者や栄養障害を生じるリスクの高い患者を対象とし、患者の生活の質の向上、原疾患の治癒促進および感染症等の合併症予防などを目的とする、「医師、看護師、薬剤師、管理栄養士など栄養管理に関わる多職種からなるチーム診療」を医療保険上で評価するもの。

Section

2-3 洋風ファストフード

ファストフードの特徴としては、メニューは単品あるいは数種類で構成され、配膳はカウンター越し、注文後3分以内に提供され、商品はテイクアウト可能——といったことが挙げられます。高い投資効率を維持するためには、強い商品力と同時に、来店客の回転率の高さが求められます。

洋風ファストフードのチェーン化

いまでこそ和洋様々なファストフード店を楽しめますが、日本で最初のファストフード店は1970年2月に東京都町田市のダイエー原町田店にオープンしたハンバーガショップの**ドムドム**でした。次いで同年11月に**ケンタッキーフライドチキン**が1号店を名古屋市のダイヤモンドシティ（現イオン）にオープンさせています。

翌年4月には**ミスタードーナツ**1号店が大阪のダイエー箕面店に、7月には**日本マクドナルド**の1号店が東京銀座に開店。続いて**ロッテリア**は72年9月に東京日本橋の高島屋に、**モスバーガー**は73年11月に名古屋の新瑞に開店しています。

効率的な厨房と調理法

ファストフード店では、店内で最終加工した商品をカウンターなどで販売し、基本的に客席への配膳はしません。このような提供形態を持つ業態を**ファストフードサービス（FFS）**といいます。

厨房では、すでに高加工されている食材を注文に応じて調理し、最終商品に仕上げて提供します。

厨房機器はその店が作る商品に特化した専用の仕様なので、厨房内はコンパクトです。また、スタッフの技能に関係なく、自動的に形・量・色などが統一された商品を作ることができるため、人件費や店舗投資額を抑えることが可能で、高い利益率が期待できます。

Point

ハンバーガーとマクドナルドの始まり　ハンバーガーは、1904年に米国で開催された「セントルイス万国博覧会」の会場で販売された物が始まりだといわれている。マクドナルドは1948年、カリフォルニア州でマクドナルド兄弟がドライブインを開業し、そこで売り出したハンバーガーが人気となったのが始まり。

■マクドナルドがトップ

日本フードサービス協会の調査では、ハンバーガーを中心とする洋風ファストフード業態は22年、23年と2年連続でコロナ禍前を上回りました。巣ごもり消費向けの持ち帰りや宅配に強く、新たな需要を取り込めたのが好調の要因だったと分析しています。

日本マクドナルドHDの2023年12月期の連結純利益は前期比20％増の240億円になる見込みで、好調に推移しています。年度初頭に商品の約8割の値上げを行い、既存店の売上高が伸びたほか、円安や原材料高の影響も小康状態となって採算が改善しています。

同年7月には人件費の高騰から都心部の店舗で追加の値上げを行っています。

外食国内最大手の**ゼンショーHD**は23年4月、**ロッテリア**をロッテHDから買収し、「ゼッテリア」として新業態のバーガー店をオープンさせています。新しい店は親会社のゼンショーHDの食材調達網などを活用しながら、高品質で値頃感のある新商品の投入や、公正な価格で仕入れた「フェアトレード」のコーヒーなどを売り物にしています。

2023年1～12月ファストフード市場動向調査（2023年12月25日発表）

（参考）対2019年比

		売上高 前年比	店舗数 前年比	客 数 前年比	客単価 前年比	売上高 19年比	店舗数 19年比
ファストフード	合 計	110.40%	99.80%	103.80%	106.40%	120.10%	95.80%
	洋 風	108.50%	100.80%	100.40%	108.00%	136.30%	99.40%
	和 風	114.30%	99.80%	108.50%	105.40%	117.40%	99.30%
	麺 類	116.30%	98.80%	107.00%	108.70%	101.00%	93.40%
	持ち帰り米飯／回転寿司	106.30%	99.00%	100.20%	106.10%	105.70%	92.50%
	その他	113.30%	100.00%	106.90%	105.90%	107.10%	89.10%

出典：JF外食産業市場動向調査より

Point

ケンタッキーフライドチキンの始まり 米国ケンタッキー州で、カーネル・サンダースが1930年代にガソリンスタンドを経営し、併設する食堂でフライドチキンを提供したのが始まり。ケンタッキーフライドチキンやマクドナルドはその後、フランチャイズチェーンを展開し、全世界に店舗数を増やしていく。

Section

2-4 和風ファストフード

和風のファストフードといえば、駅構内などに出店している立ち食いそば店や露店のたこ焼き店などがなじみ深い業態です。現在でも牛丼店は低価格を武器に好調です。配膳はカウンター越しに行われ、主力の牛丼などは注文後3分以内に提供され、持ち帰り用としても人気があります。近年は朝食メニューも充実しています。

牛丼チェーンの変遷

吉野家は日本最初の和風ファストフード店として、1968年、東京新橋に1号店をオープンさせています。74年4月には**なか卯**の牛丼1号店がオープン（なか卯は2005年にゼンショー傘下に入る）。その後も、牛丼店としては、**養老乃瀧**（のちに牛丼からは撤退）、**松屋フーズ**、ゼンショーの**すき家**、**神戸らんぷ亭**などが新規参入してきました。1973年に吉野家がフランチャイズ（FC）1号店を出店させてから、和風ファストフードにおいてもFCによる店舗展開が活発化しました。しかし、80年代に入ると牛丼店の競合は激しさを増して、事業から撤退する会社や倒産・企業売却する会社なども出てきました。

高付加価値商品の開発

牛丼の価格は物価の上昇や景気の動向、またかつては**BSE問題**＊などによって、値上げと値下げを繰り返して価格競争も激化しました。牛丼チェーンにおける競争は、体力勝負ともいわれ、上位の企業が体力にものをいわせて、下位の企業がギブアップするまで価格引き下げを仕掛けてくることもありました。その結果、牛丼チェーンは、すき家、吉野家、松屋の寡占状態となって現在に至っています。また、最近は他の和食ファストフードとの競合もあり、各社とも低価格戦略を見直して高付加価値商品の開発に力を注ぎ、新メニューを投入して、「客単価を高めて売上の拡大を図る」戦略へと変わってきました。

Term

BSE問題　2001年9月、国内において初めて牛海綿状脳症（BSE）の発生が確認された。同年10月、と畜場における牛の特定部位（異常プリオンタンパク質がたまる部位：頭部〈舌・ほほ肉を除く〉、脊髄、回腸遠位部）の除去・焼却が法令上義務化されると共に、BSE検査が全国一斉に開始された。

テイクアウトの定着

コロナ禍以降、牛丼店においては他の飲食業と比較してもテイクアウト客が中心となり、各社とも従来の店内サービスに加えてテイクアウトを充実させる施策に力を注いできました。

「すき家」を展開するゼンショーでは、中食需要を取り込むために「アプリ」「Ｗｅｂ」「電話」の３つの方法での予約注文が可能になるサービスを導入しています。同時に、アプリでの予約では自動的にポイントが付加されるシステムも取り入れています。

吉野家でも、デリバリーや冷凍食品事業を強化し、新しい飲食サービスを取り入れています。特にデリバリーでは、「Uber Eats*」や「出前館」と提携して売上を伸ばしているほか、冷凍食品事業でも公式通販ショップを展開し、「牛丼の具」など店舗の味を自宅で楽しめる商品の販売に取り組んでいます。

松屋でも、持ち帰り弁当やデリバリーの強化に加え、季節限定商品の販売など、新商品開発に力を入れています。

牛丼チェーンは、新型コロナの5類移行以来、店内飲食の需要も回復基調にあり、デリバリーや持ち帰りなど新しいサービスとの両面で売上を高めていこうとしています。

牛丼チェーンの店舗数比較

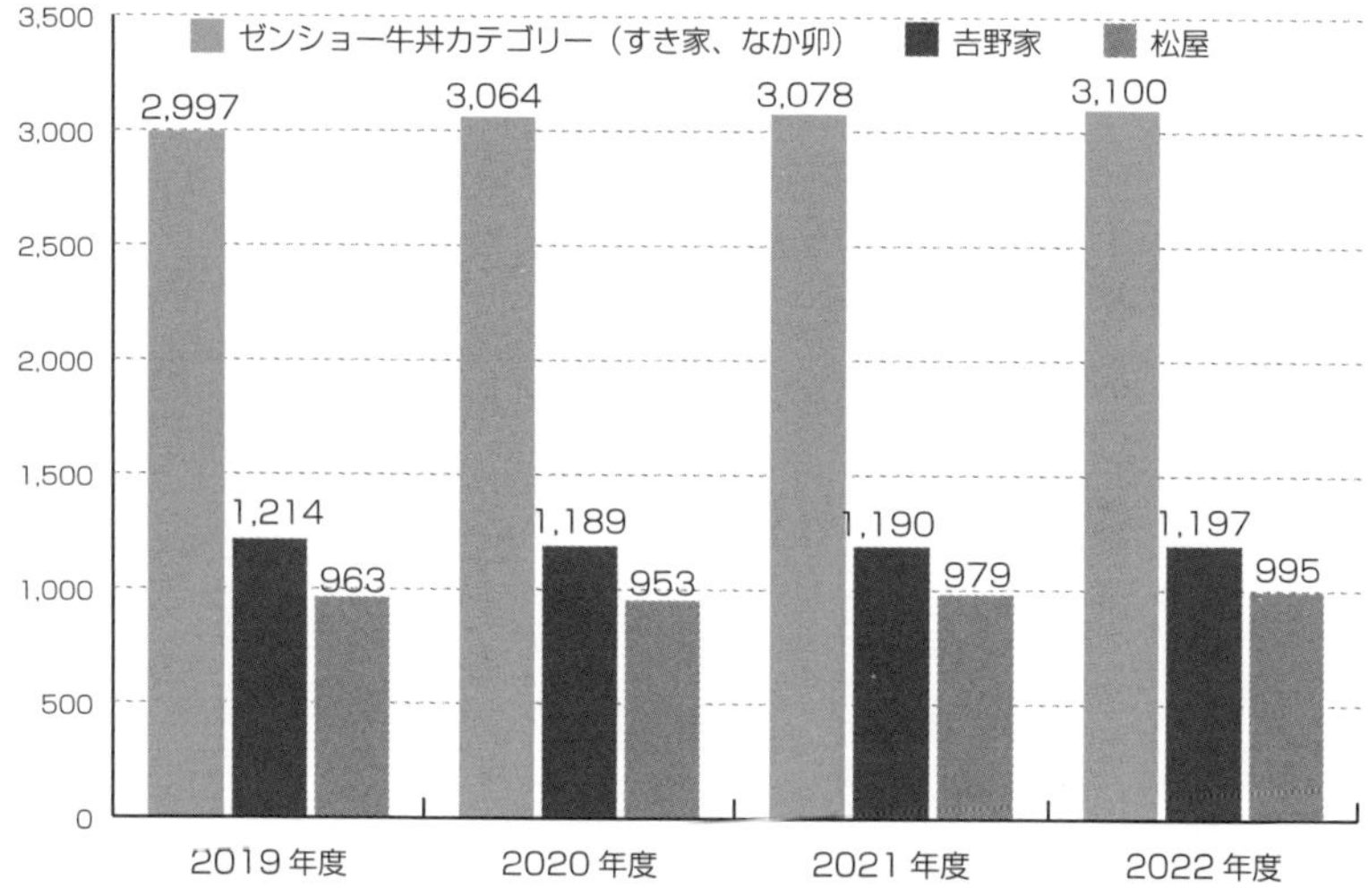

出典：各社のニュースリリース、決算資料より

Term **Uber Eats（ウーバーイーツ）** 米国のUberが2014年8月26日に立ち上げたオンラインのフード注文・配達プラットフォーム。日本では2016年からサービスを開始している。

Section
2-5 レストラン

日本の食材と西洋料理の技法とをうまく取り入れ、掛け合わせた料理法が開発され、「**レストラン**」は日本人好みの味にアレンジされた「**洋食**」を提供する場として各地に広まっていきました。日本では西洋料理店のイメージが強いレストランですが、一口にレストランといっても主力メニューによって営業形態は様々です。

集客の目玉だったレストラン

日本のレストランの始まりは、明治初期の**西洋料理店**だといわれています。その後、昭和初期にかけて高級ホテルの開業が相次ぎ、集客目的で各国の料理を提供する西洋料理レストランが導入されました。それ以降、和洋を掛け合わせた独自の洋食の提供の場として、各地にレストランが広がっていきました。

今日では、「行きやすい場所にある」「価格が手頃である」「家では味わえないものが楽しめる」「テーブルやイスが広くてゆっくりできる」「子ども連れや家族などでも行きやすい」「店内の雰囲気がおしゃれ」などが、レストランを選ぶ際の基準になっているようです。

多様なレストラン形態

様々な業態を有するレストランですが、おおまかに分類すると、**ディナーレストラン**は、見た目はファミリーレストランと似ていますが、客単価は1500～3000円程度と高めに設定してあり、**高級レストラン**とも呼ばれています。**カジュアルレストラン**は、若者をターゲットにした親しみやすく気軽に利用できるレストランで、家族向けメニューが充実している**ファミリーレストラン**とディナーレストランの中間に位置付けられています。

このほか、フレンチやイタリアン、カレーなど特定西洋料理の専門レストランや、定食を主体に提供する定食屋があります。

Point

幕末の西洋料理店　1863（文久3）年に日本初の西洋料理店「良林亭」が長崎で開業している。店主兼料理長は長崎出島のオランダ商館で皿洗いをしながら西洋料理を習得したという草野丈吉。スポンサーになったのは渋沢栄一と五代友厚。その後、店名を「自遊亭」に変え、1865（慶応元）年には「自由亭」に改称している。

■「ファストカジュアル」という新業態

インバウンドの復調によりレストラン業態も好調に推移しています。最近、従来のレストランのカテゴリーでは「カジュアル」に近い新業態のレストランとして「**ファストカジュアル***」と呼ばれるものが目立つようになってきました。

ファストカジュアルというコンセプトの業態は90年代後半に米国で誕生し、2000年以降、急成長を遂げたのですが、ファミリーレストランのような明確な区分はなく、一般的な呼び方にはなっていませんでした。

この業態は、ファストフードのような雰囲気の店内、クオリティが高くて専門性のあるメニュー、といったことが特徴になっています。値段も既存のファストフードよりは多少高くなっていますが、次世代型のファストフードともいわれる業態です。業界内でもまだ確立した定義付けはされていませんが、ファストフードのようにカウンターサービスが行われ、接客の要素は少なく、メニュー構成もサンドウィッチや焼肉、ハンバーグ、中華系など専門性があるのが特徴です。出店形態には都心部の**フードコート***から郊外型まであり、テイクアウトの割合が高い業態ともいわれています。

多様なレストラン形態

- ディナーレストラン
- カジュアルレストラン
- ファミリーレストラン
- 専門レストラン（フレンチ、イタリアンなど特定西洋料理、エスニック料理など）
- 洋食レストラン、和食レストラン
- 一般食堂・定食屋など
- ファストカジュアル

Term

ファストカジュアル　82ページのコラムを参照。

フードコート　1980年代に米国のショッピングモールや空港内に普及した飲食ゾーンで、多様な飲食店ブースやセルフサービス形式の店が隣接する屋内型共用広場。

Section

2-6 ファミリーレストラン

かつては、「休日に家族でファミリーレストランに出かけて食事をする」という形が一般勤労者世帯のステイタスの1つでもありました。開放感のある広く明るい店内で食事を楽しめ、駐車場も整備されているファミレスは、憧れの存在だったのです。昨今はメニューやサービスに頭打ち感があり、各社とも新たなアピールポイントを模索しています。

■70年代に始まった出店ラッシュ

1970年に**すかいらーく**が東京の郊外に開業し、74年に**デニーズ**が続くと、日本では出店ラッシュが始まりました。当初はハンバーグを中心にした洋食のメニュー構成でしたが、80年代には高齢者の利用増加などを考慮して和食が加わります。

90年代には、それまでの洋食と和食を主体にした業態に加えて、新業態が登場しています。**和食さと**などの和食ファミリーレストラン、**バーミヤン**などの中華ファミリーレストラン、**サイゼリヤ**などのイタリアンレストランといった、特定地域の料理を中心に扱うチェーンもでき、ファミリーレストランの多様化と専門化が顕著になっていきます。

■短時間での提供が可能に

多くのファミリーレストランでは**セントラルキッチン**＊で一括して調理を行い、完成に近い形にまで加工した状態で冷蔵・冷凍をして各店舗に配送します。店舗内の厨房では、加熱したり野菜を添えるなどして食器に盛り付ける、といった最終的な仕上げをして、客席へ配膳します。

同じ調理器具・材料・製法で一括して調理することで、各店舗によって味が異なることもなく、いつでも同じ味の料理を提供することが可能となります。同時に、調理作業と食材仕入れの効率化も図れます。このようにして、幅広いメニューをとりそろえ、注文から短時間で多種多様な料理を提供することが可能になっています。

Term

セントラルキッチン　同一のチェーンに属する多くの店舗の食事を1つの工場で大量に調理し、それを各店舗に運び、現場で仕上げて提供する仕組み。同一の商品を大量に作ることによって、大幅なコスト減を実現でき、チェーン展開が一気に進むというメリットがある。

深刻な人手不足への対応

他の業態と同様に、ファミリーレストラン業界でも深刻な人手不足への対応が求められています。

対策の1つが24時間営業の廃止と営業時間の短縮ですが、売上高の減少に直結してしまいます。減収分を営業時間中の客単価の上昇や、テーブル席の回転数向上などでカバーしたいところですが、簡単なことではありません。

店舗オペレーションの基本としては、オーダーから精算までのフロント業務と厨房内作業の省人化、バックヤード業務の効率化が考えられています。人的コストの低減のため、オペレーションそのものの見直しが求められています。

業界最大手の**すかいらーくHD**では、コロナ禍の期間から始めているタブレット型端末を活用したデジタルメニューブックでのオーダーシステムや配膳ロボットの導入、セルフレジ化での対応などを前提とした店舗サービスの省力化を、今後もさらに進める計画です。

ロイヤルHDの「**ロイヤルホスト**」でも、タブレットオーダーや厨房内でのさらなる機械化、ITを活用したオペレーションへの転換を急いでいます。

【2023年版】ファミリーレストランチェーンの店舗数ランキング

順位	チェーン名	2022年7月	2023年7月	増減率(%)
1	ガスト	1,323	1,282	−3.1
2	サイゼリヤ	1,074	1,056	−1.7
3	ジョイフル	618	611	−1.1
4	ココス	516	514	−0.4
5	バーミヤン	356	352	−1.1
6	デニーズ	320	317	−0.9
7	ジョリーパスタ	305	314	3
8	ロイヤルホスト	218	218	0
9	和食さと	207	197	−4.8
10	ジョナサン	208	188	−9.6
11	夢庵	174	167	−4
12	ビッグボーイ	180	153	−15
13	カプリチョーザ	96	95	−1
14	和風レストランまるまつ	93	90	−3.2
15	ステーキガスト	109	87	−20.2
16	ポポラマーマ	90	82	−8.9
17	レストラン庄屋	55	53	−3.6
18	ばんどう太郎	49	47	−4.1
19	トマト&オニオン	41	41	0
20	藍屋	41	39	−4.9
20	洋麺屋ピエトロ	38	39	2.6
20	不二家レストラン	39	39	0
23	徳樹庵	38	38	0
24	華屋与兵衛	36	35	−2.8
24	ラケル	36	35	−2.8
26	神戸元町ドリア	28	31	10.7
27	魚輝水産	32	30	−6.3
28	ヴィクトリアステーション	29	28	−3.4
28	おむらいす亭	31	28	−9.7
28	青蓮	28	28	0

出典：日本ソフト販売のデータ活用ブログより

Section 2-7

一般食堂と定食屋チェーン

庶民の内食代わりとして長い間日本の外食業界の中で主流を占めていた一般食堂ですが、ファミリーレストランの台頭や、店舗の老朽化などにより、伝統的な一般食堂は消滅の危機にありました。新たに参入した定食屋チェーンはかつてのイメージを払拭し、ニーズに合ったメニューで躍進を続けています。

■主役の座にあった一般食堂

一般食堂とは「定食を主体に様々な料理を比較的安価で食べさせる店」のことで、**定食屋**、**大衆食堂**、**飯屋**《めしや》などとも呼ばれます。

一般食堂は1950～60年代に、ビジネス街、工場地帯、繁華街、学生街でサラリーマンや学生などに家庭料理のような食事（昼食や夕食）を提供するべく生まれた業態です。メニューは主に定食類と単品で構成され、値段が安く手軽でボリュームがあることが特徴です。高級な専門料理店などとは一線を画しており、広く一般大衆に支持され、長らく外食業の主役の座にありました。

■ファミレスに押され低迷

ところが、1970年代中頃からファミリーレストランが外食業界を席巻《せっけん》し始めます。外資系の外食企業が相次いで上陸し、日本の一般食堂は取り残されていきました。

総務省の家計調査年報（2011年度調査）の1世帯当たりの「食事代」の年間家計支出の内訳によると、「一般外食」の中の「食事代」11万8106円のうち、ファミリーレストランを中心とする食事代に相当する「他の主食的外食」5万2119円が最も多く、約半分を占めています。ここでも庶民的な一般食堂の影が薄くなっていることがわかります。

Point

日本食堂　1938（昭和13）年に鉄道省の指導により、それまで食堂車や駅構内食堂を運営していた全国の6社の会社が共同出資して設立された会社で、その後、国鉄分割民営化に伴い、各旅客鉄道会社の営業エリアに沿う形で分社化・資本分離され日本食堂はJR東日本の営業エリアを受け持つこととなった。

イメージを一新した大戸屋

外食チェーンの成長や消費者の外食需要の多様化により、一般食堂の市場規模は低迷が続いています。また、多くが老朽化し店内が雑然としているのも、客離れを起こす要因になっています。70～80％を占める個人経営食堂の多くは創業から30年以上を経た老舗です。しかし近年、女性や若者の足が定食屋に向かうようになっています。特に躍進目覚ましいのが定食屋チェーンで、その筆頭が92年に「大戸屋ごはん処」を開業した**大戸屋**です。整理整頓の行き届いた店内には清潔感があり、明るい照明も目を引き、かつての一般食堂のイメージを一新しました。また、食材にこだわったメニューと迅速な配膳サービスや低価格により、かつては女性だけで入店するのに抵抗があった食堂が、男女とも違和感なく利用できる店に変わりました。

このほか、「**やよい軒**」「**まいどおおきに食堂**」「**ねぎしかつや**」「**餃子の王将**」「**ごはん処おはち**」「**めしや宮本むなし**」「**大衆食堂半田屋**」「**おぼんdeごはん**」などの定食屋チェーンが次々と登場しています。このうち「**まいどおおきに食堂**」を運営するフジオフードグループは、ほかにも「**かっぽうぎ**」「**さち福や**」など、アットホームな定食店から串揚げ店まで20余りのブランドを、大阪を地盤に展開しています。

大戸屋HDの概要

株式会社 大戸屋ホールディングス

●本部	東京都武蔵野市中町1-20-8 三井生命三鷹ビル5F
●創業	1958年1月　●設立　1983年5月
●資本金	30億2900万円
●店舗数	416店舗(国内 302／海外 114、2023年3月31日現在)
●従業員数	グループ全体 557名(2023年3月31日現在)

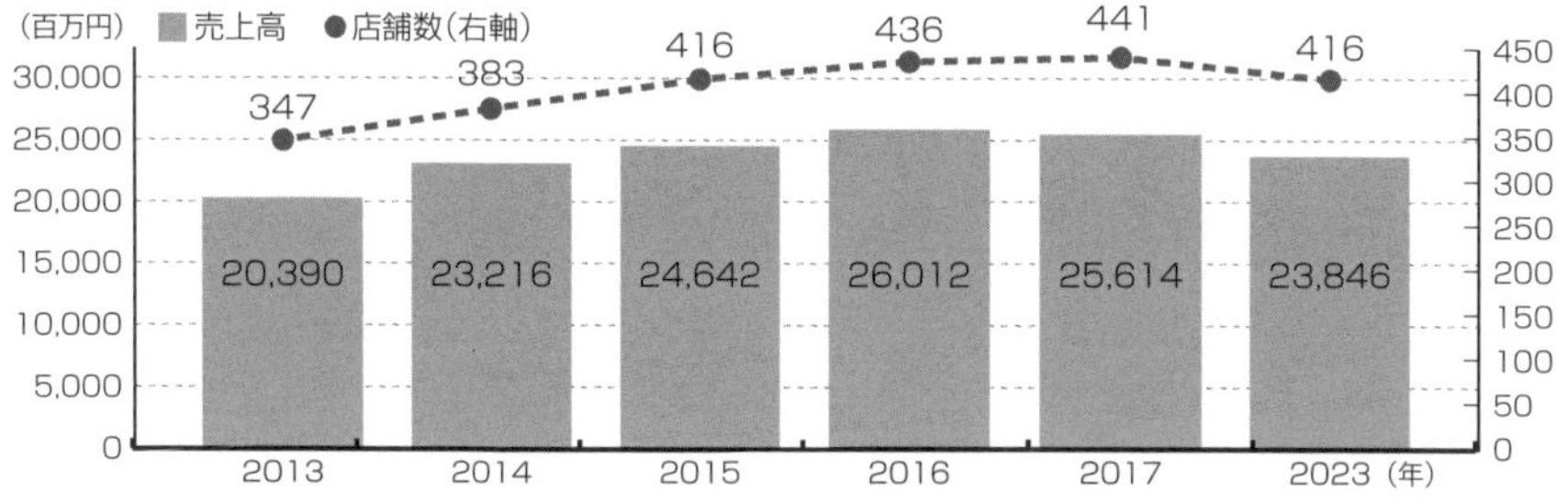

出典：大戸屋ホールディングス ホームページより

Point

飯屋の始まり　1657年に起きた明暦の大火では江戸城も被災し、復興のために全国の藩から大工などが集められた。その人たちの食事を賄うため、江戸の町の茶店が茶漬けに豆腐汁、煮しめ、煮豆などを付けて売り出し、茶漬け屋と呼ばれるようになった。これが飯屋の始まりとされる。

Section

2-8 中華料理店・ラーメン店

国民食ともいえるほど利用頻度の高いラーメンは、日常食の1つとして私たちの生活に定着していると同時に、中華料理の主力商品でもあります。グルメサイトでも頻繁に取り上げられ、ランク付けされます。近年は麺やスープ、具に地域の食材を取り入れた地域色の強い**「ご当地ラーメン」**が各地で人気です。

■ラーメンチェーンの拡大

もはや日常食として市民権を得ている**ラーメン**は、日本の地で独自の発展を遂げた中華料理の主力商品として、確固たる地位を築いています。中国でラーメンの調理法を覚えた人たちが屋台を出したのがキッカケで、これがのちのご当地ラーメンの始まりだといわれています。

ラーメンチェーン店の先駆けは「札幌ラーメンどさん子」で、1968年にチェーンの1号店が東京両国にオープンして札幌ラーメンブームを起こしました。塩、醤油、味噌味がラーメンの定番の味として定着しました。ラーメンの基本といわれるスープは大きく「澄ましスープ系」と「白濁豚骨スープ系」に分類されます。

■激戦が続くラーメンチェーン

ラーメン店は1950年代から成長期に入りましたが、チェーン化は90年頃から本格化しました。94年には新横浜ラーメン博物館がオープンし、この頃からこだわりのラーメンとして高価格ラーメンが受け入れられるようになりました。現在は、**餃子の王将**の王将フードサービスを筆頭に、**ぎょうざの満州**、福島県に本社を構える**幸楽苑**、**日高屋**のハイデイ日高などが激しい競争を繰り広げています。さらに、「トッピングを変えるだけでメニューの幅を広げられる」、「比較的少ない資金で開業できる」といった理由でラーメン店のチェーン化や新規参入者は多く、競争も激しいため、1年以内に廃業する店も少なくありません。

Point

ラーメンの消費日本一・山形市　毎年、全国の県庁所在地と政令指定都市を対象に行われている総務省の家計調査のうち、ラーメンなどの「中華そば」で、出前も含め2023年の1年間にかけた外食費用は、山形市が1世帯あたり1万7593円で、2位の新潟市に2369円の差を付け、2年連続の日本一を達成している。

■中華料理レストラン

古くは医薬や道教思想と密接に結び付いた料理といわれる**中華料理**は、大きく4地方に分類できます。

酒や醤油が特産地の東方の代表は新鮮素材を活かした**上海料理**、西方はネギ、ニンニク、トウガラシなどの調味料をたっぷり使った**四川料理**、南方は油脂の使用が多く点心でも有名な**広東料理**、北方は素朴さと宮廷料理が混在した**北京料理**です。豊富なメニューとボリューム、栄養価の高さなどから、中華料理は大正時代から代表的な外食として人気を博してきました。

油が飛び、清潔とはいいがたいイメージが定着していた中華料理店ですが、90年以降はそれまでにない**創作中華料理店**を展開する企業が増え、同時に店内も一新されました。2000年頃には、中華ファミリーレストランなど別業態と組み合わせた新たな店舗も登場しています。

中華料理店の利用頻度が比較的高いのは30代以上の男性で、「ぜひ利用したい」「まあ利用したい」を合わせた比率は、60代では男性、60代未満では女性が高いのも特徴の1つです。また、前記したように、餃子の専門チェーンも人気を得ています。

中華料理店・ラーメン店　店舗数推移

順位	チェーン名	2022年7月	2023年7月	増減率(%)
1	餃子の王将	734	731	−0.4
2	リンガーハット	586	567	−3.2
3	日高屋	403	408	1.2
4	幸楽苑	404	385	−4.7
5	大阪王将	359	341	−5
6	Sugakiya	257	258	0.4
7	来来亭	250	249	−0.4
8	天下一品	229	220	−3.9
9	丸源ラーメン	183	196	7.1
10	らあめん花月	199	190	−4.5
11	山岡家	168	174	3.6
12	田所商店	155	162	4.5
13	くるまや	148	144	−2.7
14	魁力屋	121	127	5
14	町田商店	112	127	13.4
16	8番らーめん	116	115	−0.9
17	一風堂	104	106	1.9
18	ぎょうざの満州	101	102	1
19	どさん子ラーメン	97	93	−4.1
20	一蘭	83	84	1.2
21	紅虎餃子房	74	75	1.4
21	神座	67	75	11.9
21	ずんどう屋	60	75	25
24	筑豊ラーメン山小屋	82	74	−9.8
25	味千拉麺	65	67	3.1
25	まこと屋	58	67	15.5
27	喜多方ラーメン坂内	63	64	1.6
28	歌志軒	73	63	−13.7
29	てんがら	59	57	−3.4
30	おおぎや	54	54	0

出典：日本ソフト販売のデータ活用ブログより

Point

餃子の消費日本一・浜松市　家計調査の餃子の購入額では長らく、浜松市と宇都宮市と宮崎市が日本一をめぐって激しい競争を繰り広げているが、2023年の調査では1位が浜松市で4041円、2位の宮崎市が3497円、3位の宇都宮市が3200円で、浜松市は3年ぶりに日本一の座を奪還している。なお、家計調査で発表される餃子は、外食や冷凍食品を除く餃子の1世帯当たりの購入額となっている。

Section
2-9 和食・日本料理店

高級なイメージから何となく近寄りがたい日本料理店ですが、昨今の他業種の業態革新や外食ニーズに合わせて、知名度の高い日本料理店の大衆化路線が進んでいます。和食を好む傾向にある高齢者や、健康志向が強い人々の日本料理への期待は、今後ますます高まりそうです。

日本料理とは

一般的に**日本料理**とは、**本膳料理**、**精進料理**、**懐石料理**、**会席料理**などを指します。しかしながら2－1節で紹介したように、総務省「日本標準産業分類」によれば、これらに加え、すき焼き店、天ぷら料理店、うなぎ料理店、郷土料理店、牛丼店、とんかつ店など、「主として特定の日本料理（そば、すしを除く）をその場で飲食させる事業所（主として遊興飲食させる事業所を除く）」と定義されています。この場合、料亭は「遊興飲食店」に属するため含まれません。

一般飲食店の事業所数が減る中で、日本料理店は若干の増減はあるものの、全体では安定した推移をしています。

日本料理店の大衆化

バブル経済崩壊や、近年の他業態の積極的な業態革新、消費者の外食ニーズの多様化により、従来の日本料理店の運営方法では通用しなくなっています。

このため、知名度の高い日本料理店が首都圏の商業地やホテル、大手百貨店などに出店し、ランチタイムに手頃な値段で料理を提供するなど、多くの日本料理店が大衆化を図っています。最近では、**しゃぶしゃぶの木曽路**などが幅広い客層の取り込みに成功し、売上を伸ばしています。また、中食市場への参入として、デパ地下に高級惣菜店を出店したり、おせちの通販に取り組むところも増えてきました。

Point

しゃぶしゃぶの始まり　原型は中国北京の鍋料理で、それが京都祇園に伝わり、その後関西に広がって、大阪のスエヒロ本店が「しゃぶしゃぶ」と命名したといわれる。由来は、「従業員がおしぼりを洗う姿と牛肉を出汁（だし）にくぐらせる様子が似ていた」ことから。聞こえてくる音そのままに「しゃぶしゃぶ」としたという。

■日本料理店のこれから

東京都生活衛生営業指導センターの「平成14年度 消費者モニター等事業調査報告書」によると、年齢によって日本料理に対する意識は様々です。

10代は「何となくこわい」「堅苦しい」といったイメージを持ち、20代～50代は敷居の高さを感じている反面、上品で落ち着いた印象を持っています。60代は和食の伝統を意識しつつ清潔でおしゃれなイメージも持ち合わせ、70代では日本料理に安心感を抱いています。

全体的に「もっと安い料金」や「気軽な雰囲気」「わかりやすい料金」を望む声が多く、これらは今後の日本料理店の課題です。

とはいえ、1世帯当たりの「和食」年間家計支出額は安定的に推移し、その支出は中高年世帯に多いといわれます。

飲食業界全体としても、サービス等の内容において「高齢者等のメニューを工夫している」店舗が最も多くなっています。日本料理店は今後ますます率先して和食好きな高齢者へのサービスが必要になるとされています。「**和食さと**」などを運営する**SRS**ホールディングスでも、「和食さと」のほか、「得得」「家族亭」「かつや」など、和食のカテゴリーに含まれるブランドを多く運営しています。

海外での日本食ブーム～日本食レストランの海外出店状況

地域別出店数(2023年)

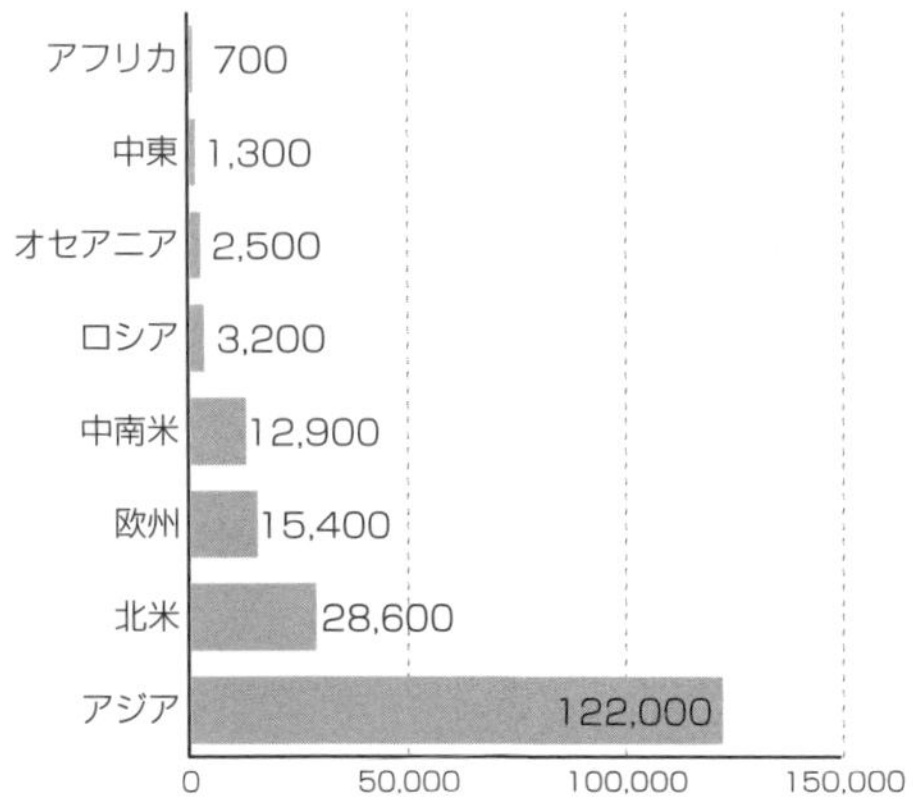

出店数の推移

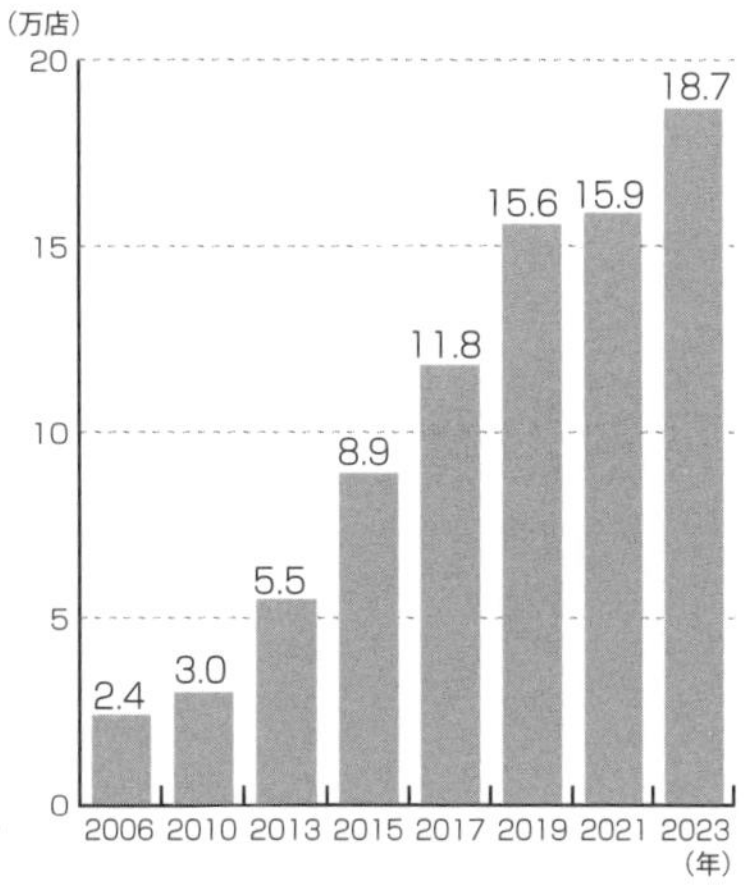

出典：外務省・在外公館の調査をもとに農水省の推計

和食の消費日本一は岐阜市　毎年、全国の県庁所在地と政令指定都市を対象に行われている総務省の家計調査のうち、2021～23年における和食の支出額の平均値では、岐阜市が4万232円と、前回調査に続いて日本一となっている。2位が名古屋市の3万2905円、3位が高松市の3万2641円。

Section

2-10 寿司店

スピードと価格の両面で、回転寿司は寿司業界に革命を起こしました。寿司を庶民の日常食にして、元気のなかった外食業界に活力を与えてきました。しかし、ここにきてその市場は飽和状態になりつつあります。昔ながらの寿司屋の市場は縮小し、企業化された寿司チェーンが生き残っています。

食生活に定着した寿司

寿司店は、板前が客に直接配膳する**寿司屋**と、ベルトコンベアで配膳する**回転寿司**、**宅配・持ち帰り専門寿司店**などに分類できます。

1958年に大阪でオープンした「廻る元禄寿司」が始まりといわれる回転寿司は、80年代にはシャリを握る寿司ロボットが開発されてブームが到来しました。

その後、鮮度やシャリのおいしさを追求しつつ低価格で提供するチェーン店が普及すると、完全に日本人の食生活に定着し、**あきんどスシロー**、**カッパ・クリエイト**、**元気寿司**、**くらコーポレーション**などのチェーン店が店舗数を拡大し、売上を伸ばしています。

好調続く回転寿司

ファストフード並みの利便性を兼ね備えた回転寿司チェーンが各地に展開されたことにより、それまで高級料理だった寿司は、庶民が気軽に口にしファミリーでも楽しめる外食の1つになりました。

しかし、他の業界と同様にコロナ禍によって大きな影響を受け、2019年の市場規模1兆5466億円に対し、2020年は18%減の1兆2639億円にまで下がりました。その後、新型コロナの5類移行を経て、イートインの客数は回復傾向にあります。しかし、最近は魚の価格が高騰しており、利益率の低下を招いています。そのため、高騰するコストへの対応が課題となってきました。

Point

寿司の消費日本一は金沢市　2023年の1年間、寿司（外食）を食べるために使った金額は、金沢市が2万4716円で第1位、第 2位が静岡市で2万2472円、第3位が名古屋市で2万1347円となっている。

経営統合と海外進出

近年の寿司業態は寿司屋や回転寿司だけでなく、宅配、テイクアウト、コンビニや食品スーパーの惣菜寿司まで広範囲にわたり競合状態となっています。しかし、過去には高級感からくる敷居の高さや高価格のイメージ、価格の不透明さなどが、消費者に寿司屋の利用をためらわせる要因を作ってきたともいえます。

そのイメージを打ち砕き、経営革新に成功したのが回転寿司業界でした。2005年から10年までの5年間に売上の936億円増（26・7%増）を記録し、長く成長を続けてきた回転寿司ですが、ここにきて成長ペースがダウン。これまで業界を主導してきた御三家（スシロー、くら寿司、かっぱ寿司）にゼンショーグループの「はま寿司」を加えた4強による寡占化と、さらに、業界内の経営統合に向けた動きが活発化してきました。また、少子高齢化による国内市場の縮小から、台湾や香港、韓国、中国、タイなどを中心に海外進出を加速するチェーン店も増えてきました。スシローでは2022年に、中国大陸の成都1号店を含め、台湾、香港、タイに出店しています。くら寿司もまた、台湾と米国に子会社を設立し、それぞれの国での拡大を図っています。

寿司チェーン店　店舗数推移

順位	チェーン名	2022年7月	2023年7月	増減率（%）	主な形態
1	スシロー	651	640	−1.7	回転寿司
2	はま寿司	559	581	3.9	回転寿司
3	くら寿司	517	542	4.8	回転寿司
4	銀のさら	376	383	1.9	宅配寿司
5	丼丸	413	375	−9.2	海鮮丼持ち帰り
6	かっぱ寿司	308	292	−5.2	回転寿司
7	魚べい	159	172	8.2	回転寿司
8	ちよだ鮨	164	167	1.8	持ち帰り寿司
9	小僧寿し	171	155	−9.4	持ち帰り寿司
10	すし銚子丸	88	86	−2.3	回転寿司
11	回転寿司みさき	83	79	−4.8	回転寿司
12	がってん寿司	64	68	6.3	回転寿司
13	活魚廻転寿司 にぎり長次郎	60	61	1.7	回転寿司
14	すしざんまい	60	57	−5	対面・回転寿司
15	にぎりの徳兵衛	43	43	0	回転寿司

出典：日本ソフト販売のデータ活用ブログより

Point

回転寿司コンベア　回転寿司コンベア製造業界ではトップ企業として知られ、国内シェア70%内外を誇る企業が金沢市にある。「株式会社石野製作所」で、半世紀ほど前に、自分の席でお茶を入れられる「自動給茶装置付寿司コンベア機」（1974年4月）を開発し、回転寿司を一気に全国に広めている。

Section
2-11 そば・うどん店

外食産業全体の2021年の市場規模が前年比4・9%減なのに対し、そば・うどん業界は1・5%減。微減しているものの、縮小傾向である外食マーケットにおいては、ほぼ堅調に推移している業態といえます。近年、新規参入が相次いでいるうどんチェーンの出店キーワードは「セルフ式自家製麺の店」になっています。

3つの業態

かけうどん1杯200〜300円と手頃な価格で、サラリーマンやファミリー層から支持を得ている**そば・うどん店**ですが、個人経営の単独店が全体の6割を占めています。その業態は大きく3つに分類できます。

1つ目は味と暖簾《のれん》を売り物にした**専門店**で、昔から商店街などに出店してきましたが、商店街の衰退と共に集客率の高いショッピングセンターや駅ビルなどに出店する店が増えています。2つ目は丼物やカレーライスなど、そば・うどん以外のメニューも提供する**兼業店**。3つ目が駅の構内などにある**立ち食い店**です。

自家製麺うどん

2001年、セルフ式の**はなまるうどん**が出店すると、「うどん1杯100円」からの低価格が大人気となり、讃岐うどんブームを巻き起こしました。2000年代後半には、店内に製麺機を置き、自家製麺を売りにした**丸亀製麺**が急速に店舗数を伸ばし、現在は業界トップとなっています。

それに追随し、近年は自家製麺にこだわった「セルフ式自家製麺うどん」への大手チェーンの参入が相次いでいますが、すでに業界では競合が激化し、撤退する店も出ています。これは、製麺の技術不足で麺のクオリティ維持ができず、味の安定供給が困難なことも要因です。

Point

そば・うどんの消費日本一　日本そばとうどんの消費額日本一は、さすがの讃岐うどんの本場・高松市で、ダントツトップの1万8994円だった。2位は静岡市で1万1793円、3位は岡山市の9582円、4位は宇都宮市9427円、5位は山形市9125円だった。

中高年層の高い支持

うどん店トップの丸亀製麺は郊外ロードサイドを中心に出店を重ね、知名度を上げてきました。最近ではショッピングセンターのフードコートでも店舗網を拡大しており、**丸亀製麺**、**はなまるうどん／うまげな**、**得得**などが知られているほか、中小チェーンの出店も目立つようになってきました。デベロッパーが、名の知れた大手ではなく、目新しさを求めて新たなチェーン店の発掘に力を注いでいることも背景にあるようです。

ファストフード感覚で利用できるそば店のチェーンでは、**ゆで太郎**、**名代富士そば**、**小諸そば**、**そじ坊**、**箱根そば**、**都そば**、**和食麺処サガミ**、**北前そば高田屋**、**梅もと**、**あじさい茶屋**、**越後そば**などがあります。北前そば高田屋は、「昼がそば屋、夜がそば居酒屋」という二毛作を展開。ゆで太郎は、「挽《ひ》きたて」「打ちたて」「茹でたて」にこだわったセルフ式業態を展開し、店内に製麺機を置いて自家製麺そばを提供しています。そばとうどんを主力商品として、名古屋を中心に国内250店舗、海外ではベトナム、イタリアで9店舗を展開しているサガミHDの2024年度までの中期経営計画では、セルフそば業態の店などを中心に300店舗で300億円の売上目標を掲げています。

1世帯当たり品目別［日本そば・うどん］年間支出金額：都道府県庁所在市・政令指定都市ランキング（2021～23年平均）

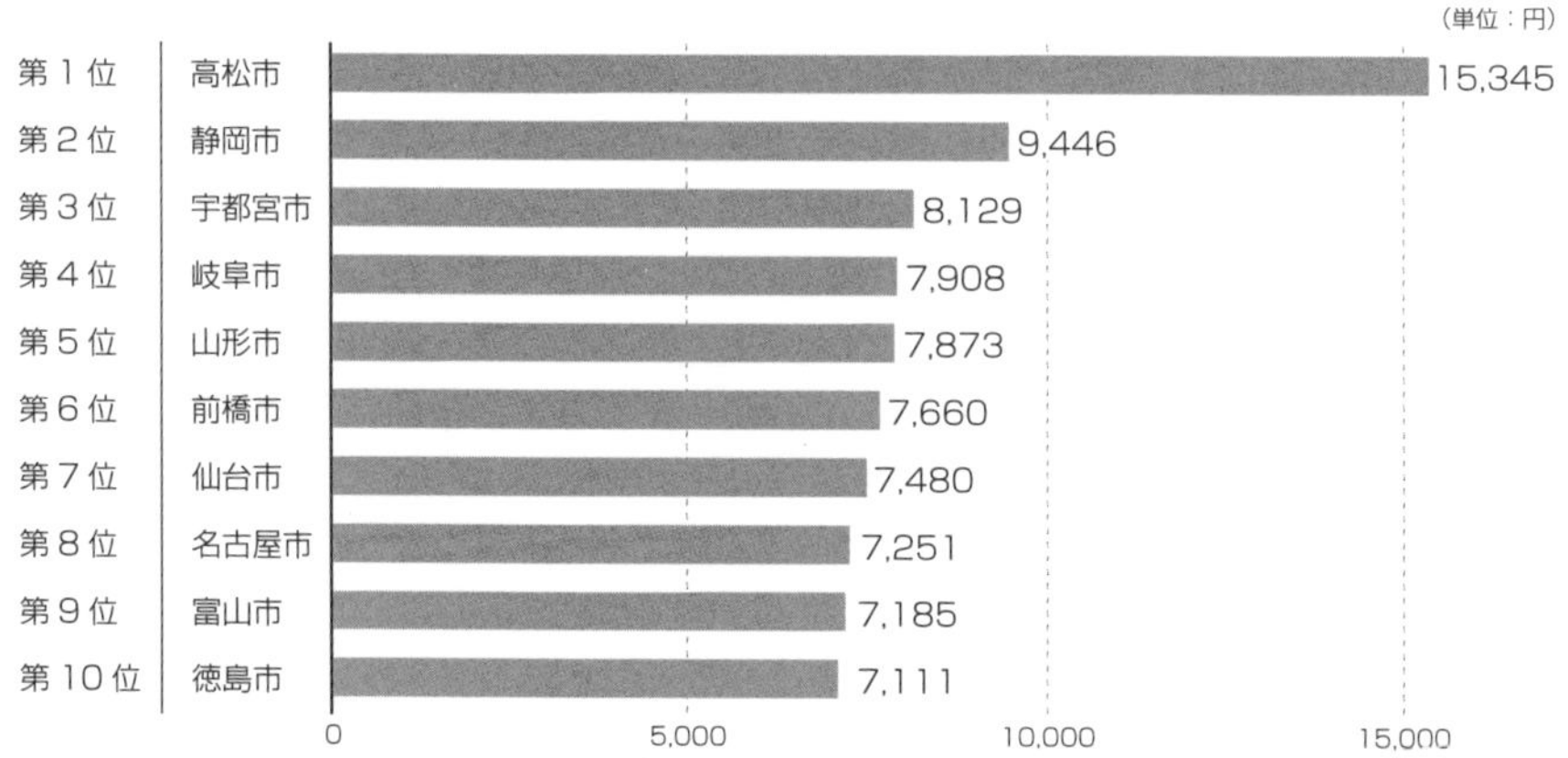

出典：総務省 家計調査報告より　　※2人以上の世帯を対象とする。

Point

うどんの産地　よく「三大うどん産地」と呼ぶことがあるが、生麺や乾麺の産地と、よく消費するところとは異なるようだ。香川県の「讃岐うどん」は生産も商品も盛んだが、三大うどんの1つ「稲庭うどん」の秋田県は乾麺の生産地で、消費のランキングはそう高くない。このほか、うどんの産地としては長崎県の「五島うどん」、群馬県の「水沢うどん」、富山県の「氷見（ひみ）うどん」がある。本書執筆中に「讃岐」「稲庭」「五島」について調べたところ、製法や原材料、食べ方などにそれぞれ個性があることを発見。「うどんはどれも小麦粉を練って切るだけ」と思っていたのは大きな間違いでした！

Section

2-12 焼肉店

焼肉店も牛丼チェーンと同様に、BSE問題やユッケ集団中毒事件、セシウム汚染牛肉の風評被害など、食の安全に関わる問題が相次ぎ、厳しい経営環境が続いています。そのような中で、他業態からの参入、ホルモン店やしゃぶしゃぶ店といった新しい低価格チェーン店の出現もあり、競合が激しくなってきました。

相次ぐ事故による影響

焼肉業界はもともと、牛肉の輸入自由化によって、価格の安い牛肉が手に入りやすくなってから急成長しました。特に焼肉の人気メニューであるタンやホルモンなどは米国で消費されなかったことから、安価にまた効率よく輸入でき、参入する企業も増えました。

しかしその後、BSE問題で消費が急激に落ち込み、輸入牛肉ではなく安心・安全な和牛が見直されるようになりました。畜産の安愚楽牧場は和牛預託商法で急成長したものの、2010年に宮崎県で発生した口蹄疫や、翌年の原発事故に伴うセシウム汚染などで経営が悪化し、倒産しました。

ユッケと生レバー問題

また、焼肉業界にとっていま最も深刻なのが、**ユッケと生レバー（レバ刺し）**の問題です。

レバ刺しとユッケは根強い人気があり、熱烈なファンも多く、ホルモン店ではレバ刺しが人気メニューの上位にあります。

全国焼肉協会は農林水産省や厚生労働省に対して様々な申し入れや提案をしていますが、特に、厚生労働省が告示した、食材を60度の湯で2分以上加熱する**「温浴加熱方式」**については、生食用食肉の加工方法としては適切とはいえないことから、新しい殺菌方法の研究が急がれています。

Point

焼肉の消費日本一　焼肉（外食）の消費第1位は高知市で1万6250円、和牛ブランド「土佐あかうし」の生産地だ。第2位が堺市で1万5270円、第3位が大分市で1万4365円となっている。

■「牛角」が業界をけん引

1990年代後半から、圧倒的な価格破壊で、「焼肉は家族で外で食べるもの」とファミリー層の外食スタイルを変えたのが「**牛角**」でした。同社は96年に「焼肉市場 七輪」として開業し、翌年「牛角」に名称変更しています。商号も98年に、現在の株式会社レインズインターナショナルに変更しています。2000年5月に100店舗を達成し、翌年には米国ロサンゼルスに米国1号店を出店しています。その後同社は、居酒屋の「土間土間」なども展開し、03年にはグループとして1000店舗を達成していますが、12年に株式会社コロワイドの連結子会社になりました。

このほか、焼肉・朝鮮料理の業態では、「**安楽亭**」「**叙々苑**」「**すたみな太郎**」「**あみやき亭**」「**焼肉トラジ**」「**焼肉きんぐ**」「**七輪焼肉 安安**」「**牛繁**」「**情熱ホルモン**」などがチェーン展開を進めています。さらに近年は、地名をかぶせた「ホルモン焼き」をチェーン展開するところも増えてきました。

コロナ禍では健闘した焼肉店も、現在は人手不足の問題などがあり、配膳ロボットの導入など、コストを抑えたスマート・レストランの実現を目指しています。

焼肉チェーン店 店舗数推移

順位	チェーン名	2022年7月	2023年7月	増減率(%)
1	牛角	587	571	−2.73
2	焼肉きんぐ	286	306	6.99
3	七輪焼肉 安安	184	163	−11.41
4	安楽亭	166	153	−7.83
5	牛繁	157	148	−5.73
6	ときわ亭	90	109	21.11
7	あみやき亭	108	98	−9.26
8	焼肉ライク	83	94	13.25
9	ワンカルビ	89	89	0
10	熟成焼肉いちばん	66	86	30.3
11	大阪焼肉・ホルモン ふたご	76	79	3.95
12	情熱ホルモン	78	71	−8.97
13	カルビ丼とスン豆腐専門店 韓丼	69	70	1.45
14	叙々苑	58	60	3.45
15	焼肉トラジ	66	58	−12.12

順位	チェーン名	2022年7月	2023年7月	増減率(%)
16	カルビ大将	42	57	35.71
17	焼肉なべしま	54	54	0
18	肉匠坂井	50	50	0
18	やまなか家	40	40	0
20	じゅうじゅうカルビ	42	39	−7.14
21	焼肉五苑	37	37	0
22	炭火焼肉屋さかい	37	35	−5.41
23	カルビ屋 大福	31	31	0
23	くいどん	26	31	19.23
25	焼肉の牛太	29	30	3.45
26	しちりん	27	26	−3.7
27	炭火焼肉七輪房	28	25	−10.71
27	焼肉ぐりぐり家	23	25	8.7
27	味ん味ん	24	25	4.17
27	焼肉の和民	26	25	−3.85

出典：日本ソフト販売のデータ活用ブログより

Point

和牛のブランド いまや海外でも人気の和牛には、たくさんのブランドがある。代表的なものとして、松阪牛、神戸ビーフ、近江牛、米沢牛、飛騨牛、さらに宮崎牛、仙台牛などがある。

Section
2-13 居酒屋

日中は食堂、夜間は居酒屋として営業する店もあるなど、居酒屋は業務体系も様々です。近年は市場縮小が顕著で、業界の再編が大きく進む中、居酒屋各社は店舗の改装や閉鎖などによる立て直しが急務であり、各世代の満足を網羅する雰囲気やサービス、メニューを提供するための模索が続いています。

■飲み処から空間を楽しむ場へ

居酒屋という業態は古くからあり、かつては焼き鳥、揚げ物、魚料理などの単品商品を専門に提供する個人経営の店が主体でした。

そんな中、1966年に初めてフランチャイズ展開を開始したのが**養老乃瀧**です。その後、**庄や**、**つぼ八**、**白木屋**、**天狗**と続き、各地に多種料理を扱う総合居酒屋がオープンしていきました。特に居酒屋ブームを演出したのが、若者をターゲットにしたつぼ八、火付け役の**村さ来**、天狗です。それまでの居酒屋の暗いイメージを転換させ、店舗内のレイアウトやサービスを充実させ、女性や若者といった客層を取り込むことに成功しました。

■大手の多店舗化

バブル崩壊後は客単価が落ち、若者の利用が増えた反面、かつての店の落ち着きが消えました。居酒屋の雰囲気に不満を持っていた30代後半以降の客のニーズに合わせて登場したのが、創作和食を安価で提供する和食居酒屋でした。客単価は4000円程度にまで上がり、新たな業態として注目を集めました。

モンテローザは、白木屋や魚民など多くのチェーン店を展開しています。ワタミフードサービスは語らう味わいを提案した「語らい処 坐・和民」などを展開し、庄やを手がける大庄やコロワイド、チムニー、養老乃瀧などの大手が多店舗展開を進めました。

Point **飲酒代(外食)の消費日本一** 東京都区部が3万4712円で日本一、2位が高知市で3万2185円、3位がさいたま市で3万772円、4位が富山市で2万7731円、5位が福岡市で2万5774円となっている。

■低価格化と飲酒離れ

居酒屋は、アルコールなど原価率の低いドリンク類を多く提供するため利益が期待でき、開店しやすい業態です。しかし、道路交通法改正による飲酒運転の厳罰化や、不況による節約志向から、家飲みをする人が増加。若者のアルコール離れと年配者の居酒屋離れも顕著になってきました。また、売上減少のもう1つの要因は大手居酒屋チェーンによる値下げ競争です。1品の平均価格が下がり続ける中、低価格を維持したままでの利益確保が難しくなってきました。

その後、コロナ禍で苦しんだ居酒屋業界ですが、新型コロナの5類移行などで、忘年会など宴会需要の回復が見られました。

店舗数は人手不足もあって全体的に微減傾向ですが、値上げの効果もあり、2022年の売上は前年を上回ってきました。しかしながら、全体としてはまだコロナ禍前の水準には届いていません。アルコール利用に比べて食事利用の回復が早いと踏んで、居酒屋をレストランやテイクアウト業態へ転換したり、居酒屋業態のままでもフードメニューに注力するなど、収益基盤の強化に取り組んでいます。

居酒屋＋バーの夜間利用の売上市場規模

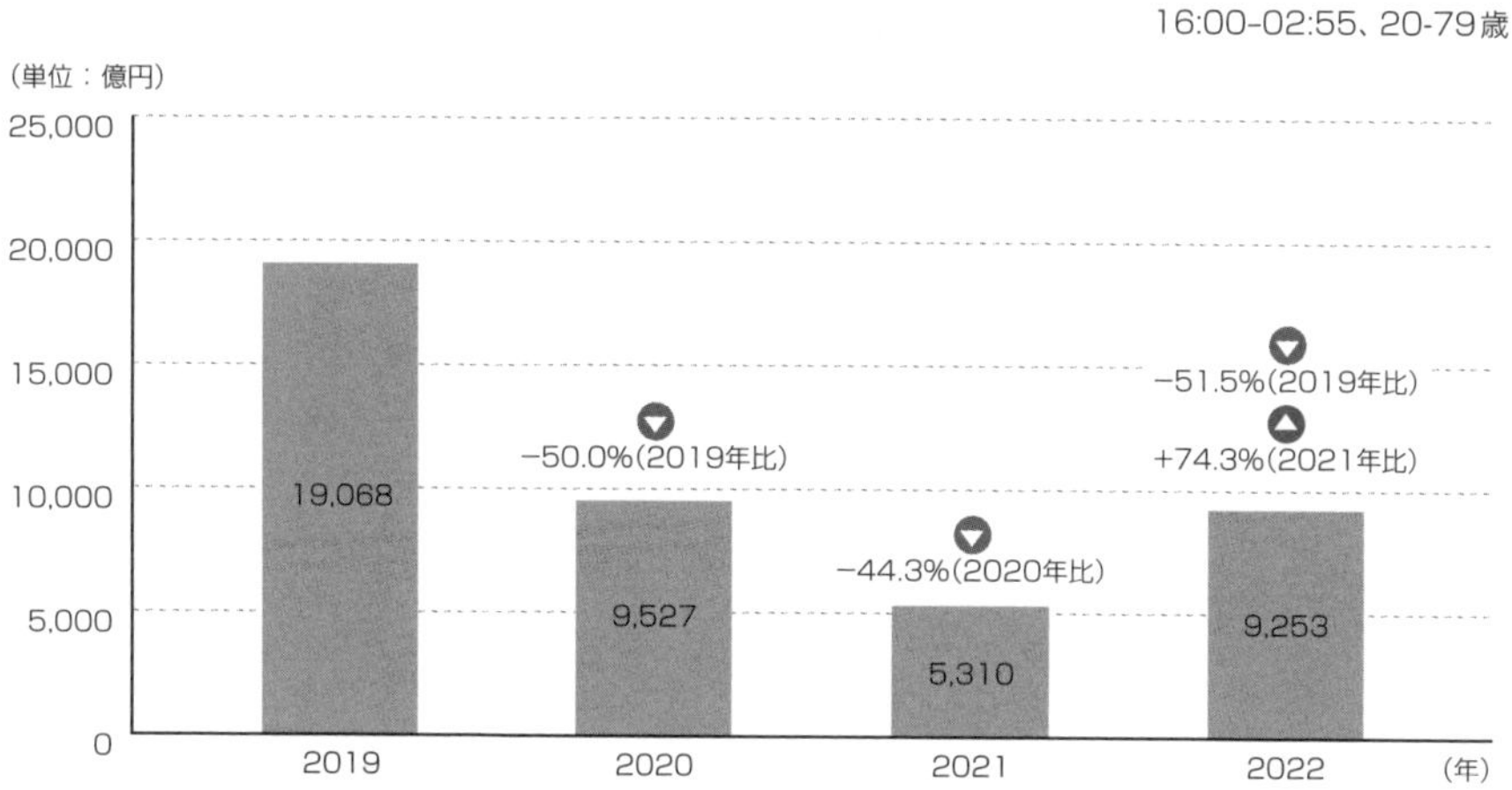

※2022年の「居酒屋＋バー」の市場規模は9253億円で、前年比74.3%増と大幅な増加となった。しかし、2019年比では51.5%減で、まだコロナ禍前の半分にとどまっている。
出典：Circana, サカーナ・ジャパン調べ

居酒屋の始まり　居酒屋が現れたのは江戸時代からといわれ、店先で酒をお椀に酌んで飲ませる店が始まりだとされている。庶民の多くは家で酒を飲むことは少なく、店先に"居て飲む"ことをしていたので「居酒」、やがて「居酒屋」と呼ばれるようになったといわれている。

Section

2-14 カフェ・喫茶店

かつて喫茶店といえば大正ロマンの一翼を担い、モダンで憧れの場所でした。今日では「休憩したいとき」「友人や仲間とのおしゃべり」「おやつ、間食」「暇つぶし、時間つぶし」がカフェ利用の主な理由です。地域によっては喫茶店利用率の高さから、サービス競争の熾烈《しれつ》さが増しています。

新たな開拓が進む喫茶店形態

戦後、サラリーマンや学生に人気だった純喫茶に加え、1950年代には名曲喫茶や歌声喫茶、60年代にはジャズ喫茶やシャンソン喫茶など新たな業態を取り入れながら、喫茶室ルノアールなどチェーン店も増え、70年代に最盛期を迎えました。

それらに代わり業界に革命を起こしたのが、80年代に登場した**ドトールコーヒー**です。低価格とスピーディーさが売りの販売形態が人気を博し、その後**カフェ・ベローチェ**や**カフェ・ド・クリエ**などが同業態で営業を開始しました。そして96年には東京・銀座に外資系の**スターバックスコーヒー**1号店がオープンしました。

外資系コーヒーショップ

スターバックスに続き、**タリーズコーヒー**、**セガフレード・ザネッティ**、**シアトルズベストコーヒー**などの**外資系コーヒーショップ**が相次いで誕生しました。

今日では新たな形態として、漫画喫茶やインターネットカフェ、ドッグカフェ、メイドカフェ、あるいは歩道や庭に張り出して客席を設けたカフェテラスなど、コーヒーを楽しむだけでなく付加価値を備えた複合業態や、おしゃれを追求した店舗に人気が高まっています。

このほかにコーヒー以外の専門カフェも出現し、喫茶業はコーヒーそのものの味を大切にするカフェと、くつろぎの場として空間を提供する業態への分化が進んでいます。

Point

喫茶（外食）の消費日本一　飲み物や菓子など外食への支出を示す1世帯当たりの「喫茶代」では、岐阜市が1万5099円で第1位、第2位が東京23区の1万4421円、第3位は名古屋市の1万4120円。岐阜市は4年連続で日本一となっている。

■コンビニとの競合

スターバックスコーヒージャパンは、2013年に店舗数が1000店を超え、15年には全47都道府県のうち唯一残っていた鳥取県にも進出を果たしました。

第2位のドトールコーヒーはドトール・日レスホールディングスの子会社で、ドトールコーヒー、エクセルシオールカフェなどを展開しています。また近年は、日本レストランシステム（ドトール・日レス傘下）が運営する**星乃珈琲店**や**コメダ**なども店舗を広げています。このほか、持株会社としては、「喫茶室ルノアール」を運営する**銀座ルノアール**、「サンマルクカフェ」を運営する**サンマルクHD**、高級喫茶「椿屋《つばきや》珈琲」の**東和フードサービス**などがあります。

日本のコーヒー消費量は増加を続けています。カフェ同士の競合のほか、最近では大手コンビニチェーンがカフェを併設し、さらにはファストフードでもコーヒー関連のメニューを拡大し、競争が激化してきました。

コンビニエンスストアで豆からひいて1杯ずつ抽出したコーヒーを販売したのは、2011年のローソンが最初で、その後12年4月には最大手のセブン-イレブンも100円で参入してきました。

喫茶店の市場規模

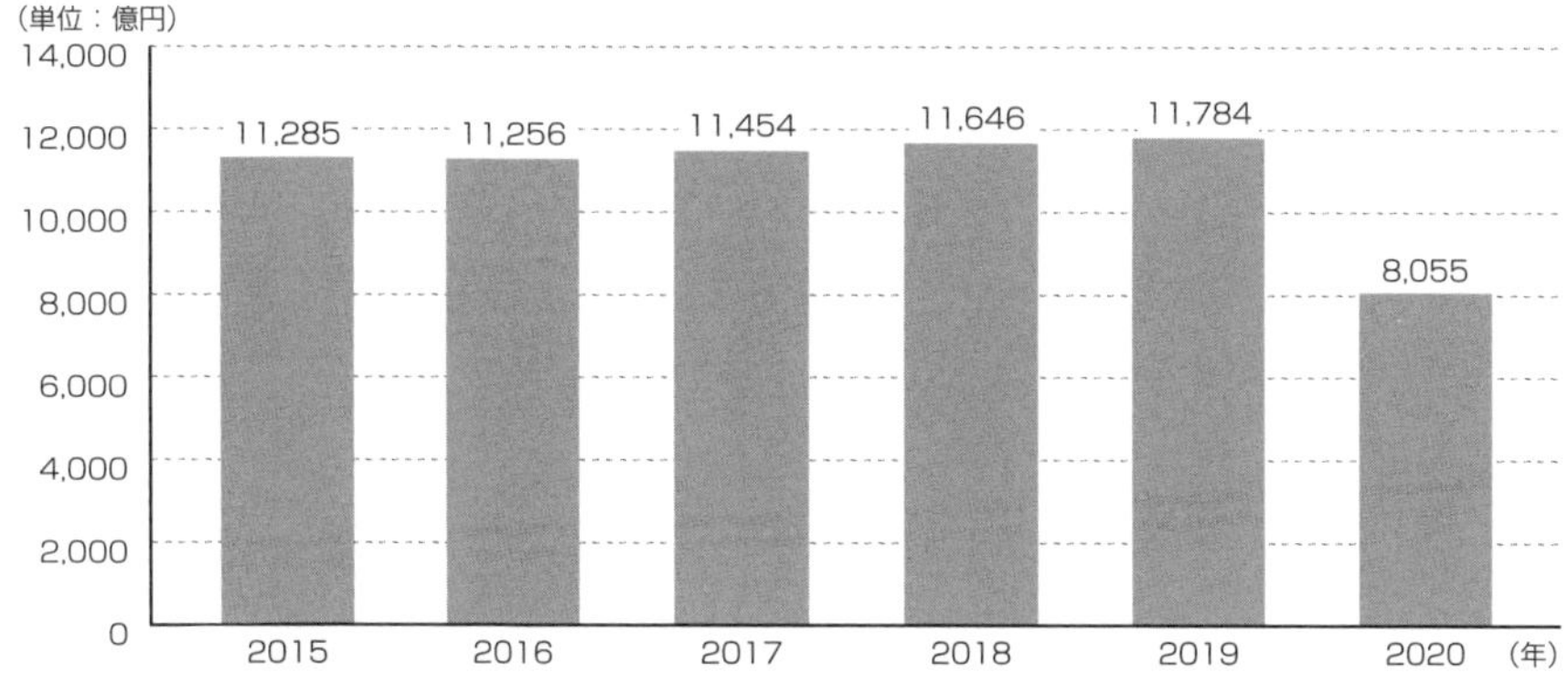

※2020~2018年は2021年公表、2017年は2020年公表、2016年は2019年公表、2015年は2018年公表の外食産業市場規模推計値である。
※市場規模推計値には消費税を含む。
※外食産業の分類は、基本的に総務省「日本標準産業分類」（2002年改訂）に準じている。
※2020年以外は、法人交際費等の確定値を反映させたデータである。
出典：（一社）日本フードサービス協会「外食産業市場規模推計」より作成

Point

喫茶店の数でも第1位は岐阜県　岐阜県は2021（令和3）年の時点で人口1000人当たりの喫茶店の数が全国で最も多く、全国平均の約2.5倍となっている。岐阜市では2020（令和2）年に、「市内の喫茶店でキャッシュレス決済を利用すると最大30%をポイント還元する」キャンペーンを行うなど、喫茶文化の振興をまちおこしの1つに掲げている。

Section

2-15 宅配ピザ店

「ピザ協議会」の資料によれば、日本で初めてピザを提供した店については諸説があるものの、有力なのは「神戸のイタリアンレストランで1944年に提供された」というものです。日本で初めてのピザレストランは、いまから約70年前の1955年頃で、米国人が東京六本木に開いた店だといわれています。

■ファミリーレストランの人気メニュー

1970年代に入ってファミリーレストランのチェーンが登場し、米国風のメニューとして、ロイヤルホストをはじめ各チェーンがピザを取り入れ、人気メニューになりました。外食で人気が出ると同時に、冷凍食品のピザやピザトーストなども家庭で親しまれるメニューになっていきました。

日本に初めてピザの専門店がオープンしたのは、1973年、米国で人気のピザレストラン「**ピザハット**」が日本に上陸してからです。同店は当初、レストラン型のイートインとテイクアウト店の2業態でチェーン展開しました。同年、ピザレストラン「**シェーキーズ**」も1号店を東京の赤坂にオープンしています。

■アメリカタイプとイタリアタイプ

1970年代には、日本の食品メーカーでも**冷凍ピザ**を作るようになりました。日本国内で食されているピザには、米国から伝わってきたタイプと本場イタリアから伝わってきたものの2タイプがあり、それぞれ人気メニューになっています。

ピザ協議会＊の調査によれば、2021年度のピザ推定末端売上高は3148億円で、対前年比111.3%と大きく伸長しています。このうち、宅配ピザ店舗は店舗数も拡大し、ピザ宅配店および専門店、通販業者、イタリアンレストランおよびファミリーレストランの推計ピザ売上高は1648億円で、前年比109%と増加しています。

Term
ピザ協議会　1994（平成6）年2月24日設立。ピザについて、品質の改善・向上、流通の円滑化、消費の拡大を図るため、会員相互に情報ならびに意見の交換および調査・研究の事業を行い、もってピザ業界の発展に寄与することを目的とする。会員数36社（2022年4月現在）。

宅配ピザの展開

1980年代頃より、米国から宅配ピザの「**ドミノ・ピザ**」が東京・恵比寿に出店し、宅配ピザという新しいライフスタイルを提案し、人気を呼びました。1987年には、ドミノピザにフランチャイズ加盟を断られた経営者が、独自に宅配ピザの店を都内に作り、やがてチェーン展開を進めていきました。これが「**ピザーラ**」（株式会社フォーシーズ）です。

日本では古くから、そば、ラーメンなどの食堂メニューや寿司などの出前サービスが行われていたことから、ピザの宅配サービスもそう物珍しいものではなかったものの、電話注文から素早く短時間のうちに、スクーターやバイクなどで若い配達員がスマートに自宅まで届けてくれるスタイルが、ニューファミリー層やヤング層に受け入れられ、ブームとなり、新規参入が急増していきました。

ピザレストランとしては先発のピザハットも、現在は食品卸会社の「ヤマエグループホールディングス」に株式が譲渡され、同社の子会社になっています。

このほか、**ピザーラ**、**ドミノ・ピザ**など大手チェーンによる競争も激しさを増しています。

ピザマーケットの推計売上

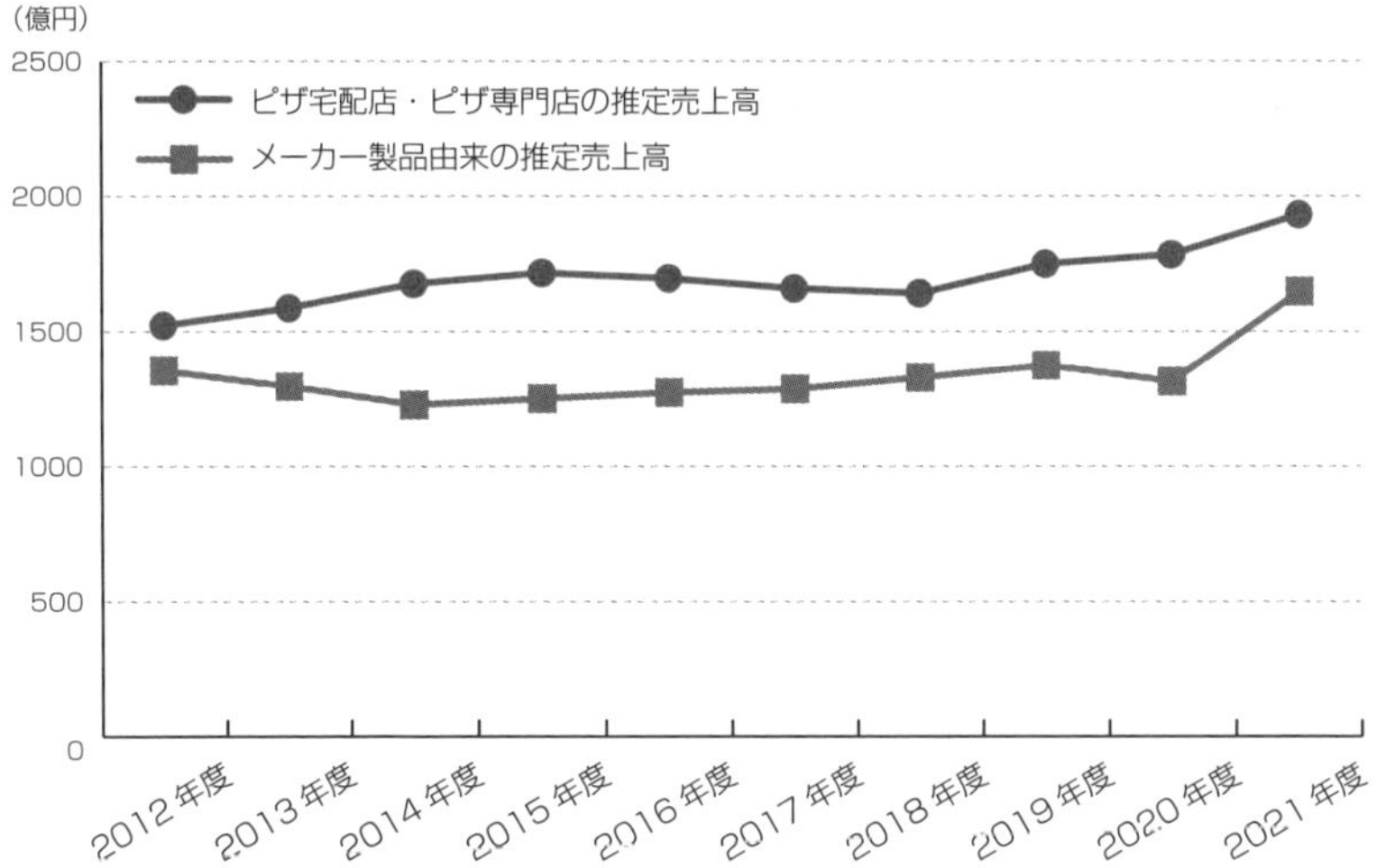

出典：ピザ協議会

11月20日はピザの日　11月20日は、「ピッツァ・マルゲリータ」の名前の由来となったイタリア王妃マルゲリータの誕生日に由来している。ピザ協議会が一般消費者にピザを広くPRするために、「ピザの日」と定め、食品スーパーやピザレストランなどで紹介している。

Section

2-16 持ち帰り弁当・惣菜店

持ち帰り弁当店や惣菜店、テイクアウト主体のファストフードなどは、「料理品小売業」に分類されていますが、いわゆる中食と呼ばれる市場です。長期にわたる不況の影響で消費者の節約志向が強まり、外食を控えたり、あるいは家庭で調理するより割安だとして、中食の人気が高まってきました。

約4割を占める中食市場

2023年の**惣菜白書***によれば、2022年の惣菜市場は前年比3・5%増の10兆4652億円。コロナ禍前の2019年比でも1・4%増となり、「2020年に10兆円を割り込んだ市場がコロナ禍前の水準に回復した」と述べています。

内食、中食（惣菜）、外食の市場を合算した食市場での比較では、2022年の食市場全体の63兆5059億円に対して中食（惣菜）市場の割合は16%。さらに、外食産業に中食産業を加えた「広義の外食産業」の市場規模27兆643億円との比較でも、4割近くの市場規模となっています。

多彩なメニューと販売チャネル

中食市場の一般的なメニューは弁当、おにぎり、惣菜、宅配サービスなどですが、さらに細かく分類すると、普通の弁当のほかに丼、カレーなどが弁当類に含まれ、米飯類にはおにぎり、寿司などがあり、惣菜もフライや和風惣菜などのホットデリカと呼ばれるものや、サラダなどのコールドデリカがあります。そのほかに、麺類、パン・調理パンなども含まれます。

販売チャネルも多彩で、総合スーパー、コンビニエンスストア、デパ地下（百貨店）、持ち帰り弁当店などのテイクアウト店、ベーカリーショップなどがあります。

Term **惣菜白書**　一般社団法人日本惣菜協会では1980年から惣菜に関する調査研究を開始し、惣菜の業態別市場規模や事業者動向、消費者動向などを取りまとめ、「惣菜白書」として毎年刊行し、2023年版で19年目となる。

拡大する宅配サービス

老人の独り暮らしが増え、買い物弱者の対策が大きな社会問題になってきました。中食関連業界においても、従来の持ち帰りだけでなく、**宅配サービス**を積極展開して、需要の掘り起こしに取り組んでいます。また外食産業も、店舗において持ち帰りメニューを増やすと共に、宅配サービスの提供を始めるところも出てきました。

業態としては、持ち帰り寿司チェーンとして、京樽や小僧寿しチェーンがあり、デパ地下中心の惣菜チェーンとしては、「神戸コロッケ」など複数業態を構えるロック・フィールドが店舗数を増やしているほか、柿安本店なども店舗を拡大しています。路面中心の弁当チェーンとしては、イオンの子会社オリジン東秀や、九州福岡に本部があり「ほっともっと」や「やよい軒」を展開しているプレナス、大阪で「ほっかほっか亭」を運営しているハークスレイ、神戸に本部があって弁当店のほかに「権太呂すし」も展開している「本家かまどや」などがあります。

惣菜業界では近年、同業者間や異業種・周辺業種との間でのM&Aも見られます。食品メーカーをはじめ、外食チェーンの参入も増えています。

弁当・総菜の消費者動向

①最近1年間での品目別購入頻度（半年間で3回以上購入した人の割合）

	1位	2位	3位	4位	5位
品目（割合）	弁当（48.9%）	おにぎり（45.7%）	鶏の唐揚げ（40.8%）	コロッケ（40.0%）	にぎり寿司、巻寿司（38.1%）

② 2022 年業態別市場構成比

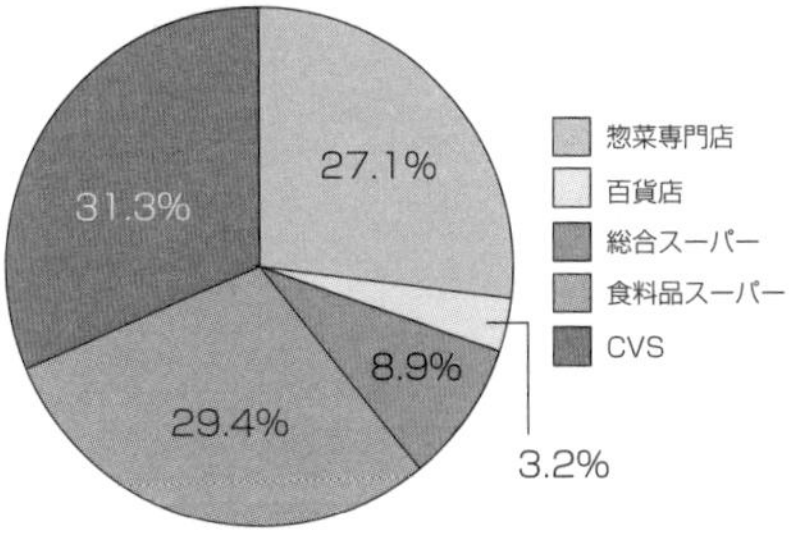

③ 2022 年カテゴリー別市場構成比

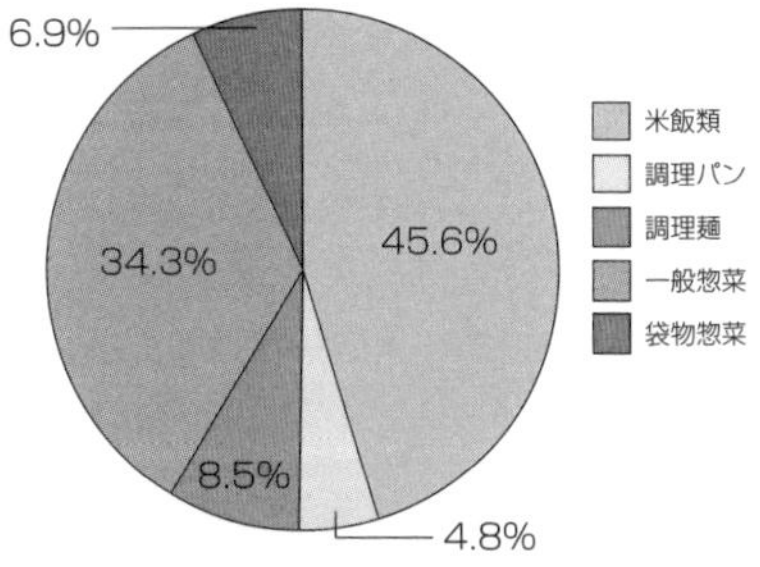

出典：「惣菜白書 2023」ダイジェストより

Point

一般社団法人日本惣菜協会　1979年設立。「中食」の中核となる全国規模の業界団体で、2024年2月5日現在、正会員387社、賛助会員272社、協力会員36社、合計695社で組織している。

Section
2-17 新しい外食業態になったキッチンカー

コロナ禍のもと、感染拡大防止のため不要不急の外出自粛の要請などがあったため、外食店は非対面・非接触での営業を強いられ、店舗営業からテイクアウト中心の店へと事業の再構築を迫られました。その頃、低コストでテイクアウト専門の移動型店舗であるキッチンカーを用いた外食営業が、生き残りの方策の1つとして注目されるようになりました。

災害救援活動がきっかけ

キッチンカーという名称は和製英語で、発祥地の米国では**フードトラック**と呼ばれていました。その歴史は古く、19世紀後半の西部開拓時代まで遡ることができるといわれています。軍用馬車を改造し、そこで調理して、カウボーイやきこりたちに提供していたのが始まりで、20世紀に入り、フードトラックと呼ばれる自動車型の移動販売へと進化しています。

日本では高度経済成長期に、自動車によるラーメンやたこ焼き、ホットドッグなどの移動販売を街中などで見かけるようになりましたが、キッチンカーによる移動販売が見直されたのは2011年の東日本大震災での救援活動からです。

「弁当等人力販売業」としての許可制

都市再開発が進み、首都圏のオフィス街などで気軽に昼食をとれる店舗が少なくなると、**〝昼食難民〟**のサラリーマン向けに路上で弁当を販売する者が増えてきました。東京都では、当初は「行商」として認めてきた弁当などの路上販売を、**「弁当等人力販売業」**という業種にして許可制とするための条例改正を、2015年10月から施行しました。許可の条件として、販売者が「食品衛生責任者」の資格を有し、食品の温度管理をすることが義務付けられました。

規制強化はあったものの、前記のようにコロナ禍で非対面・非接触を求める消費者側のニーズなどにより、キッチンカー営業が飲食の新しい業態として確立しました。

Point

自治体との災害協定　災害発生時にキッチンカーが避難所などに駆け付けて支援にあたる、という自治体との協定を結ぶところが増えている。愛媛県では一足早く2019年に愛媛キッチンカー協会が発足し、松山、今治、西条、宇和島の各市ならびに上島町との間で協定を結んでいる。

高まるキッチンカー営業への期待

新しい外食・中食店としてのビジネスモデルが確立されたキッチンカー事業には、ファミリーレストランチェーンのデニーズや牛丼チェーンの松屋、「いきなり!ステーキ」や「カレーハウスCoCo壱番屋」といった大手外食チェーンや人気の名店なども積極的に参入してきており、キッチンカー専業のフランチャイズチェーンも増えつつあります。

また、キッチンカーの出店先として、モスバーガーチェーンが洋服の青山と組んだように、物販店の駐車場と連携した出店の形態もあります。

キッチンカーへの期待は、大都市圏だけでなく地方都市にも広がっています。少子高齢化と人口減少により、飲食店舗の減少は大都市より地方のほうが深刻になってきています。また、生鮮食品や生活必需品などを販売するスーパーなども減少し、〝買い物難民〟と呼ばれる高齢者が増えつつあります。その対策の1つとして、キッチンカーなどの移動販売車に対する期待が高まっており、自治体の中には過疎対策や防災の一環として、キッチンカー業者と包括支援協定を締結し、営業支援に乗り出しているところもあります。

主な移動販売（キッチンカー）のフランチャイズ

業態	店名
移動カフェ	COLOR CAFE（カラーカフェ）
移動カフェ	Berry's cafe
移動カフェ	街角カフェ
移動カフェ	EZY-STYLE
移動カフェ	富良野メロンパン
クレープとタピオカ	Gela-Fru（ジェラフル）
焼き鳥	やきとり TOTTOAN
移動スーパー	とくし丸

業態	店名
焼き鳥	やきとり竜鳳
からあげ	空とぶからあげ
いか焼き	いか焼き みなせん
たい焼き	幸せの黄金鯛焼き
ピザ	SFIDA
ポップコーン	ジェリーズポップコーン
ばくだん焼き	ばくだん焼本舗

Point **一般社団法人日本キッチンカー経営審議会**　2023年1月、「キッチンカーで社会貢献！」を合言葉に、業界の地位向上、発展、安定と社会貢献を目的として、キッチンカー事業者が集まった団体。首都圏を中心に、大型イベントに参加している。

Column ファストカジュアルは日本で成功するか？

「**ファストカジュアル**」という言葉は聞き慣れない方も多いと思いますが、米国の外食業界では2000年以降、最も順調に成長している分野です。いつも同じ看板を掲げ、画一的で安定したサービスを提供するファストに人々は退屈し、空間と冷凍食品や加工食品を提供するファミリーレストランにも満足しなくなりました。そんな消費者のニーズに応えるように出現したのが「ファストカジュアル」でした。

ロジカルに説明すれば、縦軸に「商品（原材料＋味）の質」、横軸に「サービス提供のスピード」をとって十字の分布図を作ると、ファストフードでもファミリーレストランでもないポジションを占めるのが、「ファストカジュアル」だといえます。

特徴としては、①価格はファストフード以上でファミレス以下が多い、②新鮮で品質の高い食材を使っている、③調理場面を見ることのできる店が多い、④店の外装が凝っている——などがあります。特筆すべき点は、価格競争とは距離を置いたところで事業展開をしているにもかかわらず、高い顧客満足度を獲得していることです。

客の目の前にある石窯《いしがま》で焼き上げた本格的なピザを激安価格で提供する「ナポリスピッツァ&カフェ」は、デートにも使えるおしゃれな店としても知られています。駅前にあるそば屋としてあまりにも有名な富士そばチェーンも、「つけ蕎麦 たったん」をオープンさせています。こちらのほうは通常の富士そばより高めの価格設定になっていますが、良質な素材を武器に好評を得ています。

さらに、ファミレス大手のロイヤルホストもファストカジュアルに参入しています。カレーとサラダが食べ放題の「スパイスプラス」です。カレー専門にすることで、メニューにこだわったり調理の手間をかけたりすることができ、結果として良質のサービスを提供することに成功しています。

米国のファストカジュアルは、「少々高くても安全・安心なものを食べたい」という消費者マインドに応えて成功したといわれています。一方、日本のファストカジュアルの特徴として「お店がおしゃれ」ということが挙げられます。

女性の胃袋をつかんだ者が勝者になるといわれる外食業界。上記した「食べ物の安全と安心にはお金を出す」という消費者マインドと、多くの日本女性が持つ「おしゃれなお店で食事したい」というニーズの双方にうまく応えることができれば、ファストカジュアルが日本に定着する可能性は高いといえそうです。

第3章

業界のリーディングカンパニー

感染症の流行や好不況の影響を受けやすい外食業界は、長引くコロナ禍とその後のインフレの影響もあって、企業体力を大きく消耗してきました。また、外食・中食・内食など食のライフスタイルの変化に合わせて、業態もボーダーレスになり、業界を超えての競合も厳しくなり、好調な業態・企業と不調な業態・企業との二極化も顕著となっています。

1つの企業が多業態を展開しながら、企業としての生き残りを賭けているところも増えてきました。

業界を取り巻く課題が山積する中で、トップ企業はこれからどのような施策を講じて業界の発展に貢献してくれるのか——そのことが業界の内外から注目されています。

Section

3-1 ゼンショーHD

1982年、横浜市鶴見区生麦で、「世界から飢餓と貧困を撲滅する」ことを経営ビジョンに掲げ、牛丼店「すき家」を開店したゼンショーは、その後、加速度的に牛丼チェーンを拡大すると共に、多業態をグループ化させ、2011年3月期には外食産業において売上日本一の企業になりました。

M&Aによる事業の拡大

牛丼の「すき家」から始まった**ゼンショー**は、2000年にファミリーレストランの「ココス」や「ビッグボーイ」の株式を取得するなど、M&Aによって事業を拡大させてきました。2023年3月期の売上高は7799億6400万円で、前年同期比18・4％増になっています。営業利益は217億3400万円（同135・4％増）、経常利益280億8100万円（同21・5％増）です。カテゴリーごとの売上構成比では、「すき家」と「なか卯」の牛丼カテゴリーが33・6％、「ココス」「ビッグボーイ」などのレストランカテゴリーが15％、回転寿司の「はま寿司」などのファストフードカテゴリーが24・7％となっています。

積極的な海外出店

2023年3月末（連結会計年度末）時点の店舗数は、同年度の444店舗出店と248店舗退店により、1万283店舗（FC 4588店舗含む）となっています。新規出店のうち、海外が364店舗を占めています。

経営ビジョンに掲げている、「世界から飢餓と貧困を撲滅する」ためには、世界の食事情を変えることのできるシステムと資本力を持ったフード業世界一の企業になることが必要だとして、ゼンショーでは引き続き積極的に海外戦略を進めています。23年3月末時点で海外店舗数は5759店ですが、ゼンショーでは24年3月期末には海外の店舗数を1万店規模にまで拡大する計画です。

Point

ゼンショーの国内外食事業ブランド　すき家、なか卯、ココス、ビッグボーイ、ヴィクトリアステーション、ジョリーパスタ、エルトリート、はま寿司、華屋与兵衛、牛庵、熟成焼肉いちばん、宝島、伝丸、久兵衛屋、瀬戸うどん、たもん庵、モリバコーヒー、カフェミラノ、かつ庵、オリーブの丘、ロッテリア

■ゼンショーの事業モデル（MMD）

ゼンショーには、「**マス・マーチャンダイジング・システム（MMD）**」と名付けられた、「原材料の調達から製造・加工・物流・店舗での販売までを一貫して企画・設計し、運営する」という独自の仕組みがあり、この仕組みを世界に広げることで「世界中の人々に安全でおいしい食を手軽な価格で提供する」という経営理念の実現を目指しています。

調達では、「安全で品質の良い食材を世界中から」をテーマに、ゼンショーの経営プライオリティーにおいて「安全性の確保、品質の追求、コスト」という優先順位で判断し、グループ全体の購買機能の集中によるスケールメリットを追求しています。製造では、自社工場での製造・加工、そして製造工程での自主検査を徹底し、安全と品質を保証するシステムを確立しています。

さらに、ゼンショーでもDXの進展を図り、店舗においてセルフオーダー、セルフキャッシング等の技術革新を進めるほか、工場・物流・本部などの各工程においても積極的にDXに取り組むことで、サービスまでの一貫した仕組みの中で、安全と品質に最後まで責任を持つ体制づくりを進めています。

ゼンショーHDの概要

株式会社ゼンショーホールディングス

●本社	東京都港区港南2-18-1 JR品川イーストビル（8階総合受付）
●設立	1982年6月
●資本金	269億9600万円（2023年3月末）
●グループ店舗数	10,283店（2023年3月末）
●連結従業員数	社員17,324名（2023年3月末）

●売上高構成比率（連結）
（2023年3月期）

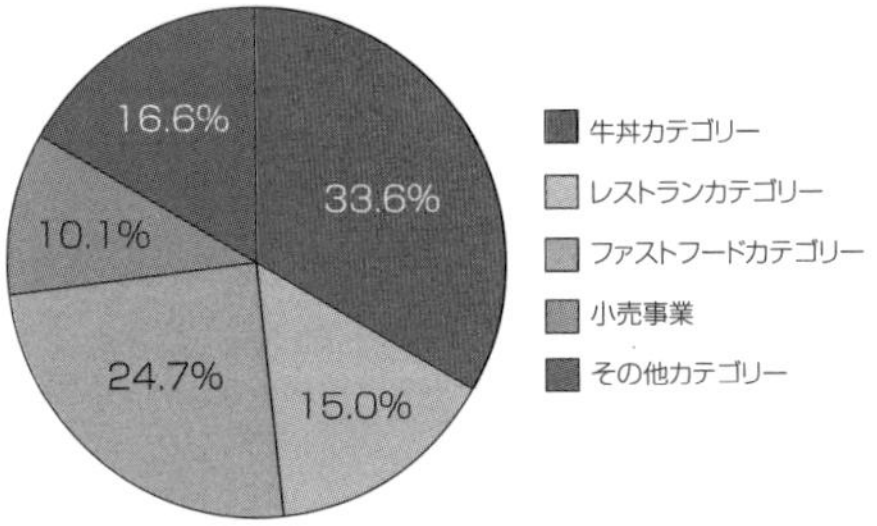

Point **ゼンショーの海外外食事業ブランド**　すき家（中国）、すき家（ブラジル）、すき家（タイ）、すき家（マレーシア）、すき家（メキシコ）、すき家（台湾）、すき家（インドネシア）、すき家（ベトナム）、The Chicken Rice Shop、Advanced Fresh Concepts Corp.

Section

3-2 日本マクドナルドHD

日本マクドナルドは、1971年5月、貿易会社である藤田商店の社長・藤田　田《でん》氏が、米国マクドナルドのフランチャイズ権を獲得して折半出資で設立し、同年7月に1号店を東京・銀座の銀座三越店内に開店したのが始まりです。

国内の店舗の約7割がFC店

世界100か国以上で約4万店舗を展開しているマクドナルドの原点は、米国ロサンゼルス郊外にあった、ディックとマックというマクドナルド兄弟が経営するハンバーガーレストランです。

1971年に日本第1号店を東京銀座にオープンし、約20年後の1990年には全国47都道府県への出店を果たし、22年12月には初めて全店売上7000億円を達成。店舗数は2022年12月現在2982店舗まで増加しています。創業以来、「QSC&V」（品質、サービス、清潔さ、価値）をレストラン・ビジネスの基本理念に掲げ、「お客様にとってお気に入りの食事の場とスタイルであり続けること」を使命にしてきました。

中期経営計画の3本柱

2023年12月期までの連結決算（見通し）では、直営店舗とフランチャイズ店舗の合計売上高が7700億円で、対前年比524億円（7.3%）増としています。

同社では22年度から24年度までの中期経営計画を策定していますが、その中で、これからの成長に向けた3本柱として「ブランド」「メニュー・バリュー」「店舗・デジタル・ピープル」の分野に注力し、3年間で全店売上高の年平均成長率を5%前後に、営業利益の年平均成長率3～5%、営業利益率10%以上、ROE（自己資本利益率）10%以上とする目標を掲げています。

Point

マックの値段　マックの値段は過去の物価水準を知る手段としてもよく引き合いに出される。1971年7月20日に開店した日本1号店での、「ハンバーガー」の値段は1個80円。その後1979年には170円になり、バブル景気の1980年代後半には210円まで値上がりしている。

■利便性向上への取り組み

同社の中期経営計画では、食の安全と安心に関する継続した取り組みと共に、「メニューおよびバリュー」「お客様の店舗体験」「マクドナルドブランド」への投資を継続・強化する計画を掲げています。さらに、「①おいしさの向上、②利便性の向上、③人材への投資」の3つの分野における革新的な取り組みとして、「おいしさ向上宣言」を行い、「プレミアムローストコーヒー」のリニューアルなどを実施するほか、「利便性の向上」として、店舗のリニューアルや新しいポイントプログラムや決済サービスなどを導入しています。

店舗への投資としては、新規出店とリロケート（移転）の推進、リビルド（建て替え）、厨房機器の増強・更新による既存店のキャパシティ向上と、デジタルを活用して利便性を向上させる取り組みを計画しています。

さらに「人材への投資」として、店舗のクルー（アルバイト）の環境作りを推進する計画です。店舗における社員比率の増加やハンバーガー大学のオンライン授業、デジタルを活用したトレーニングツール、多様な人材が働きやすい職場環境や地域社員制度の整備、ワーク・ライフ・バランスに取り組む内容になっています。

日本マクドナルドHDの概要

日本マクドナルドホールディングス株式会社

●本社	東京都新宿区西新宿6-5-1 新宿アイランドタワー
●設立	1971年5月
●資本金	241億1300万円
●総店舗数	2,982店
●連結社員数	2,554名(2022年12月31日)

●マクドナルドの店舗の外観と店内（例）

Section
3-3 日清医療食品

2-2節でも紹介したように、介護用品大手のワタキューHDの子会社で、病院、介護老人保健施設（老健）、特別養護老人ホーム（特養）の給食受託最大手である日清医療食品は、全国に4600余りの事業所を構え、売上高では集団給食業界1位、飲食業界でも3位に位置しています。

医療食の病院向け販売から

現在、全国で5500か所を超える医療・介護福祉施設の給食事業を営んでいる同社は、1972年9月に、綿久寝具株式会社の100％出資で、医療食を病院向けに販売する会社として設立されました。

その後、1986年3月より、病院における給食業務の一部委託が認められたことから、本格的に給食受託業務を開始しています。2004年には咀嚼・嚥下困難者向けの「**ムース食**」の提供を開始しています。

2011年にワタキューセイモアの100％子会社になり（その後の再編で現在はワタキューHDの子会社）、2023年5月現在の社員数は連結ベースで7万3779人になっています。

在宅配食サービス事業

在宅配食サービス市場の拡大に合わせ、同社では給食業に次ぐ第2の事業として、これまで給食事業で培ってきたノウハウを活かし、同社の雇用する1万516人（2023年5月現在）の栄養士・管理栄養士が作ったメニューによる食事を個人宅に届ける――という在宅配食サービス事業の拡充に取り組んでいます。

「**食宅便**」は、在宅療養や予防医療のニーズの高まりを背景に、栄養バランスのとれた、おいしくて食べやすい食事を、自宅でも簡単に活用できるように開発された商品です。同社では今後ともライフスタイルと共に変化するニーズに対応して、ラインナップを拡充していく計画です。

Point

ヘルスケアフード　介護を必要とする人、または自身での調理や食事が困難な人のために用意される食品。安全で、栄養価も高く、食べる楽しみを与えてくれる食品であることが条件とされている。

■第11次中期経営計画を策定

同社では、経営理念に掲げている「ヘルスケアフードのオンリーワン企業として、食を通じて日本の医療福祉サービスの質の向上に貢献する」ことを実現し、さらなる発展を遂げるべく、第11次の中期経営計画を策定しています。

同計画では、「社会に必要とされ続ける会社であるために〝圧倒的競争力〟を獲得する」をテーマに、次の6つの基本構想を掲げています。

「人材競争力」
「組織力（サービス提供体制）」
「商品調達競争力」
「コミュニケーション力」
「価格競争力・営業力」
「テクノロジー活用戦略」

特に、価格競争力・営業力の強化にあたっては、適正価格に加え、「サービスの付加価値が高ければ高いほど、競争力も高まる」という認識のもとで、「ヘルスケアフードファクトリー亀岡（HFF亀岡）」などのセントラルキッチンや「モバイルプラス」、クックチル方式など、各分野におけるテクノロジー技術の活用を推進する計画になっています。

日清医療食品の概要

日清医療食品株式会社

●本社　東京都千代田区丸の内2-7-3 東京ビルディング20階
●設立　1972年9月
●資本金　1億円
●拠点数　本社／8支店／16営業所
●社員数　連結70,379人／個別50,874人（2023年5月）

●1日の提供食数

約**130**万食／日
※自社調べ

契約先件数
5,502か所
※2023年5月

出典：数字で見る日清医療食品（業界No.1の理由）より

Section

3-4 すかいらーくグループ

すかいらーくは1970年7月、東京都府中市に「ファミリーレストランすかいらーく1号店」を開業したのを皮切りにチェーン展開を進め、ファミリーレストランという業態を確立すると共に、日本におけるレストランチェーンのパイオニアになりました。

■積極的な業態開発

「**すかいらーく**」の基本コンセプトは「ファミリーでも安心してご利用いただけるレストラン」であり、のちに業態開発した店舗もファミリーを基本としています。

81年に、「すかいらーく」としては300号店を開設し、チェーン展開を加速させました。

また、積極的に業態開発を進め、多角化を推進してきました。80年に喫茶店型ファミリーレストランの「ジョナサン1号店」を開業し、83年には「藍屋《あいや》1号店」、86年には中華ファミリーレストランの「バーミヤン1号店」、94年に和食のファミリーレストラン「夢庵《ゆめあん》」を開業しています。

■「ガスト」への業態転換

すかいらーく単体としては92年に1000店舗を達成していますが、バブル崩壊による景気の悪化から外食業界が軒並み客数減と売上減に陥り、すかいらーくでも低価格への業態転換として「**ガスト**」を開業させました。

ガストは、店舗運営の徹底した省力化と効率化を追求して収益を改善し、当時1000円を超えていた平均客単価を25％減の750円にまで引き下げることに成功。それが集客力の回復につながりました。

その後同社では2006年にMBOを実施して野村プリンシパル・ファイナンスと共に経営再建に取り組み、2011年以降はベインキャピタルの出資を受けてさらなる改革を進めてきました。

Point

すかいらーくの前身　1962年に東京の郊外で創業した食品スーパー「ことぶき食品」が原点。その後、地域に根ざしたスーパーとして清瀬市や国分寺市などで多店化したが、大型店との競合激化のため外食店への業態転換を図り、70年7月、国立市郊外に日本初の郊外型ファミリーレストラン「すかいらーく」を開業している。

出店拡大路線に事業をシフトチェンジ

２０１６年12月期の通期決算で過去最高益を更新し、翌17年から出店拡大路線に事業をシフトチェンジしています。２０１７年11月、ベインキャピタルが同社の全株式を売却し、11年間にわたるファンド株主のサポートが終了しています。

コロナ禍明けの２０２３年12月期の第三四半期までの決算では、売上高が２６３６億円で前年比４１７億円増、既存店売上高は前年比１２０・４％（客数が１０８・８％、客単価が１１０・７％）と好調に推移しています。

同社グループの２０２３年３月末時点の店舗数は、全都道府県と海外で約２９８０店あり、累計客数は同年度で約３億人、従業員数が約９万人になっています。

同社グループが描くポストコロナのロードマップでは、「ＤＸの推進」「人財育成、オペレーション改革」「ＥＳＧの推進」の３つを基軸に、働き方改革の推進、や時代のニーズに合ったメニュー開発や店舗戦略、マーケットに適した店舗開発戦略などに取り組む計画です。

すかいらーくHDの概要

株式会社すかいらーくホールディングス

- ●本社　東京都武蔵野市西久保1-25-8(三鷹 第3オフィス)
- ●設立　1962年4月
- ●資本金　251億3400万円
- ●店舗数　国内グループ2,902店／海外含め2,976店
- ●従業員数　正社員5,700名／クルー98,015名(2023年12月31日)

●ブランド別店舗数一覧(2023年12月31日現在)

チェーン名	店舗数
ガスト	1,280
バーミヤン	353
しゃぶ葉	279
ジョナサン	188
夢庵	167
ステーキガスト	85
から好し	67
むさしの森珈琲	70
藍屋	39

チェーン名	店舗数
グラッチェガーデンズ	13
魚屋路	22
chawan	22
La Ohana	22
とんから亭	19
桃菜	13
八郎そば・その他	10
計	2,649

Section

3-5 FOOD & LIFE COMPANIES

同社は創業者の清水義雄氏が１９７５年、大阪市阿倍野区に「鯛すし」を開店したのが始まりで、１９８４年には大阪府豊中市に「すし太郎」の1号店を出店しています。２０２１年４月に社名を「株式会社スシローグローバルホールディングス」から現在の「株式会社FOOD & LIFE COMPANIES」に変更しています。

■グループ店舗総数１１２３店舗

当初、関西が主力だった同社も、２００１年から関東エリアに出店し、翌年には中部エリア、06年からは中国・四国・九州エリアのほか、東北・北海道へと出店エリアを拡大していきました。

２０２３年9月30日現在、同社グループの店舗総数は１１２３店になっていますが、このうち国内店舗のブランド別の内訳では、**スシロー**ブランド６５３店、杉玉ブランド79店、京樽ブランド１１３店、回転寿司みさき・三崎丸ブランド95店、マルチブランドが25店、その他ブランドが23店となっています。

■活発な海外進出

海外戦略では、２０１１年12月に海外初の店舗となる、「スシローコリア チョンノ店」を韓国ソウルにオープン。以後も海外展開を進めて、23年9月30日現在の同社グループの海外店舗はスシローブランド１３２店、杉玉ブランド3店となっています。また進出国は、韓国、台湾、香港、シンガポール、タイ、中国となっています。

２０２４年9月期から始まる新中期経営計画でも、海外戦略については、売上比率を全体の40％に高めると共に、中国大陸における進出地域のさらなる拡大、北米・インドネシア市場への参入、グループの全ブランドの海外展開を図る内容になっています。

Point

回転すし総合管理システム　皿にICタグを取り付けることで、どのネタがレーンからとられたのかをリアルタイムに把握し、そのデータをもとに高い精度で需要を予測する――というのが大きな特徴となっている。このシステムにより、廃棄ロスも削減できたとしている。

■売上高目標5800億円

同社では2024年から26年までの新・中期経営計画と長期ビジョンを策定しています。売上高の目標を新・中期経営計画では5200億円、長期ビジョンでは1兆円以上として、海外展開を加速させると共に、外部環境の変化に対応した事業プラットフォームを再構築し、持続的成長の実現に取り組むとしています。

新・中期経営計画の重点課題としては、①海外事業の拡大継続と海外店舗の売上比率40%、②国内事業のリモデルと店舗ポートフォリオの最適化、③持続可能な事業運営の基盤構築が挙げられています。②について、スシローではオートウェイター設置による店舗体験の進化と省人化、京樽では不採算店舗の閉鎖と商品力・組織強化によるブランド力向上、杉玉ではリモデルによる収益性のさらなる改善とFC店舗の拡大に取り組むことを掲げています。さらに③としては、養殖・フードテック活用による持続的な水産資源活用の基盤構築のほか、サプライチェーン・マネジメントとAIの活用によるさらなるフードロス削減、SDGs（環境保全）への取り組み、人的資本への投資（研修の拡充ほか）を掲げています。

FOOD & LIFE COMPANIESの概要

株式会社FOOD & LIFE COMPANIES

●本社	大阪府吹田市江坂町1丁目22番2号
●設立	2015年3月
●資本金	1億円
●グループ店舗数	1,123店
●連結従業員数	社員　7,134名／パート・アルバイト　20,779名 (2023年9月30日)

●中期経営計画より

新・中期経営計画（3か年）

FY24-FY26

売上高	**5200**億円
EBITDA	**570**億円
営業利益	**350**億円
営業利益率	**6.7**％

長期ビジョン

売上高	**1**兆円以上
EBITDA	**15**%以上
営業利益率	**10**%以上
ROE	**20**%以上

Section
3-6 スターバックスコーヒージャパン

米国での創業は1971年、ワシントン州シアトルに1号店をオープンしたのが始まりですが、日本では95年に、米国スターバックス社の国際事業部門を担う子会社と日本の株式会社サザビーが合弁で**スターバックスコーヒージャパン**を設立し、翌年、東京銀座に1号店をオープンさせたのがチェーン展開の始まりです。

ライセンス事業による出店強化

1998年、大阪に関西地区の第1号店「梅田HEP FIVE店」がオープン。翌年から全国展開を本格化させ、東海地区の1号店を名古屋JRセントラルタワーズにオープンしています。2002年には国内で400店、翌年には500店になりました。04年には出店強化のためライセンス事業開始を発表し、ライセンス1号店は全日空商事と契約を交わしました。同社のライセンス事業は、法定義上では「**特定連鎖化事業***」という点でフランチャイズ事業と同じですが、本事業展開は直営方式での出店が困難な商圏などでの出店のみに限定し、駅や空港、高速道路のSA／PA、レジャー施設などを想定したものです。

ドライブスルーへの出店

立地の形態としては、当初、郊外型ショッピングセンターへの出店が全体の25%を占めていましたが、その後、繁華街での出店が増え、ビジネス街、繁華街、住宅街での出店を合わせると50%を超えています。

また、病院や高速道路のサービスエリアにも出店していますが、**ドライブスルー**形式の出店も増やしています。ルートスポット領域の拡張として、売上の大きいドライブスルー店舗の積極出店を継続し、その一方で小さい売上ながら収益性を確保しやすいストアタイプの展開や、持続的成長に向けた新業態店舗の展開などを進めてきました。

Term
特定連鎖化事業　特定連鎖化事業は「連鎖化事業であって、当該連鎖化事業に加盟する者に特定の商標、商号その他の表示を使用させる旨および加盟者から加盟に際し、加盟金、保証金、その他金銭を徴収する旨の定めのあるもの」いわゆる、フランチャイズチェーンを指している。

「人」「コミュニティ」「地球」

2013年9月に、「名古屋自由ヶ丘店」と「田園調布東急スクエアガーデンサイト店」の2店舗がオープンし、国内1000店舗に達しました。また、同社はジャスダックに上場していましたが、同社の株式は2015年3月23日付でスターバックス・コーポレーションによる完全子会社化の手続きが完了したことから、上場廃止になりました。2019年のコロナ禍前に1500店舗を達成し、2023年末現在の店舗数は1885店舗で、うちライセンス店舗が153店舗。日本国内のカフェ部門ではトップを維持しています。

同社のマーケティング戦略では従来から、テレビCMや大規模なマス広告には頼らず、パートナーと呼ぶ従業員を中心としたリアルな接点をコアにしながら、Twitter（現X）、Facebook、Instagram、LINEなど様々なデジタルのコミュニケーションツールを用いて、ファンや消費者と直接つながる方法を続けてきました。

2021年に日本進出25周年を迎えた同社では、持続可能なビジネスの土台を築くための「10年ビジョン」を掲げています。その中では、「人」「コミュニティ」「地球」の3つを大切にした企業活動に取り組むとしています。

スターバックスコーヒージャパンの概要

スターバックス コーヒー ジャパン 株式会社

●本社	東京都品川区上大崎二丁目25番2号 新目黒東急ビル
●設立	1995年10月
●資本金	254億6181万円
●店舗数	1,885店（うちライセンス店舗153店）
●従業員数	社員5,173名／パート・アルバイト20,779名

▼高速道路SA内のコンセプトショップ

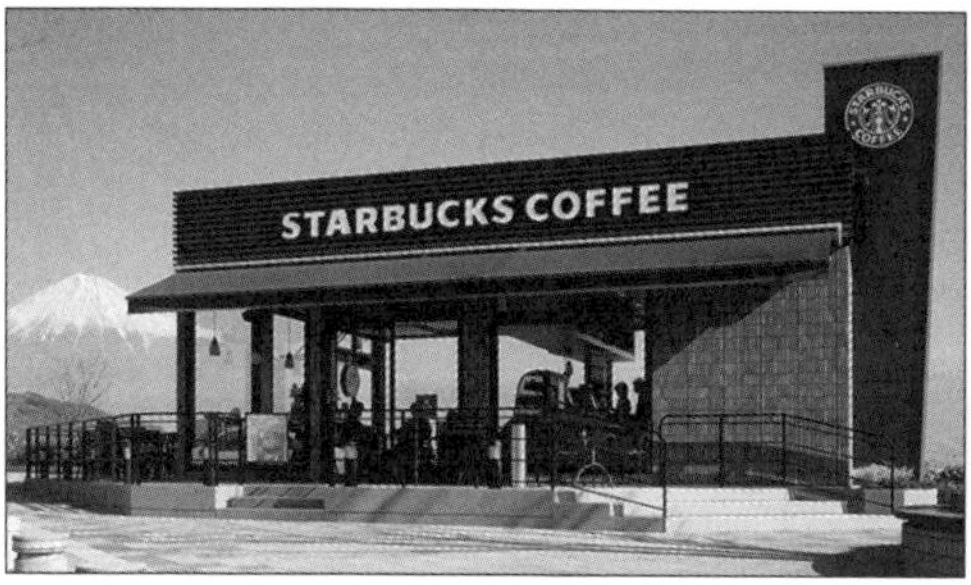

▼新幹線駅構内のコンセプトショップ

Section 3-7

コロワイド

コロワイドグループは、「株式会社コロワイド」を筆頭に、「みなとみらい食堂」やグループのMDを受け持つ「コロワイドMD」、焼肉の「牛角」などの「レインズインターナショナル」、「ステーキ宮」などの「アトムズ」、「かっぱ寿司」の「カッパ・クリエイト」、「大戸屋ごはん処」の「大戸屋ホールディングス」など7社で、ブランドの数は40近くになります。

■成長の軌跡

コロワイドの前身は1963年、神奈川県逗子市に設立された山本商事で、その後1977年に、手作り居酒屋「甘太郎」の1号店となる逗子店を開店しています。社名を「株式会社コロワイド」に変更したのは1994年です。

2002年に平成フードサービスを連結子会社化したのを皮切りに、M&Aを活発化させ、2005年には北陸・中京地区での営業拠点の拡充、独自性のあるメニューと多業態戦略の強化のためにアトムを連結子会社化。居酒屋業態のみならず、回転寿司やステーキなどレストラン事業にまで領域を拡大してきました。

■ドミナント出店戦略の展開

2010年代に入っても、多業態展開のさらなる拡充とドミナント出店戦略から積極的なM&Aを実施してきました。2012年にはレックス・ホールディングスを連結子会社化し、2014年にはレストラン業態の売上構成を高めるためカッパ・クリエイトホールディングスを連結子会社化しました。2016年には北米エリアにおける出店余地が大きいと考えてレインズUSAを連結子会社化し、グループの海外展開を一層強化。2020年には大戸屋ホールディングスを連結子会社化し、レストラン業態の売上高比率を7割以上とする目標を達成しました。

Point **コロワイドの由来**　人が生きていく上で大切な4つのファクター、勇気（Courage）、愛情（Love）、知恵（Wisdom）、決断（Decision）を1つにまとめたもの。従業員一人ひとりがこの4つの大切な精神を常に心にきざみ、未来にチャレンジしていく強い意志と勇気がこめられた社名とされている。

■中期経営計画「COLOWIDE Vision 2030」

コロワイドは、2024年3月期から2026年3月期までの3か年を対象とする中期経営計画に取り組んでいます。計画では、30年3月期に連結売上収益5000億円を達成するために、中期経営計画の最終年度である2026年3月期には、連結売上収益2738億円と、企業価値評価指標の1つであるEBITDA（利払い前・税引き前・減価償却前利益）を240億円とする目標を設定しています。

国内事業においては、レストラン業態の郊外・ロードサイドへの積極出店を推進し、コロナ禍期間における直営純減258店舗分を出店していく計画になっています。また、既存店の改装・リロケーション・業態転換、M&Aによる新たな成長軸獲得を図る計画です。

海外事業では既存地域（北米・東アジア・ASEAN）における積極的な新規出店、中東への新たな挑戦を進め、給食事業では病院・介護施設分野への進出、ミールキットを含むセントラルキッチンの活用などを展開する計画になっています。さらに給食事業（病院・介護施設）では、2030年3月期の目標達成を目指しています。

コロワイドの概要

株式会社コロワイド

●本社	神奈川県横浜市西区みなとみらい2-2-1 ランドマークタワー 12F
●設立	1963年4月
●資本金	279億500万円
●店舗数	2,640店（直営1,362店／FC1,278店）
●従業員数	53,000（アルバイト・パート含む、2023年3月末）

●店舗数と売上高の推移　■直営店舗数推移（左）　━■━売上高推移（右）

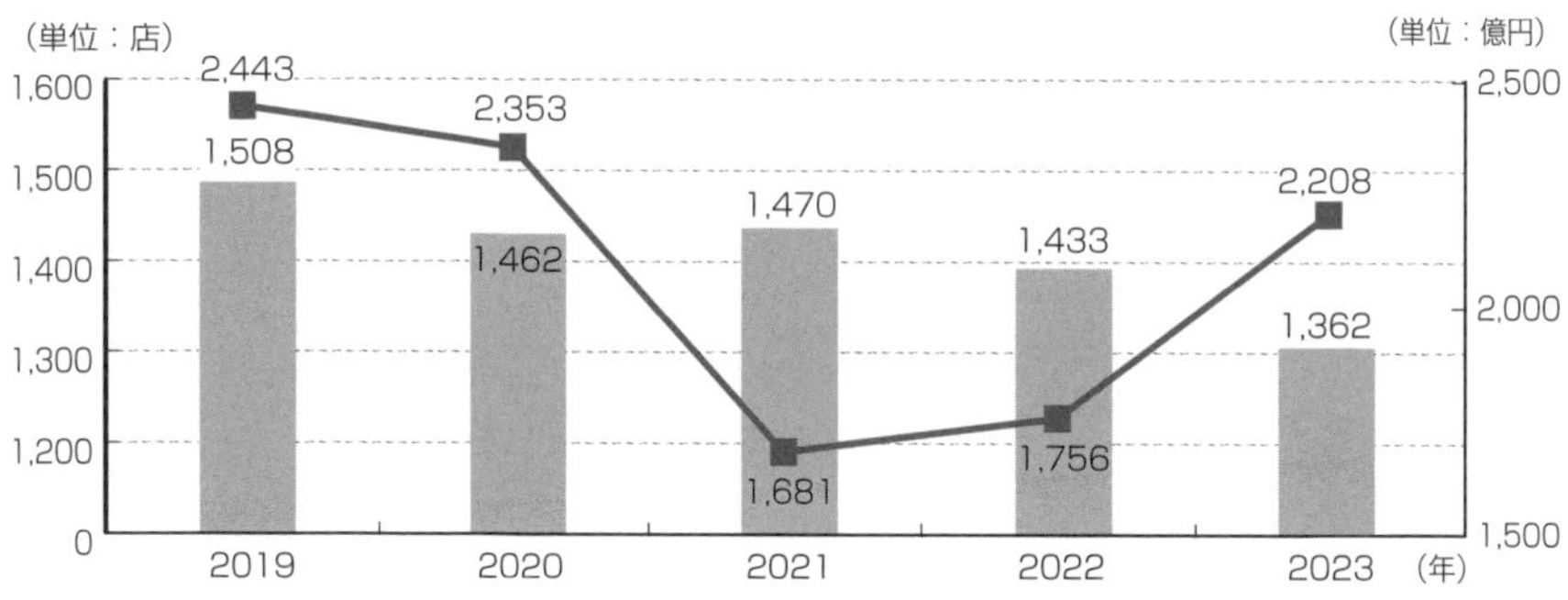

Section
3-8 くら寿司

１９７７年５月、大阪堺市に一般的な路面店として創業したくら寿司は、その後「１００円で本物」をキャッチフレーズに「回転寿司くら」を開業しました。それまで大型店としては存在しなかった直線型タイプの回転寿司を導入し、人気を集めました。２０１９年５月に社名を「くら寿司」に変更し、現在に至っています。

■食の戦前回帰

くら寿司の企業理念として「食の戦前回帰」を掲げ、使用する食材にはうま味調味料や人工甘味料、合成着色料、人工保存料などは一切使用しない「無添」にこだわっています。また、寿司以外にもらーめん・丼物・デザートなど、付加価値をとれるサイドメニューをたくさんラインナップしています。

２００１年に当時のナスダック・ジャパンに株式上場したのち、04年に東京証券取引所第二部に上場し、05年には第一部に指定替えとなりました（現在は東証プライム上場）。

■タッチパネル式注文システム

くら寿司では早くから店舗のオペーレションの革新に取り組み、回転寿司の業態にしてから、皿の裏にＩＣチップを貼り、ＱＲコードによる製造時間制限管理システムを導入するなどの取り組みを行ってきました。また、レーン上に長時間置かれた寿司を自動廃棄するシステムの導入なども行ってきました。また、直線型レーンやタッチパネル式注文システムを導入し、客が皿を返却口に入れることで洗い場まで自動的に回収され、同時に枚数がカウントされる精算システムなどもいち早く取り入れてきました。さらに、店舗内を飛び交うほこりや様々なウイルスなどの付着を防ぐため、寿司を保護するカバーを全店舗に導入しています。

Point **スマートくら寿司**　非接触型店舗システム。スマホで予約して自動案内機でチェックイン。タッチパネルに触れることなくスマホで注文し、抗菌寿司カバーでガードされた商品を取り出せる。食事後には食べた皿の枚数が自動でチェックされ、店員を介さず正確な金額が自動計算されて、セルフで会計を済ませられる。

■長期構想 ～2030年に向けて～

同社では2020年1月に、2030年度を最終年度とする「長期構想」を公表しています。

その構想の基本方針では、2020年からの10年間を「第2の創業期」と位置付け、日本国内と海外を両輪で拡大していくことで、全世界での売上高3600億円以上、店舗数1100店以上を目標値として設定しています。

2023年10月期の決算では、連結売上が過去最高を更新する2114億円、店舗数は同年10月末現在で649店になっています。

また、「くら寿司の新戦略」として、AIなどを駆使した**「スマート養殖」**によって人手不足や労働環境を改善し、持続可能な漁業の実現を図るべく、21年11月に回転寿司チェーンとしては初めての取り組みになる「水産専門会社」の「KURAおさかなファーム」を設立。AIやIoTを活用した「スマート養殖」を開始しています。2022年6月からは、スマート給餌機を使ったマダイの委託養殖事業を本格始動させ、「スマート養殖」で育てたマダイを24年秋頃に初出荷する予定で、くら寿司で扱う養殖マダイ全体の約3分の1を賄う計画です。

くら寿司の概要

くら寿司株式会社

●本社	大阪府堺市中区深阪1-2-2
●創業	1977年5月
●設立	1995年11月
●資本金	20億532万円
●店舗数	614店（米国40店と台湾48店を含む）
●従業員数	正社員2,329名（2022年10月末）

くら寿司新戦略「KURA おさかなファーム」

KURAおさかなファーム（株）

自社養殖
Point!
「オーガニックフィッシュ」
漁業権取得、オガーニックはまちから開始。国内での流通と海外輸出も視野に。

委託養殖
Point!
「スマート養殖」
人手不足と労働環境の改善、中長期契約の全量買い取りによる生産者の安定収入も狙う。

卸売
Point!
「生産者の流通支援」
くら寿司や全国のスーパーでの販売へ。将来的には、全国の漁協と提携し、天然魚の販路開拓支援も。

Section

3-9 トリドールHD

1985年、兵庫県加古川市で焼鳥居酒屋「トリドール三番館」を創業し、1990年に有限会社トリドールコーポレーションとして法人化。1995年からは株式会社化して株式会社トリドールに組織変更しました。2016年10月1日からは、持株会社体制への移行に伴い、株式会社**トリドール**ホールディングスに商号変更しています。

「丸亀製麺」「国内その他」「海外事業」

同社は、「**丸亀製麺**」を中心に「やきとり屋とりどーる」「焼きそば専門店 長田本庄軒」など多くの飲食店ブランドを国内外で展開し、2015年にはグループ全体で世界1000店舗を達成しています。さらに2017年には、関西・中国地方を中心に人気を集めている、とんこつラーメン「ずんどう屋」を運営するZUNDの株式を取得し、グループ化しています。

現在の同社グループのセグメントと店舗数は、「丸亀製麺」「国内その他」「海外事業」の3つで、2023年3月末現在、丸亀製麺が833店、国内その他が230店、海外事業が707店、合計で1770店になっています。

DXビジョン2028

同社のDXは、2019年12月に作成された同社のITロードマップから始まり、「DXビジョン2022」で本格化しています。その「DXビジョン2022」については、「レガシーシステムを廃止するための計画」と位置付け、フェーズ1ではデータセンターのクラウドへの移行に始まり、フェーズ2でオンプレミス業務システムのSaaSへの移行、バックオフィスのBPO移行、VPNネットワークの廃止、ゼロトラストの導入――というプロセスで進んできました。

これに続く計画として作成されたのが「DXビジョン2028」です。

丸亀製麺の由来　トリドールの創業者である粟田貴也氏が2000年に丸亀市を訪れた際に、うどんをできたてで食べさせる製麺所に客が列を成している様子を見て、「丸亀」を冠したうどん店を発案したことが由来となっている。

「真のグローバルフードカンパニー」を目指して

同社では、2028年3月期を最終年とする中長期目標として、店舗数4900店超、売上高4200億円、事業利益率10％以上を目指す「中長期ビジョン」を掲げています。そしてその足元の3か年計画として、2024年3月期から26年3月期までの中期計画では、店舗数を2800店、売上高を3100億円とする目標を掲げています。

中長期目標の数値設定については、規模のみを追わず、収益性・効率性・健全性も考慮して、バランスのとれた成長を指向し、名実共にグローバルフードカンパニーの地位を確立するとしています。

その中長期目標の達成にあたっては、「感動体験の追求」「事業ポートフォリオの量・質の拡充」など4つの重点テーマと、「人材育成と定着」など11の取り組みを掲げています。また、前記の「DXビジョン2028」については、「食の感動体験を探求し続けて、真のグローバルフードカンパニーになるトランスフォーメーション」と位置付け、8本の柱で構成しています。

トリドールHDの概要

株式会社 トリドールホールディングス

●本社	東京都渋谷区道玄坂1-21-1 渋谷ソラスタ 19階
●設立	1990年6月（有限会社トリドール）
●資本金	45億1900万円（2022年3月末現在）
●店舗数	1,937店（2023年12月現在）
●連結従業員数	社員5,795人／臨時従業員12,134人（2023年3月末）

国内外の主なブランド

国内	海外
丸亀製麺（うどん）／ 切りたて牛肉専門店「肉のヤマ牛商店」／ 炭火焼鳥・唐揚げ・釜めし とりどーる／ 豚屋とん一／焼きそば専門店 長田本庄軒／ 天ぷらまきの／ラー麺 ずんどう屋／ 立呑み晩杯屋／コナズ珈琲（ハワイ風カフェ）	MARUGAME UDON／ WOK TO WALK／ Boat Noodle「ボートヌードル」／ Shoryu／Pokeworks／ Monster Curry「モンスターカレー」／ TamJai SamGor／ Franco Manca（欧州）／ 譚仔雲南米線／譚仔三哥米線

Section

3-10 サイゼリヤ

サイゼリヤは、創業者である現会長が大学生時代に経営を委ねられた個人の店舗が出発点で、その後1973年に将来の多店舗化を視野に入れて法人化しました。最初の法人名は株式会社マリアーヌ商会で、千葉県市川市に設立しています。そして、1992年に現在の株式会社サイゼリヤに名称変更しています。

おいしさとリーズブルな価格設定

1973年、**サイゼリヤ**は前身の洋食店からイタリア料理店に転身し、イタリア料理の普及に努めようと考えました。しかし、当時のイタリア料理に対するイメージでは、敷居が高く、味はいいものの集客には苦戦する日々が続きました。

そこでサイゼリヤは、日常の暮らしの中で繰り返し来店してもらえる「リーズナブルな価格」と、客に喜んでもらえる「おいしさ」という一見矛盾する難題に挑戦するべく、全メニューについて商品内容はそのままに価格だけを7割引きにしたところ、翌日から店の前に長蛇の列ができるようになりました。

効率化とシステム化

以後、サイゼリヤは低価格路線を堅持していますが、それを支えているのが、生産から消費に至るまでの様々な過程での効率化とシステム化だといわれています。

同社には、食材の生産から調達・加工、そして店舗への供給に至るまでを自社でコントロールする独自のビジネスモデルがあります。その中核が、「**カミッサリー**」と呼ばれる食品加工流通拠点です。生鮮食品の加工機能と物流拠点を兼ねる施設で、埼玉県、神奈川県、兵庫県の3か所に設置し、食材の加工や下処理を可能な限り済ませることで、「店舗作業の軽減」ならびに「業務の標準化による品質維持」を図る仕組みになっています。

Point

サイゼリヤの由来　サイセリアの由来には諸説あるが、創業者で現会長の正垣泰彦氏が、東京理科大学在学中に洋食店「サイゼリヤ」で勤務していたところ、経営者からその腕を認められ、大学４年生のときに店を譲り受けたといわれている。

■国内外店舗数1500店を達成

食材の品質管理では、野菜の鮮度を保つ上で最適の4℃に保ったコールドチェーンで、生産地から店舗まで配送する仕組みを構築しています。さらに、海外から本物志向の食材を調達するため、2000年にはオーストラリアで自社工場を稼働させ、主力商品のドリアに使うホワイトソースや、ハンバーグ、ミートソースなどの牛肉製品を生産。さらに、生ハムやチーズ、オリーブオイルなどイタリア料理に欠かせない食材の多くは、イタリアから直輸入しています。

同社の海外出店は、2003年、中国の上海に海外店舗1号店を開設したのが始まりです。翌年には北京、2007年には広州に出店しています。また、2008年からは台湾、香港、シンガポールにも相次いで出店し、海外展開を加速しています。2019年7月には、国内外合計1500店舗を達成しています。

2023年8月期では、国内1069店、海外478店で、合計1547店を数えています。

連結会計年度の売上高は1832億4400万円で前期比27・0%増、営業利益は72億2200万円で前期比1607・6%増になりました。

株式会社サイゼリヤの概要

株式会社サイゼリヤ

●本社	埼玉県吉川市旭2番地5
●設立	1973年5月
●資本金	86億1250万円
●店舗数	1,547店(国内1,069店／海外478店、2022年8月期・連結)
●従業員数	正社員2,107人／準社員7,370人(2022年8月期・単体)

国内地域別店舗数

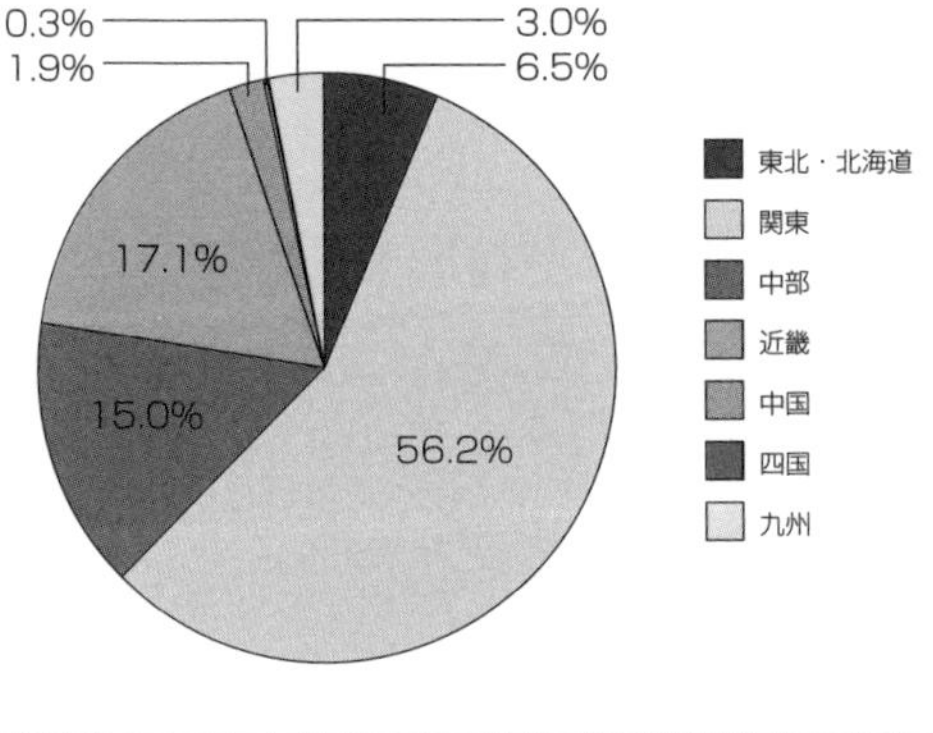

Section
3-11 吉野家HD

吉野家の歴史は長く、明治年間にまで遡ることができます。1899（明治32）年、当時は東京の日本橋にあった魚市場で、個人商店として牛丼屋の吉野家が開業しました。1923（大正12）年に発生した関東大震災のあと、魚市場が築地に移転したのに伴い、吉野家も築地に移りました。

■牛丼店のチェーン展開

1958（昭和33）年、牛丼屋の企業化を目指し、資本金100万円で株式会社**吉野家**が設立されました。

その後、1960年代後半から牛丼店のチェーン展開を開始。東京新橋に24時間営業の2号店を出店し、73年には米国デンバーに牛肉の買い付けを目的としたUSA吉野家を設立すると共に、国内ではFC店の募集を開始し、FC1号店を小田原に開店しています。75年にはデンバーにビーフボウルと銘打って海外店舗1号店を開店するなど、多店化が順調に進みました。しかし、急激な多店化による借入金の増大などで経営が破綻。80年に東京地裁へ会社更生法の適用を申請し、事実上倒産しました。

■積極的なM&Aの取り組み

更生開始後は一時期、セゾングループの傘下に入り、経営再建を目指すことになりましたが、更生計画は87年に終結し、翌年には同じセゾングループでダンキンドーナツの運営会社「株式会社ディー・アンド・シー」と合併し、「株式会社吉野家ディー・アンド・シー」となりました。しかし、1998年にはダンキンドーナツ事業から撤退しています。2000年に東京証券取引所第一部に上場し、同年、株式会社京樽を子会社化しています。また、2006年には株式会社はなまるを子会社化。2007年に、純粋持株会社として株式会社吉野家ホールディングスに社名変更し、同時に新設分割会社として株式会社吉野家を設立しています。

Point
牛丼並盛の値段　マクドナルドのハンバーガーと同様に、過去の消費者物価の水準を知る手段として、1958年創業以来の吉野家の牛丼並盛の値段の推移がある。創業時に120円だった並盛は、1966年には200円となり、1975年には300円になっている。

新3か年計画と長期ビジョン

同社の長期ビジョンでは、「2025競争から共創」をテーマに、既存事業の収益性改善や新メニュー、店舗オペレーション改善、新たなマーケティング手法の導入、国内外への出店による成長・規模拡大などを掲げ、その規模強化のために、2024年度を最終年度とする「新3ヶ年グループ中期経営計画」を策定し、取り組んできました。

2年以上に及ぶコロナ禍への対応とレジリエンス（回復力）を通じて、同社では「構造変化」に取り組んできました。この変化をさらに増進させることを目標に、中期経営計画では「進化」と「再生」をテーマに、既存事業の進化と成長事業の強化、M&A機会の探求を軸に、投下資本効率の向上を目指すことを基本方針に掲げています。

さらに、グループ経営の深化と人材育成・能力開発・ダイバーシティ、サステナビリティ課題への取り組みを進める中で、具体的な数値目標では、「収益力の向上」として売上高1800億円、営業利益70億円、店舗数3120店舗を目指し、「資本効率の向上」ではROIC（投下資本利益率）を5・0%以上に、「財務基盤の強化」としてDEレシオ（負債資本倍率）0・6倍を掲げています。

吉野家HDの概要

株式会社吉野家ホールディングス

●本社	東京都中央区日本橋箱崎町36番2号 Daiwaリバーゲート18階
●設立	1958年12月
●資本金	102億6500万円
●グループ店舗数	2,781店(2024年1月期)
●従業員数	15,429人(2024年1月期)

店舗数（2024年1月）	
国内吉野家	1,229
国内はなまる	421
海外	1,003
その他	128
グループ合計	**2,781**

by Gunther Hagleitner

Section

3-12 ドトール・日レスHD

ドトールは1962年、東京都港区にコーヒーの焙煎《ばいせん》会社として設立され、72年には横浜市にカフェ コロラド1号店を開店。その後、76年に有限会社から株式会社へ変更しました。2007年に、日本レストランシステムとドトールコーヒーの**共同株式移転**＊により、現社名の持株会社の傘下になりました。

■セルフサービスコーヒーショップのパイオニア

ドトールの店舗名は、ポルトガル語で「医者・博士」を意味し、創業者がブラジルのコーヒー農園で働いていたときの下宿先の住所にちなみます。ドトールはセルフサービスコーヒーショップのパイオニアといえます。

ブランドは大きく5業態で、主力は「ドトールコーヒーショップ」。「エクセルシオールカフェ」は本格的なエスプレッソが楽しめるハイグレードなイタリアンバールで、「カフェマウカメドウズ」はハワイコナの店。また、地域密着型のコーヒー専門店「カフェコロラド」、ドトールの最高級セルフ業態の「ルカフェ・ドトール」があります。

■日本レストランシステムと経営統合

2007年10月に、株式会社ドトールコーヒーは日本レストランシステム株式会社と経営統合し、新たに設立された株式会社ドトール・日レスホールディングスの傘下になりました。両社の経営統合により、それぞれが持っていた「業態開発力」や「店舗開発力」、「直営」と「フランチャイズ」、「ブランド力」などについて高い相互補完性が発揮され、新しい外食文化を発信するリーディングカンパニーとしての地位を確立しています。ドトール・日レスHDの現在の主要業態は、ドトールコーヒーショップのほか、エクセルシオールカフェ、カフェラミル、洋麺屋五右衛門、星乃珈琲店、F&F、石窯パン工房サンメリーなど多彩になっています。

Term

共同株式移転　株式移転とは、既存の株式会社（1社または複数社）が新規に親会社を設立して、発行済株式をすべて取得させる組織再編の手法のこと。ドトールと日本レストランシステムは、2007年に共同で株式移転を行い、発行済株式の全部を新設会社に取得させる手法の「共同株式移転による経営統合」を行っている。

連結店舗で2000店を超える

同社の2022年2月期第3四半期までの連結決算によれば、売上高は対前年比12・5%増の1062億3400万円で、営業利益も対前年比128・8%増の37億1700万円と好調に推移しています、

売上高の内訳では、ドトールコーヒーが642億6100万円で全体の60・5%を占め、日本レストランシステムが385億5200万円で同36・3%となっています。また、店舗数は23年11月現在、ドトールが1275店(うちFC871店)、日本レストランシステムが703店(うちFC35店)、サンメリーが40店(うち星乃珈琲が5店)、プレミアムコーヒー&ティの店が1店あり、ホールディングス内の国内店舗は合計2019店(うちFC909店)となっています。これに、D&Nインターナショナルによる海外店舗24店を加えると、ホールディングスの店舗総数は2043店になります。

同社では直営店やFC加盟店のほか、一般の外食企業向けに豆の卸売を行っています。特に量販店向けのオリジナル商品の開発にも積極的に取り組んでいるほか、JTなどの食品メーカーその他へドトールブランドを貸与するロイヤリティビジネスも推進しています。

ドトール・日レスHDの概要

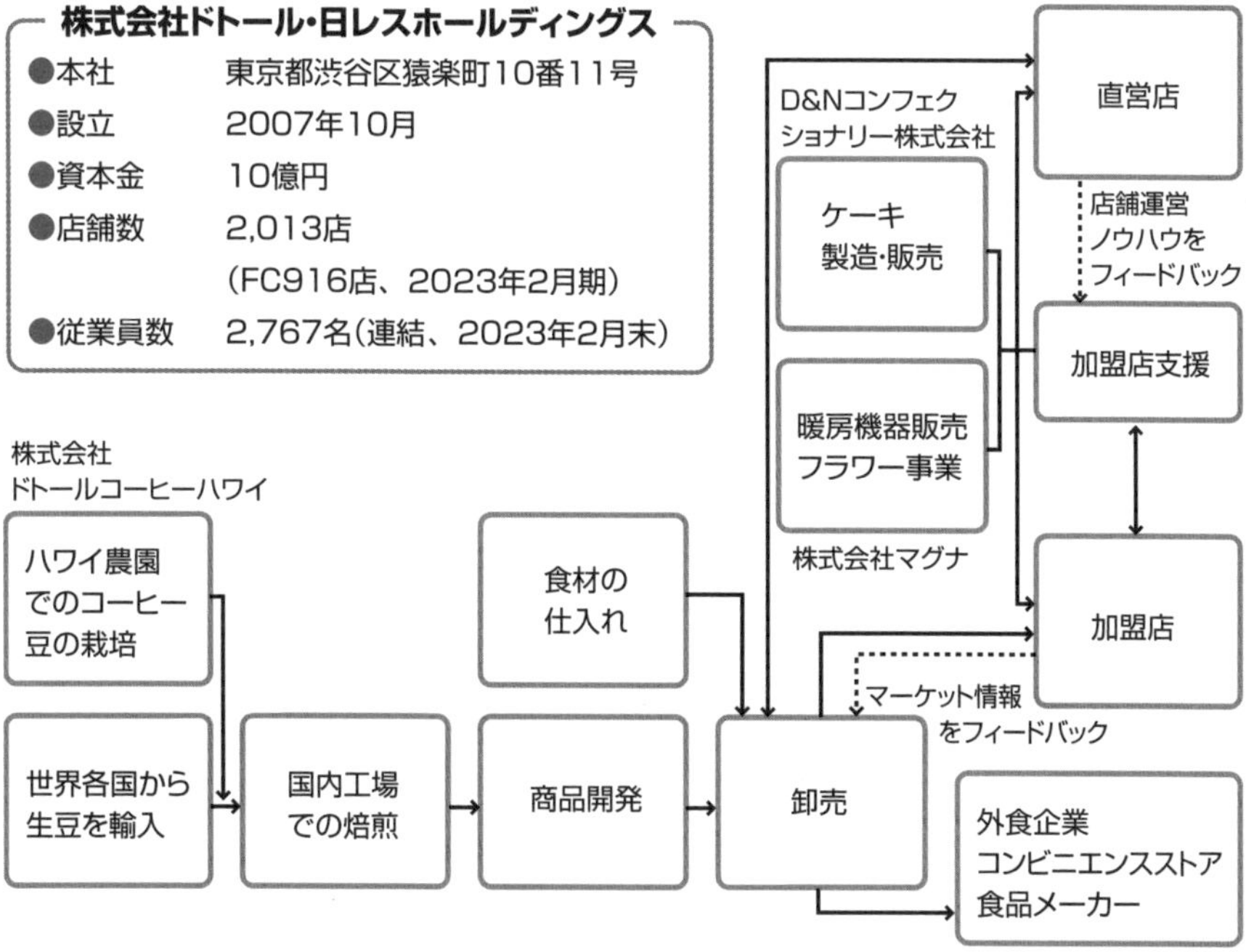

Section
3-13 クリエイト・レストランツ・HD

東京都品川区に本社を置く同社は、立地に合わせてフードコートやレストランなどを業態開発し、運営する企業です。「マルチブランド・マルチロケーション戦略」のもと、ショッピングセンターや駅ビルなどの商業施設で、フードビュッフェやフードコートを直営で運営しています。

■多彩なレストラン事業

2024年1月現在、グループ会社は21社で、239のブランドを運営し、グループの店舗数は国内1091店、海外54店、合計1145店になります。

事業は、レストラン事業と居酒屋事業、ラーメン・フードコート事業、ベーカリー事業、高速道路のSA・PA事業、コントラクト（受託運営）事業に分けられます。このうちレストラン事業は、和食、洋食、中華、エスニックなど多岐にわたっています。代表的なブランドとしては、和食レストラン「かごの屋」、本格高級寿司の「雛鮨」、本格イタリアンの「TANTO TANTO」、こだわり野菜を提供する「やさい家めい」などが挙げられます。

■専門性の高い居酒屋

居酒屋事業でも、専門性の高い業態を展開しており、代表的なブランドとしては、海鮮居酒屋「磯丸水産」や鶏料理専門店の「おもてなしとりよし」、大衆酒場「五の五」などがあります。

ラーメン・フードコート事業としては、つけめん専門店の「つけめんTETSU」や中華そば専門店「きみはん」など、そして専門性を打ち出した業態の多様なフードコート店舗（ブース）を運営しています。さらにベーカリー事業では、「Saint-Germain」やベーカリー&カフェ「JEAN FRANÇOIS」、「Bread & Coffee IKEDAYAMA」などを展開しています。

Point **バイキングとビュッフェ**　**バイキング**は一定の料金で食べ放題になる食事形式を指し、**ビュッフェ**は基本的には「立食スタイル」「セルフ形式」の食事形態で、好きなものをとり、とった分だけの支払いをする仕組みとされている。

■グループ連邦経営の進化

同社は1999年の創業以来、立地に合わせて多様な業態を開発し、出店していくという「**マルチブランド・マルチロケーション戦略**」により、単一ブランド運営では決して得ることのできない多業態運営ならではのノウハウの蓄積によって、成長を続けてきました。

同社の理念である「グループ連邦経営」とは、各事業会社の独自性を尊重し、独自の強みを活かす「遠心力」と、グループ全体としての「求心力」のバランスをとりながら、それぞれの成長を促進していくというものです。

同社では、2024年2月期を初年度とする3か年の中期経営計画（ローリングプラン）に取り組んでいます。成長戦略のための3本の柱として、①アフターコロナを見据えたポートフォリオの見直し、②グループ連邦経営のさらなる進化、③DXの推進による生産性の向上・人財不足への対応――を設定。具体的な数値目標としては、最終年度の26年2月期の決算で売上収益1540億円、営業利益108億円、調整後のEBITDA（税引前利益に支払利息、減価償却費を加えて算出される利益）266億円を掲げています。

クリエイト・レストランツHDの概要

株式会社クリエイト・レストランツ・ホールディングス

●本社	東京都品川区東五反田5-10-18
●設立	1999年5月
●資本金	5000万円
●グループ店舗数	1,145店（国内1,091店／海外54店、2024年1月）
●従業員数	12,183名 （社員4,034名／パートアルバイト8,149名、2024年1月）

運営ブランド数
239 ブランド

グループ店舗数
1,145 店舗

※国内1,091店舗、海外54店舗を運営している。

グループ会社数
21 社

出典：数字でみるCRHより

Section
3-14 ロイヤルHD

前身は1950年に福岡県で創業したキルロイ特殊貿易株式会社で、翌年、日本航空の国内線就航と同時に、福岡空港で機内食の納入と空港内の食堂・売店の営業を開始。1953年には福岡市東中洲にフランス料理店「ロイヤル中洲本店（現レストラン花の木）」を出店し、59年に洋菓子売店を併設したファミリー向けレストランを出店しています。

持株会社への移行

同社は、2005年から現在の持株会社に移行し、社名をロイヤル株式会社からロイヤルホールディングス株式会社に変更すると共に、会社分割による事業会社として（新）ロイヤル株式会社などを設立しています。

ロイヤルグループは現在、「外食事業」「**コントラクト事業***」「機内食事業」「ホテル事業」と大きく4つの事業を展開していますが、外食事業のブランドとしては、ファミリレストランの「ロイヤルホスト」を中心に、天丼チェーンの「てんや」、そして「シズラー」「シェーキーズ」「ロイヤルガーデンカフェ」など多彩に展開されています。

ロイヤルブランドの再構築

2021年、創業70周年を迎えた同社は双日株式会社と資本業務提携契約を締結、22年には東京証券取引所の市場区分の見直しにより、市場第一部からプライム市場に移行しました。23年にロイヤルホールディングスと双日がシンガポールに設立したRoyal Sojitz International Pte. Ltd. と同国で天丼てんやを運営するYOTEI PTE. LTD. が合弁契約を締結しています。さらに同年、ロイヤルホールディングスと双日は、カフェ事業の運営および展開を目的とした合弁事業会社「双日ロイヤルカフェ株式会社」を設立しています。

Term

コントラクト事業　ロイヤルHDの子会社ロイヤルコントラクトサービスでは、コントラクトフードサービス（受託運営）として「空港事業」「高速事業」「B&I（企業内給食）事業」「ヘルスケア事業」「シルバーリビング事業」「コンベンション&レストラン事業」の6事業を中心として事業展開している。

■「再生・変革」から「成長」

同社では現在、「中期経営計画2022〜2024」に取り組んでいます。計画では、下記のマトリックスにあるよう、横軸を「既存領域」と「事業創造領域」、縦軸を「施設型事業（外食・コントラクト・ホテル事業）」と「非施設型事業（食品事業、他）」とする2×2のマトリックスで4つの領域に分け、従来型ではない「新たな事業領域（海外事業・食材開発）」をプラスした5つのカテゴリー別に戦略や具体的な施策を明記し、計画を推進しています。

「施設型事業」の外食・コントラクト・ホテル事業のうち、ロイヤルホストや天丼てんやでは、高付加価値メニューの提供や店舗・厨房の改装、タブレットオーダーやセルフレジなどの導入、コントラクト事業では空港やサービスエリアの利用者増に合わせた店舗の改装や業態転換に取り組みます。また「新たな事業領域」の海外事業と食材開発では、資本業務提携契約を締結した双日の海外ネットワークを活用しながら、海外店舗の出店強化や海外フランチャイズビジネスでの拡大などを掲げています。

中期計画の初年度に当たる2022年度の決算では、売上高1040億円、営業利益は21億円と、コロナ禍以降では初めて通期で経常黒字となっています。

ロイヤルHDの概要

ロイヤルホールディングス株式会社

●本社	福岡県福岡市博多区那珂三丁目28番5号
●設立	1950年4月
●資本金	178億3000万円
●店舗数	外食事業・ホテル事業含め677店（2023年通期）
●従業員数	連結1,855名

●事業展開

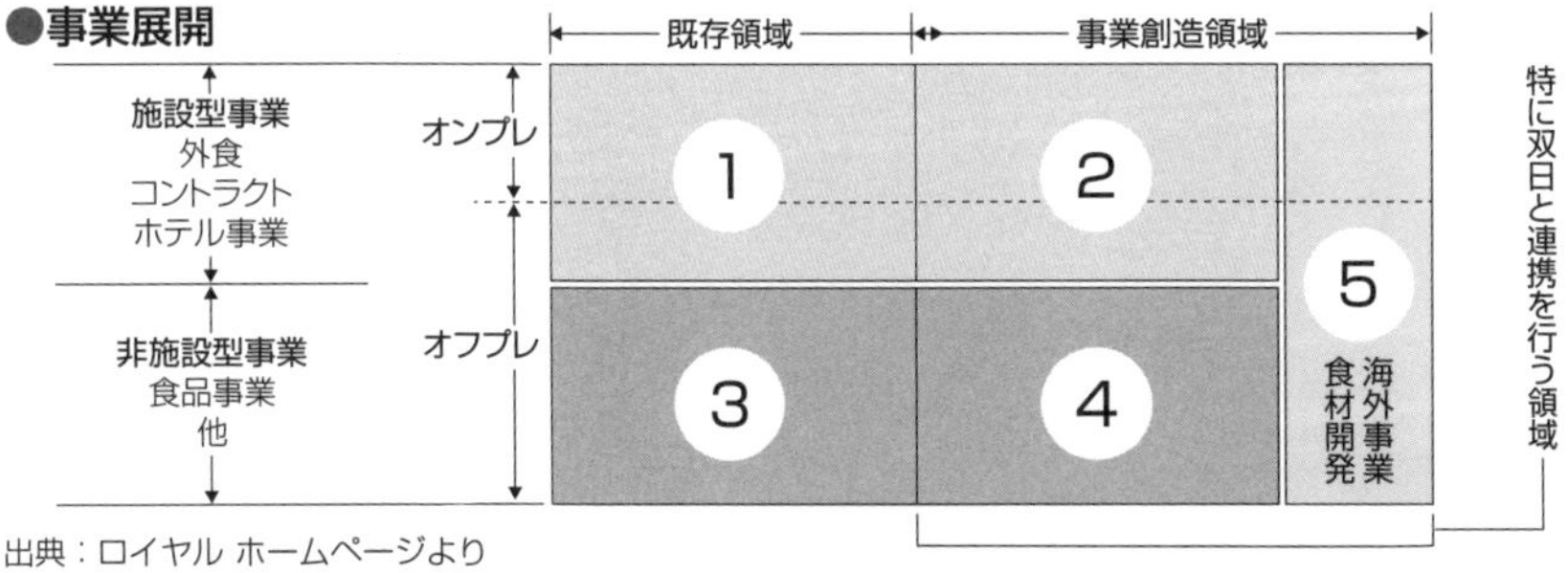

出典：ロイヤル ホームページより

機内食の始まり　日本の**機内食**の歴史は1951（昭和26）年、日本航空国内線の初便（東京〜大阪〜福岡）にボックスサンドイッチ、紅茶、コーヒー等を調製・搭載したことに始まる。板付空港（現・福岡空港）でも同年から機内食の納入が始まる。

Section

3-15 日本KFC HD

1970年に大阪で開催された日本万国博覧会に実験店を出した米国ケンタッキーフライドチキン（KFC）は、1日に280万円の売上を記録するなどの成功を収めました。その後、同年に三菱商事との合弁により日本KFCを設立し、名古屋市内に1号店を開業しました。

■日本型出店戦略による成功

大阪万博での成功にもかかわらず、開業当初は苦戦の連続でした。不振の要因は、当初、米国の出店戦略をそのまま直輸入して、郊外型店舗を出店したことにありました。つまり、まだその頃は日本国内でのモータリゼーションは十分発達していなかったために、郊外店での集客を果たせなかったのです。

同社では直ちに出店戦略の見直しを行い、日本においては駅前・繁華街への出店が望ましいとされました。また店舗設計においても、地価が高い立地では建築面積の関係から厨房スペースをコンパクトなものにする、といった転換を図りました。

■デリバリー事業の導入

翌71年、東京・青山に新しい出店戦略に沿った新店舗を開業し、同年には神奈川の江の島にフランチャイズの1号店も開業。戦略転換が功を奏して、その後はチェーン展開が一気に加速しました。

そして73年、東京・赤坂に出店したのが100店目になりました。

その後、88年に年間売上1000億円を達成し、92年にはチェーン店1000店を達成しています。

また、91年には「ピザハット」事業部を新設して「ピザハット」のチェーン展開を開始。95年からはKFCチキンデリバリーを本格導入しています。

Point

フライドチキン1号店　ケンタッキーフライドチキンの国内1号店は、1970年11月21日に開店した名古屋市西区の「名西店」。当時の日本では「フライドチキン」という言葉も食べ方もなじみがなかったが、KFCの店舗が増えるにつれて広く知られるようになった。

アプリとネットオーダーの連携強化

2007年12月に、それまで米国のヤム・ブランズ・インクが間接所有していた株式を、三菱商事が株式の公開買付けにより取得し、三菱商事が親会社になりました。2014年4月から現在の日本KFCホールディングス（株）に商号変更し、持株会社体制へ移行していますが、翌15年11月に三菱商事は普通株式を売り出し、同社は親会社に該当しないこととなり、その他の関係会社となっています。

2023年3月末の店舗数は、当連結会計年度に49店（うち直営9店、フランチャイズ40店）を新たに出店し、1197店になっています。さらに、配達代行を含むデリバリーサービスの実施店舗は718店と、着実に増えています。また、テイクアウト専門店やドライブスルー特化型店舗の出店、改装によるスプリットカウンター、セルフレジ、ピックアップロッカーの設置など、様々な形態での店舗開発を進めています。同社では早くからネットオーダーやキャッシュレス決済などのDXを推進してきました。顧客の利便性や購買体験価値の向上に加えて、従業員の働き方改革の推進にも努めています。

日本 KFC HD の概要

日本KFCホールディングス株式会社

●本社	神奈川県横浜市西区みなとみらい4丁目4番5号 横浜アイマークプレイス 5F·6F
●設立	1970年7月
●資本金	72億9750万円
●グループ店舗数	1,197店(2023年3月)
●連結従業員数	907人(2023年3月31日)

おいしさへのこだわり

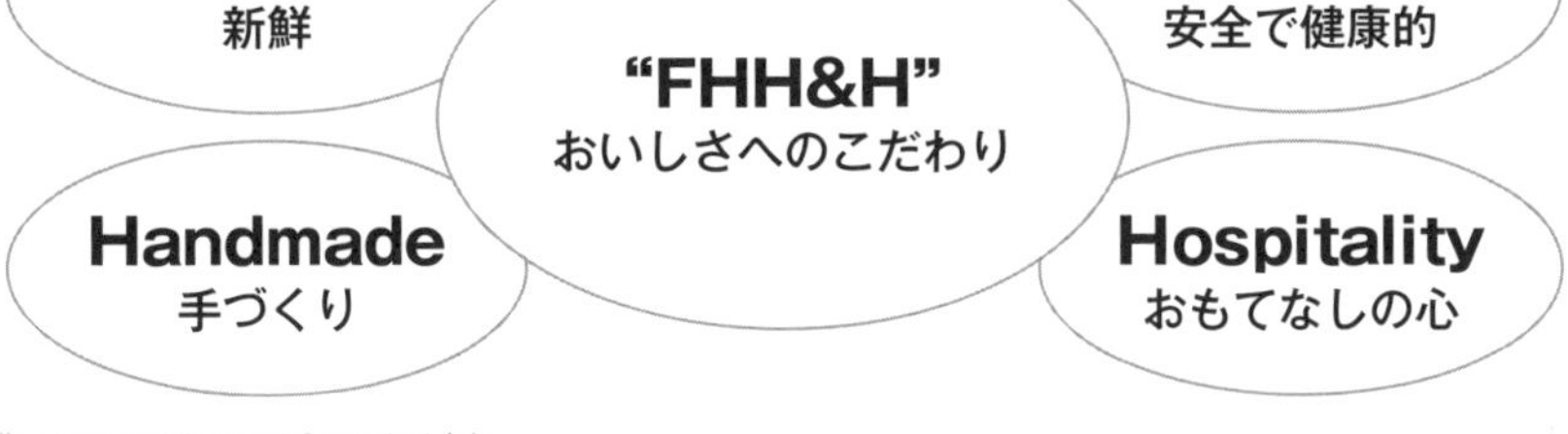

出典：https://japan.kfc.co.jp/ より

Section

3-16 王将フードサービス（餃子の王将）

1967年、京都四条大宮に王将1号店が開店し、創業当初は京都市内を中心に店舗展開していました。法人設立は74年で、社名を株式会社王将チェーンとしています。関東での展開は78年からで、東京新宿に関東での1号店を開店。翌年には東京支店を設置し、東京都内に集中的に直営店20店舗を展開しています。

餃子の王将チェーン

80年には「株式会社餃子の王将チェーン」と商号変更しています。その後もスクラップ・アンド・ビルドを繰り返しながら多店舗化を進め、90年に商号を現在の「株式会社**王将フードサービス**」に変更しています。

90年代半ばから同業者間でのコスト競争が激しくなり、セントラルキッチン方式を導入するチェーン店が増えてきました。王将チェーンでも多店舗化に合わせてセントラルキッチン方式を導入したものの、工場で調理して店内で温めるクローズドキッチンの店では、客席から厨房が見えず店の活気が出ないということから、極力店内で調理して客席からもその様子が見えるオープンキッチンに切り替えています。

個店経営の推進

客の目の前で餃子を焼くことで店舗に活気を取り戻すと共に、チェーン店でありながらも個店独自のオリジナルメニューを導入し、個店経営を推進しました。2012年から、それまでの路面店に加えてショッピングセンターのフードコートへの出店を増やしています。また、同社では17年11月から宅配ポータルサイトと連携し、**シェアリングデリバリー**®＊によるデリバリーサービスを実施しています。2023年3月現在、直営542店（うち海外2店）とFC190店の合計732店となり、直営売上高とFC加盟店の店舗売上高を合わせたチェーン全店売上高は年間1000億円を超えています。

Term

シェアリングデリバリー®　出前館の配達代行機能をシェアすることで、配達機能を持たない飲食店でも出前が可能になるサービス。

■王将スタンダードの徹底

同社の2024年3月期の第3四半期決算では、新型コロナの5類移行と行動制限が外れたことなどにより、消費マインドが改善し、個人消費が回復すると共に、インバウンド需要も旺盛になったことなどにより、堅調に推移しています。

慢性的な労働力不足に加え、食材原価やエネルギー価格、人件費等の大幅な上昇が重荷となっているものの、客数は増加傾向にあり、業績は総じて回復基調にあるとしています。

同社では、22年3月期から始まった中期経営計画では、「営業戦略」「店舗開発戦略」「FC推進戦略」の3つの主要戦略と「サステナビリティの取り組み」を掲げてきました。2023年12月末の店舗数では、直営5店（ジョイ・ナーホ針中野店を含む）、FC2店の新規出店、またFC1店の直営店への移行と直営1店のFCへの移行、直営3店・FC6店の閉店などがあり、直営店544店、FC加盟店186店、合計730店舗になっています。同社では、引き続きFC推進戦略として、FC加盟店におけるQSC（5-4節参照）の「王将スタンダード」の徹底に努めています。

王将フードサービスの概要

株式会社王将フードサービス

●本社	京都府京都市山科区西野山射庭ノ上町294番地の1
●設立	1974年7月　　●資本金　81億6600万円(2023年3月31日現在)
●店舗数	732店(直営542店〈うち海外2店〉／FC店190店、2023年3月31日)
●従業員	2,254名(2023年3月31日)

王将のこだわり

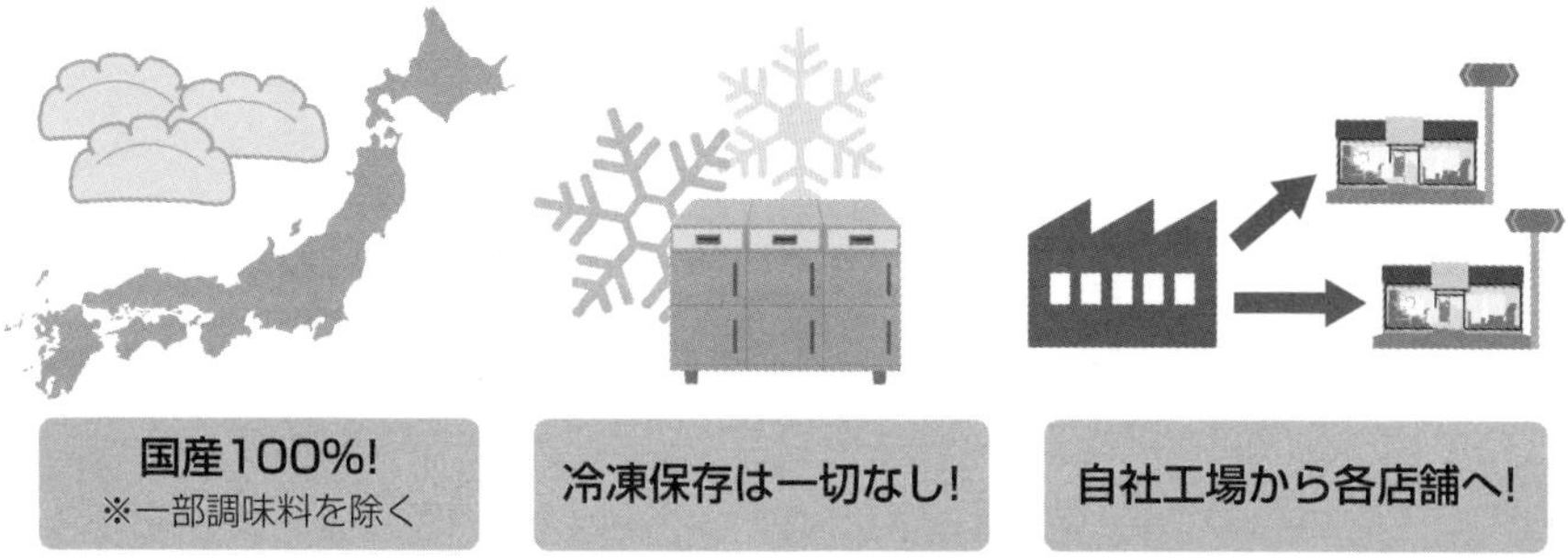
国産100%!
※一部調味料を除く
冷凍保存は一切なし!
自社工場から各店舗へ!

出典：https://www.ohsho.co.jp/より作成

Section

3-17 物語コーポレーション

物語コーポレーションは、愛知県豊橋市に本社を置き、焼肉やラーメン、お好み焼き、和食専門店などの飲食店を全国に展開する企業です。1949年、おでん屋「酒房源氏」として創業し、1969年には株式会社げんじを設立。1997年に商号を株式会社物語コーポレーションとし、2000年に東京本部を開設しています。

■Smile & Sexy

自分流の生き方を持った人「自分物語」がたくさん集まり、結果として「会社物語」を創りたい、という社名の由来通り、個性を発揮したい人が集う会社となっています。

経営理念に掲げている「Smile & Sexy」は、「『個』の尊厳を『組織』の尊厳より上位に置く企業」として、素敵に自由に、正々堂々、人間味豊かに、それぞれの『自分物語』、みんなの『会社物語』を語るStoryteller（語り部）であり続けるという宣言です。

同社では、従業員が「飲食店の従業員」としてではなく、「フードビジネスのプロ」として働くこと、そのための知識とスキルを身に付けることを願っています。

■積極的な海外進出と業態開発

同社では、「ビジネスとは原理原則とマーケティング感覚で〝当てる〟ものだ」という考え方のもとに、現在、17のブランドのヒットフォーマットを展開しています。

2011年に上海、23年にはインドネシアに進出し、25年にはアジアのリーディングカンパニーとなることを目指し、海外進出を積極的に展開しています。

また、21年に初のファストカジュアルブランドとして「焼きたてのかるび」を誕生させ、22年には焼肉きんぐ初の都市型ビルイン店舗を東京浅草にオープン。23年には同社では初のカフェ＆ショップの業態「果実屋珈琲」をオープンさせています。

焼肉店の配膳ロボット　「焼肉きんぐ」や「寿司・しゃぶしゃぶ ゆず庵」の物語コーポレーションでも、**配膳ロボット**の導入が積極的に進められている。同社のロボットはソフトバンクロボティクス社が提供する配膳・運搬ロボット「Servi（サービィ）」で、公募により愛称は「みーと君」となっている。

業態開発型フードビジネスカンパニー

同社は「**焼肉きんぐ**」「**丸源ラーメン**」「**果実屋珈琲**」「**お好み焼本舗**」「**寿司・しゃぶしゃぶ ゆず庵**」など17業態の飲食店を国内外にて展開する、業態開発型フードビジネスカンパニーですが、同社の強みは、店舗運営だけではなく、立地・購買・生産・商品開発・DX・ブランドPR・教育など様々な専門部署を持ち、すべてのブランドを自社開発してきたことにあります。

2024年1月末時点で直営428店、FC243店、海外23店、合計694店。内訳では「焼き肉部門」が直営198店、FC119店、合計317店と最も多く、次いで「ラーメン店部門」が直営107店、FC103店、合計210店となっています。

このほか、「お好み焼部門」が直営16店、FC5店の合計21店舗、「ゆず庵部門」が直営79店、FC16店の合計95店。さらに、**魚貝三昧 げん屋**や**しゃぶとかに 源氏総本店**など「専門店部門」の28店があります。

また、2024年6月期の第2四半期の売上では、連結売上で前年同期比16％増、客数も前年同期比14・7％増と好調に推移しています。

物語コーポレーションの概要

株式会社物語コーポレーション

●本社	愛知県豊橋市西岩田5-7-11
●設立	1969年9月
●資本金	28億円(2023年6月30日)
●グループ店舗数	国内：671店(直営428店／FC243店) 海外：23店(2024年1月31日)
●従業員数	社員：単体1,401名／連結1,581名 国内時間制従業員：26,217名(2023年6月30日)

業態ブランド一覧

焼肉部門
焼肉きんぐ
ラーメン部門
丸源ラーメン、二代目丸源、熟成醤油ラーメン きゃべとん
お好み焼部門
お好み焼本舗
ゆず庵部門
寿司・しゃぶしゃぶ ゆず庵

焼きたてのかるび部門
焼きたてのかるび
専門店・新業態部門
魚貝三昧 げん屋
しゃぶとかに 源氏総本店
牛たん大好き 焼肉はっぴぃ、熟成焼肉 肉源
濃厚中華そば 餃子 丸福、果実屋珈琲

Section

3-18 モスフードサービス

1972年創業のモスフードサービスは、オープン当初から商品を作り置きせず、注文を受けてから作るアフターオーダー方式を導入したり、味噌や醤油、お米など日本の食文化を取り入れたユニークなハンバーガーを次々と開発するなど、日本型ハンバーガーチェーンとして、マグドナルドに対抗してきました。

いち早く全都道府県に出店

モスバーガーは1972年、東京成増に1号店をオープンし、同年に会社を設立しました。翌年にはFC1号店を名古屋市内にオープンしています。以後、79年に100店舗目をオープンし、86年には外食業で初めて全47都道府県への出店を達成し、同年には500店舗になりました。

88年には東証二部に上場し、同年には牛丼チェーンの「なか卯」に資本参加しています。その後、2002年に「なか卯」の株式をニチメンに譲渡しました。

91年に1000店舗を達成し、96年から東証一部に上場しました。

赤モスから緑モスへ

同社は2004年2月に、ファストカジュアル業態「**緑モス**」の1号店を東京新橋にオープンしました。

緑モスとは、店頭看板の地色が緑であることからきた呼称で、この色は同社が志向する「安全、安心、環境」を表現しています。ファストカジュアルとは、ファストフードおよびカジュアルレストランの双方の利点を活かした業態で、「レストラン並みの高品質の商品やサービスを、ゆったりと落ち着いた快適な空間で提供しつつ、ファストフードのように手軽に利用でき、持ち帰りもできる店舗」です。緑モス限定の高級感のあるメニューの提供も始まりました。

Point

モスバーガーの由来　モスバーガーのMOSは、Mountain(山)、Ocean(海)、Sun(太陽)の頭文字をとったもの。「山のように気高く堂々と」「海のように深く広い心で」「太陽のように燃え尽きることのない情熱を持って」という意味が込められている。

■Challenge & Support

同社グループでは、2022年度を初年度とする3か年の中期経営計画に取り組んでいます。計画の指針となる中長期ビジョンでは、「世界が注目する外食のアジアオンリーワン企業へ」を掲げ、「Challenge & Support」をスローガンとしています。

具体的には、国内モスバーガー事業において積極的な投資を継続して収益力の向上を図るほか、モスグループの多種多様なビジネスを支えていくためのグローカル（グローバル＋ローカル）な事業プラットフォームを構築し、既存事業の収益力向上、新事業展開、M&A・アライアンスによる事業拡大を実現するため、グループ経営体制の整備を進めていく計画になっています。

具体的な数値目標としては、計画の最終年度の2024年度の連結財務数値として、売上高1000億円、営業利益50億円、親会社株主に帰属する当期純利益35億円、営業利益率5.0%、ROE 6.6%としています。さらに、全社横断のテーマとして、「デジタル活用で推進するCX（お客様の体験価値）とEX（社員や店舗スタッフの働きがい）」、「SDGs（持続可能な開発目標）の推進」、「人材育成」を掲げています。

モスフードサービスの概要

株式会社モスフードサービス

●本社	東京都品川区大崎2-1-1 ThinkPark Tower 4階
●設立	1972年 7月
●資本金	114億1284万円(2023年3月末)
●グループ店舗数	1,787店(2024年1月31日)
●従業員数	1,399人(2023年3月末)

モスフードサービスの事業展開

国内モスバーガー事業

- ●MOS BURGER(モスバーガー)
- ●モスバーガー&カフェ
- ●(株)モスストアカンパニー

海外事業

- ●海外モスバーガー

※台湾、シンガポール、香港など9つの地域や国で展開

その他飲食事業

●Mother Leaf(マザーリーフ) ●Mother Leaf Tea Style(マザーリーフティースタイル)
●カフェ 山と海と太陽 ●MOSDO!(モスド) ●MOS PREMIUM(モスプレミアム)
●mia cucina(ミアクッチーナ) ●chef's V(シェフズブイ) ●あえん

Section

3-19 ワタミ

1984年の創業時は、居酒屋「つぼ八」のフランチャイジーであったワタミは、92年からフランチャイズ契約を解除し、「つぼ八」から居食屋「和民」に順次変更しました。その後、外食事業においてはいろいろな業態を開発。コロナ禍の2020年からは新しい生活様式下での外食ニーズの変化に対応し、焼肉事業を主幹事業と位置付けています。

■外食・宅食・農業・環境

現在、**ワタミグループ**を形成しているのは、外食事業のほか、2008年から本格的に展開を始めた宅食事業です。さらに、農業、生ごみの堆肥化、風力発電による電力小売事業といった環境事業にも取り組んでいます。

コロナ禍の20年度からは、外食事業の中でも特に中食需要の高いから揚げの2業態を対象に、自社のデリバリー戦略として「**ワタミデリバリー**」の事業を始めています。さらに、宅食事業でもミールキットの商品を開始。これまで同社の主幹事業だった居酒屋業態から焼肉業態への転換を進め、21年12月からは寿司事業にも参入しています。

■駅前立地を活かした業態転換

「**焼肉の和民**」では、特急レーンや配膳ロボットによって客との対面・接触サービスをそれまでの居酒屋業態と比較して80％削減したり、約3分に1回の店内換気を実現する中で、高品質なオリジナルブランドの和牛を提供しています。

また、インバウンドの復調から、外国人に人気の居酒屋業態の復活も見られます。同社の「ミライザカ」「三代目鳥メロ」などの居酒屋業態の回復のほか、次世代総合居酒屋の新ブランドとして「和民のこだわりのれん街」をオープンさせています。居食屋「和民」に加え、グループの7業態の看板メニューを提供する新しい居酒屋となっています。

Point

ワタミの風力発電「風民」 秋田県にかほ市で2012年4月から固定価格買取制度を利用して稼働している、ワタミの風力発電所で、1日最大で48,000kWhの発電を行っている。現在、「風民」で発電された再生可能エネルギーの環境価値は、ワタミグループ本社などでも活用されている。

ワタミの6次産業化

同社ではサステナブルな取り組みとして、02年から有機農業に参入。23年10月時点で全国7か所に「**ワタミファーム**」を展開し、管理面積532ヘクタール（およそ東京ドーム115個分）の広さで、国内最大規模の有機農業に取り組んでいます。

先に紹介した「和民のこだわりのれん街」でも、ワタミファームで栽培した有機野菜を使ったメニューの提供を始め、SDGsを意識した取り組みをアピールしています。

ファームでとれた有機野菜（1次産業）を、ワタミ手づくり厨房で加工（2次産業）し、ワタミグループの外食事業や宅食事業（3次産業）を通じて、全国の顧客に提供する——というモデルを実現しています。

さらに、持続可能な循環型社会の構築を目指し、環境負荷を軽減するための取り組みや、秋田県にかほ市にある風車発電施設「風民《ふーみん》」で発電した再生可能エネルギー電気を店舗の使用電力とする事業にも取り組んでいます。

このようなワタミ独自の、一貫性のある統合された「6次産業モデル」が、ワタミグループの事業を持続させ、さらに新しい事業領域への可能性を広げています。

ワタミの概要

ワタミ株式会社

●本社　東京都大田区羽田一丁目1番3号

●設立　1986年5月　●資本金　49億1000万円

●店舗数　国内外食206店／海外57店／宅食事業523営業所（2024年1月）

●従業員　1,633名（グループ計、2023年7月1日）

●ワタミの6次産業モデル

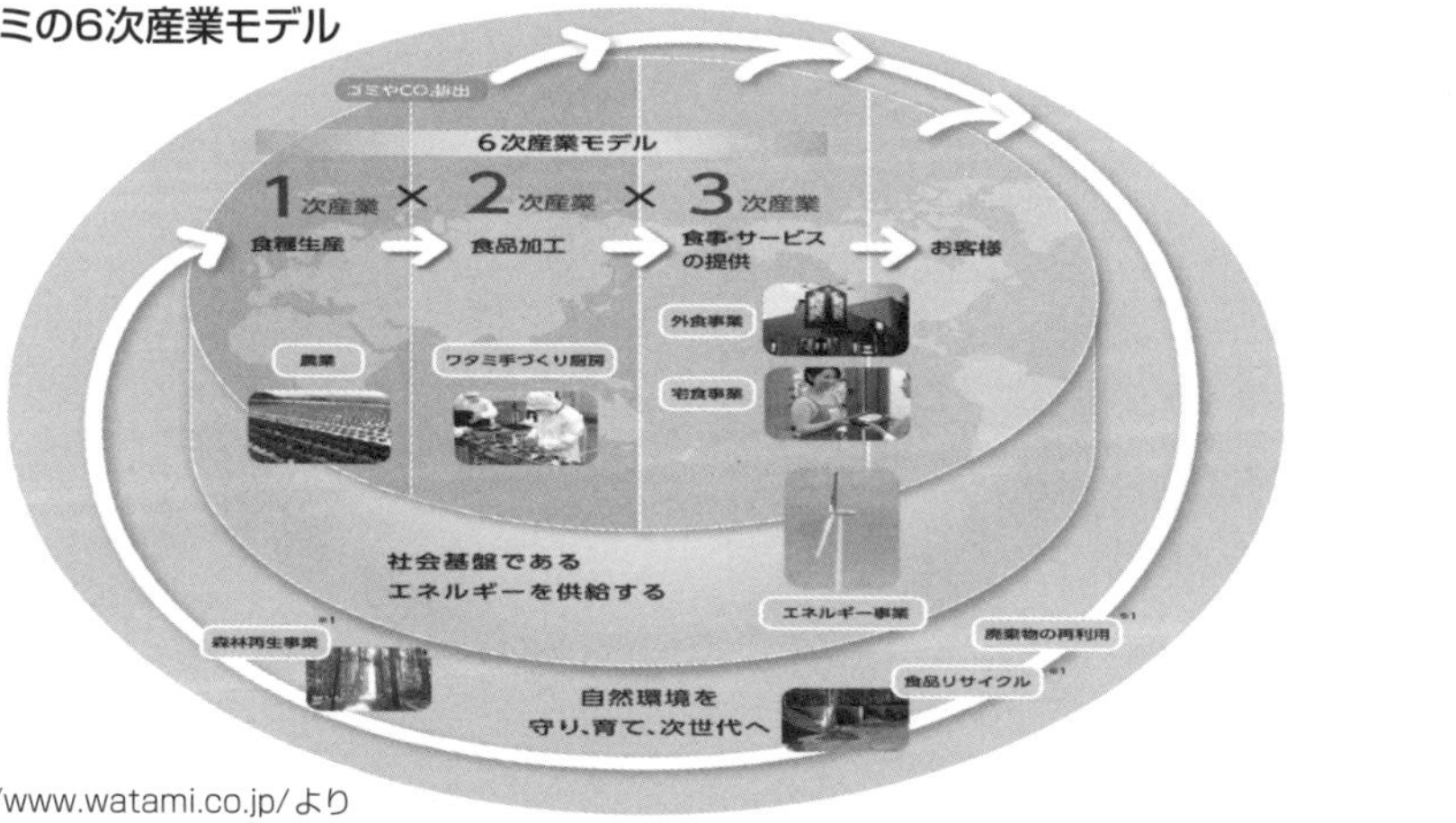

出典：
https://www.watami.co.jp/より

Section
3-20 外食・中食の上場企業

東証（東京証券取引所）の市場区分は、これまで市場第一部（東証一部）、市場第二部（東証二部）、マザーズ、ジャスダック（スタンダードおよびグロース）に分かれていましたが、2022年4月より、プライム市場、スタンダード市場、グロース市場の3市場に区分変更が行われ、株式を上場している外食・中食企業も規模に合わせて区分変更されています。

プライム市場とスタンダード市場

東証の最上位の**プライム市場**は、「グローバルな投資家との建設的な対話を中心に据えた企業向けの市場」とされ、プライム市場の上場基準としては、株主数800人以上、流通株式数2万単位以上、流通時価総額100億円以上、最近1年間の利益合計が25億円以上などの基準が設けられています。

一方の**スタンダード市場**は、「公開された市場における投資対象として十分な流動性とガバナンス水準を備えた企業向けの市場」で、上場基準では株主数400人以上、流通株式数2000単位以上、流通時価総額10億円以上、最近1年間の利益が1億円以上などの基準が設けられています。

ベンチャー企業のグロース市場

グロース市場は、新市場区分のうち、比較的規模の小さいベンチャー企業などが参加する市場で、「高い成長可能性を有する企業向けの市場」とされています。グロース市場の上場基準には、株主数150人以上、流通株式数1000単位以上、流通時価総額5億円以上などの基準が設けられています。グロース市場の飲食店銘柄としては、「バッドロケーション戦略」で人気店を生み続けてきた**バルニバービ**や、オイスターバーを運営する**ゼネラル・オイスター**、名古屋地盤の飲食店で焼酎居酒屋が主力の**ジェイグループホールディングス**、鶏料理居酒屋「てけてけ」が主力の**ユナイテッド&コレクティブ**があります。

Term

IPO企業　IPOは「Initial Public Offering」の頭文字をとったもので、新規株式公開、株式上場の意味。企業はIPOによって株式市場に自社株式を流通させ、広く資本参加を求めることができる。所有と経営の分離が明確化されると共に、金融商品取引法の規制のもとに株式の投資判断のための情報開示が求められる。

■外食のIPO（新規株式公開）企業*

リーマンショック以降、減少していた外食企業の新規株式公開（IPO）が復調してきました。

前記したプライム／スタンダード／グロースのような一般市場は、個人でも法人でも、誰もが投資家として自由に市場に参加して株の売買を行えますが、TOKYO PRO Marketは、2009年、東証に開設されたプロ向けの株式市場で、「TPM」または「プロマーケット」とも呼ばれています。

2024年3月現在、TOKYO PRO Marketに上場している企業数は約100社であり、外食企業では、沖縄県を中心に高級ステーキ店「**碧**《へき》」などを展開している株式会社碧、炭火居酒屋「炎」や食品製造工場などの運営を行う株式会社伸和ホールディングスがあります。

また、地方のレストランチェーンでは、九州地区を中心に約800店を展開している大手ファミリーレストランの**ジョイフル**は福岡証券取引所に、中部地盤の中華料理チェーンの**JBイレブン**は名証（名古屋証券取引所）メイン市場に、同じく名古屋にオフィスがある飲食店運営の**ゼットン**は名証ネクスト市場に登録しています。

市場再編後の市場区分

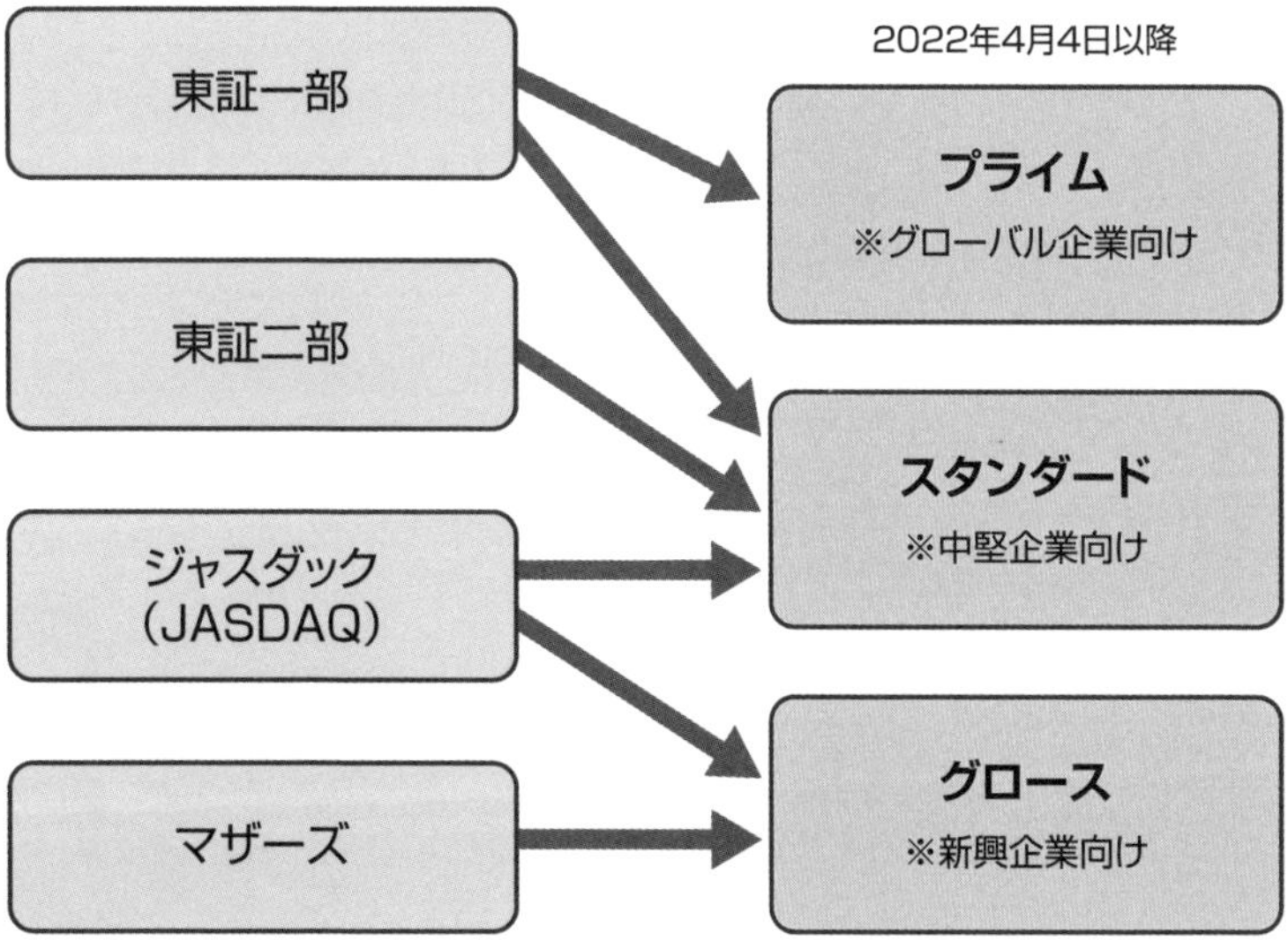

Point **プロマーケットの上場基準**　TOKYO PRO Marketには、売上や利益の額、株主数、流通時価総額といった形式基準（数値基準）はなく、「本当に上場にふさわしい会社か？」といった実質基準（＝上場適格性要件）を満たす必要がある。実質基準には「市場の評価を害さないか」など5つの要素があり、専門機関が確認・判断する。

Column

インボイスと外食店の対応

インボイス（適格請求書等保存方式）は、消費税の仕入れ税額控除の新しい方式として、2023年10月から導入された制度です。基準期間における課税売上高が1000万円を超える事業者は、その対応が必要になりました。適格請求書等保存方式とは、現行の請求書に登録番号や適用税率、消費税額などが記載されている「適格請求書」、つまりインボイスを交付し、保存する制度です。

飲食店の場合、肉や魚、米、野菜、調味料など原材料の仕入れでは、「売り手」に原材料費を支払います。このとき、売り手は請求書を交付しますが、従来は仕入れの事実がわかる請求書や帳簿があれば、買い手は仕入れ税額控除を受けることができました。しかし、インボイス制度の導入後は、買い手がインボイスを保存しておくことで仕入れ税額控除を受けられるようになり、売り手は買い手からインボイスの交付を求められた場合にはインボイスを交付しなければなりません。

飲食店は、消費税を含んだ金額で値段を決め、預かった消費税をまとめて納税しますが、仕入れ税額控除が受けられれば、料理で使用した原材料費に含まれている消費税を差し引いて納税することができます。

ところが、仕入れ税額控除を受けられなくなると、買い手は消費税を余計に支払うことになってしまうため、インボイスを交付してくれる仕入れ先を選ぼうとします。

また逆に、接待で店を使ってくれたり、大量に弁当などを買ってくれた法人客なども、飲食店からインボイスを交付してもらえば仕入れ控除を受けられるため、店を選ぶ際に、インボイス交付が可能な登録業者を優先することも考えられてきます。そのため、課税売上額1000万円未満の免税事業者でも、これまでの顧客から選ばれなくなるリスクがあることから、課税事業者へ移行するための登録申請をする者が急増したとされています。

東京商工リサーチの調査では、当初の申請期限だった2023年3月末までに登録申請を行った事業者は累計268万件に達し、そのうち法人の登録率は97.1%で、個人事業主の登録率は43.2%にとどまっていましたが、課税売上高1000万円以下の免税事業者でも、インボイス制度導入を機に課税事業者へ移行する動きが進みました。

また、登録申請期限が23年9月末まで延長され、小規模事業者への負担軽減措置も実施されたことから、申請が急増したとされています。

接待利用が多い飲食店は、免税事業者でも登録が進んでいます。

第4章

外食・中食と農畜水産業

国内の農畜水産業にとって外食・中食業界は大きな需要先であり、その動向は国内の第1次産業全体に大きな影響を与えています。

国でも、「食料・農業・農村白書」の中で、「国産農産物の消費拡大の促進施策」として、消費者と食・農とのつながりの深化のため、生産者等と中食・外食・加工業者等のマッチングおよび新商品開発・プロモーションの支援を通じて、米や砂糖の需要拡大の推進を図ることを目標に掲げています。

従来、外食・中食企業と農畜水産業者とは食材の仕入れのみでつながっていましたが、これからは地域ブランドをマーケティングに活用するなど、多面的な連携が盛んになっていくと考えられます。

Section

4-1 経営環境の変化と社会的役割

外食・中食業界では、人件費や原材料調達コストの上昇、業態のボーダーレス化による競合の激化、消費者の外食費に対する節約志向など、経営環境が大きく変化しています。その一方で、地域資源である食材の利用を通して地域経済の活性化への期待が寄せられるなど、新たな社会的役割も明確になってきました。

これまでの役割

外食・中食業界は年々その姿を変えながら消費者のニーズに機敏に対応してきました。1970年にファミリーレストランができるまで、一般的に外食の機会は特別な日の**ハレの食事**＊に限られました。その後、ファストフード店などが開業し、食の簡便化のための利用が増えてきました。それまで和食が主だった日本人の食事の中に洋食を中心とする新しい生活様式をもたらしたのも、外食の役割の1つでした。今日では食の高級化と低価格化に二分される傾向が見られ、高級レストランなどが引き続き非日常的な空間やサービスを提供する一方、ファミリーレストランやファストフード店は日常的な食の機会を提供しています。

食品関連産業との関わり

今日では、食を通じた健康と安全の啓蒙《けいもう》、家庭や地域の食育などの提供、食品ロスに対する取り組みなどで、他の食品関連産業や流通業などとの関わりも深くなってきました。特に農畜水産業とは、トレーサビリティでのつながりのほか、地域資源でもある旬の食材や安全で健康に役立つ食材の情報提供などでのつながりがあり、流通業とは品質・鮮度維持のための物流技術の向上などで、また関連設備・機器産業とは調理の省力化や安全性の向上などの取り組みでつながりがあります。観光・文化産業との関連では、地域資源の活用を通して、地域の食文化の継承やより付加価値の高い地域密着型のサービスを提供しています。

Term

ハレの食事　ハレとケとは、民俗学の柳田國男氏によって見いだされた、日本人の伝統的な世界観の1つで、ハレ（晴れ、霽れ）は儀礼や祭、年中行事などの「非日常」、ケ（褻）は普段の生活とされる。ハレの日には節句や冠婚葬祭などが含まれ、季節の料理を家族で味わう風習がある。

多様化する食関連産業とのつながり

トレーサビリティはもともと製造業の概念で、部品の製番管理・追番管理（号機管理）などを生産管理に取り入れてきました。この概念が農畜水産業に浸透してきたのは、2000年代初頭に起きたBSE（牛海綿状脳症）問題のときで、以後、食品業界にもトレーサビリティシステムの導入が進み、外食・中食業界にも波及しています。

食の安全性が叫ばれるようになり、産地表示や原材料表示、アレルギー表示は当たり前になりました。原材料の安全面での品質に対する制度は年々厳しさを増しています。資源に乏しい日本では、食材の多くを海外からの輸入に頼っており、海外からの原材料の供給から流通、調理、販売、消費者、そして近年は廃棄までの一連のグローバルなサプライチェーンの「見える化」が求められ、そのサプライチェーンに組み込まれたトレーサビリティにもグローバル化への対応が求められています。輸入食材に限らず、近年は国内産の**米のトレーサビリティ**＊も制度化されています。

インターネットの普及により、食を切り口とした新しいコミュニティが生まれ、生産者も参加できるようになり、お互いの業界での新しいセールスプロモーションにも役立つようになってきました。

米のトレーサビリティの概念

・業者間の取引等の記録の作成・保存が義務付けられている（2010年10月1日～）。
・産地情報の伝達が義務付けられている（2011年7月1日～）。

出典：農水省ホームページより

米のトレーサビリティ　米や米加工品に問題が発生した際に流通ルートを速やかに特定するため、生産から販売・提供までの各段階を通じ、取引等の記録の作成・保存を義務付けると共に、米の産地情報を取引先や消費者に伝達することが目的になっている。

Section

4-2 外食産業と国内農林水産業

2022年度の「食料・農業・農村白書」の中で、「国産農産物の消費拡大の促進」として、外食・中食業者を含めた食品関連事業者と生産者団体、国が一体となって、食品関連事業者等における国産農産物の利用促進の取り組みなどを後押しする——といった、国産農産物の消費拡大に向けた取り組みについて触れています。

■和食文化の保護・継承

さらに白書では、消費者と生産者の結び付きを強化し、日本の「食」と「農林漁業」についてのすばらしい価値を国内外にアピールすると共に、地域の生産者等と協働し、日本産食材の利用拡大や日本食文化の海外への普及などにも取り組むとしています。特に米については生産者と実需者のマッチング支援を通じて、中食・外食向けの米の安定取引の推進を図り、消費拡大の取り組みの充実を目指しています。米の消費拡大と共に、地域固有の多様な食文化を地域で保護・継承していくため、各地域が選定した伝統的な食品の調査・データベース化や普及等を行う取り組みについても触れています。

■スマートミール®の推進

白書ではこのほか、中食・外食事業者におけるスマートミールの導入を推進すると共に、ブランド野菜・畜産物等の地場産食材の活用促進を図るとしています。

スマートミール®*（略称**スマミル**）は、健康に資する要素を含む栄養バランスのとれた食事の通称です。厚労省ではスマートミールの基準として、「生活習慣病予防その他の健康増進を目的として提供する食事の目安」を2015年から基本として示しています。また、外食・中食および事業所給食の事業者に対しては、スマートミールを継続的に、また健康的な空間で提供している店舗や事業所を認証する制度も設けています。

Term
スマートミール®　スマートミールとは、健康に資する栄養バランスのとれた食事、および「健康な食事」に関する認証制度の通称で、認証は「健康な食事・食環境」コンソーシアムに参加する団体で行っている。

外食・中食市場での食材率

外食・中食業界における国内産農畜水産物の仕入れの実態などについては、詳細な資料がないため、日本フードサービス協会が毎年公表している外食産業の市場規模の数字と、農林水産省が公表してきた外食産業における原材料需要構造の調査結果（2008年までのもの）を用いて推計しています。コロナ禍前とあとでも、食材費の仕入れ構造などにはあまり変化はないため、これまでの経験値から国内の外食産業と農林水産業との関係について推測することができます。

日本フードサービス協会によると、2022年の外食産業の市場規模は27兆4828億円と推計されます。これに、これまでの傾向として、外食産業の食材比率（売上高に占める食材仕入れ額の割合）を用いて、外食産業全体の食材仕入れ総額を推計できます。食材の仕入れ比率は一般的におよそ30～35%くらいといわれ、同年の外食産業全体の食材仕入れ額は、8兆～9兆円の規模になります。さらに、前記した外食産業の原材料需要構造の調査によれば、仕入れの品目別構成比では「米・その加工品」が9・1%、「野菜・その加工品」が11・7%、「畜産物・その加工品」が21・4%、「水産物・その加工品」が22・6%になっています。

米の消費における中食・外食の占める割合

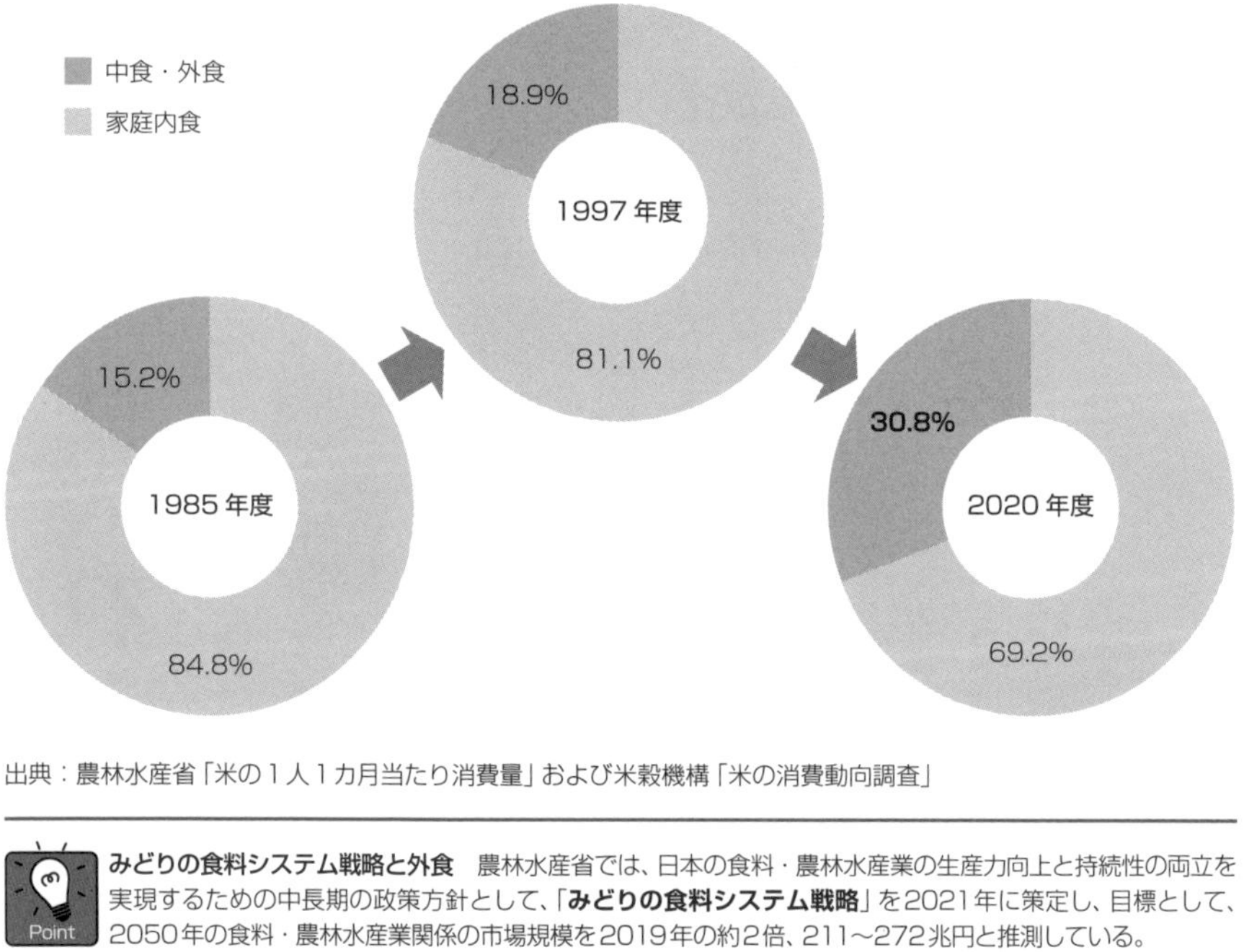

出典：農林水産省「米の1人1カ月当たり消費量」および米穀機構「米の消費動向調査」

Point **みどりの食料システム戦略と外食**　農林水産省では、日本の食料・農林水産業の生産力向上と持続性の両立を実現するための中長期の政策方針として、「**みどりの食料システム戦略**」を2021年に策定し、目標として、2050年の食料・農林水産業関係の市場規模を2019年の約2倍、211～272兆円と推測している。

Section

4-3 増えつつある農産物の直接仕入れ

全国農業協同組合連合会（JA全農）では、2017年より、農家から集めた米を外食・中食チェーンなどに直接販売する割合を増やしています。卸売業者を通さないため流通経費が減り、農家の収入増加につながっていくとして、引き続き拡大の方向にあります。

全農改革の一環として

これまで全農では、全国の農協や生産者からコメを集荷し、卸売業者のほか、外食チェーンや、スーパーなど小売店、食品メーカーなど加工業者に販売していました。

年間の取扱量は約200万トンで、2016年の時点で約4割だった直接販売を2017年からは5割に拡大し、さらに2024年までには9割に増やす計画です。

これは政府・与党からの要請を踏まえた「**全農改革**」の一環として行われるもので、農家の収入を増やすことを目的としています。このほか、青果物についても段階的に直接販売を増やしつつあります。

野菜の産地拡大に向けて

全農では、コメの販売について外食チェーンのほか小売店などへの直販を増やし、青果物でも食品加工業者などへの販売を強化。その一方で、コメ卸大手とも業務提携し、ニーズに合った生産や効率的な出荷体制につなげたとしています。米の生産では、全国各地で新しいブランドの米づくりが進み、食味がよくて値頃感もある、いわゆる業務用の多収米が品不足になるという事態にもなっています。そのため、作る側と仕入れる側の米に関する認識のズレをなくす必要性が叫ばれ、連携強化の動きが始まっています。さらに、外食・中食チェーンなどが使う業務用野菜の国内産地との連携の動きも広がっています。

Term
フードバリューチェーン　農林水産品・食品に関連する、生産から消費までの流通工程において発生する付加価値のつながり。農林水産業における資材調達から農業生産の現場、収穫後の市場流通、食品メーカーによる加工・保管、食品卸による商流・金流・物流、小売や外食、ECを通じた販売までが主な対象となる。

■フードバリューチェーンの構築

フードバリューチェーン＊は、農畜水産品と食品に関連する、生産から消費までの流通工程において発生する付加価値のつながりを意味します。農畜水産業における資材調達から生産の現場、収穫後の市場流通、食品メーカーにおける加工・調理、食品卸による商流・金流・物流、そして小売や外食、ECを通じた販売までの流れをいいます。

前記したJA全農でも2022～24年の中期経営計画の中で、持続可能な農業と食の提供のために「なくてはならない全農」という理念のもとで、**マーケットイン**＊を起点とした、JAグループとしての「食農バリューチェーンの構築」を掲げています。マーケットインはもともとマーケティング用語で、「製造業が消費者の要望・ニーズを理解して商品を開発し、消費者が求めているものを求めているだけ市場に出す」という意味です。JA全農では、農産物の生産と出荷においても同様の考え方をすべきだと考え、消費者ニーズの多様化に対応し、国産農畜産物の消費拡大を図るために、外食・中食業界などの他企業との連携による、国産原材料を使用した魅力ある商品開発に努めるとしています。

フードバリューチェーンの構築

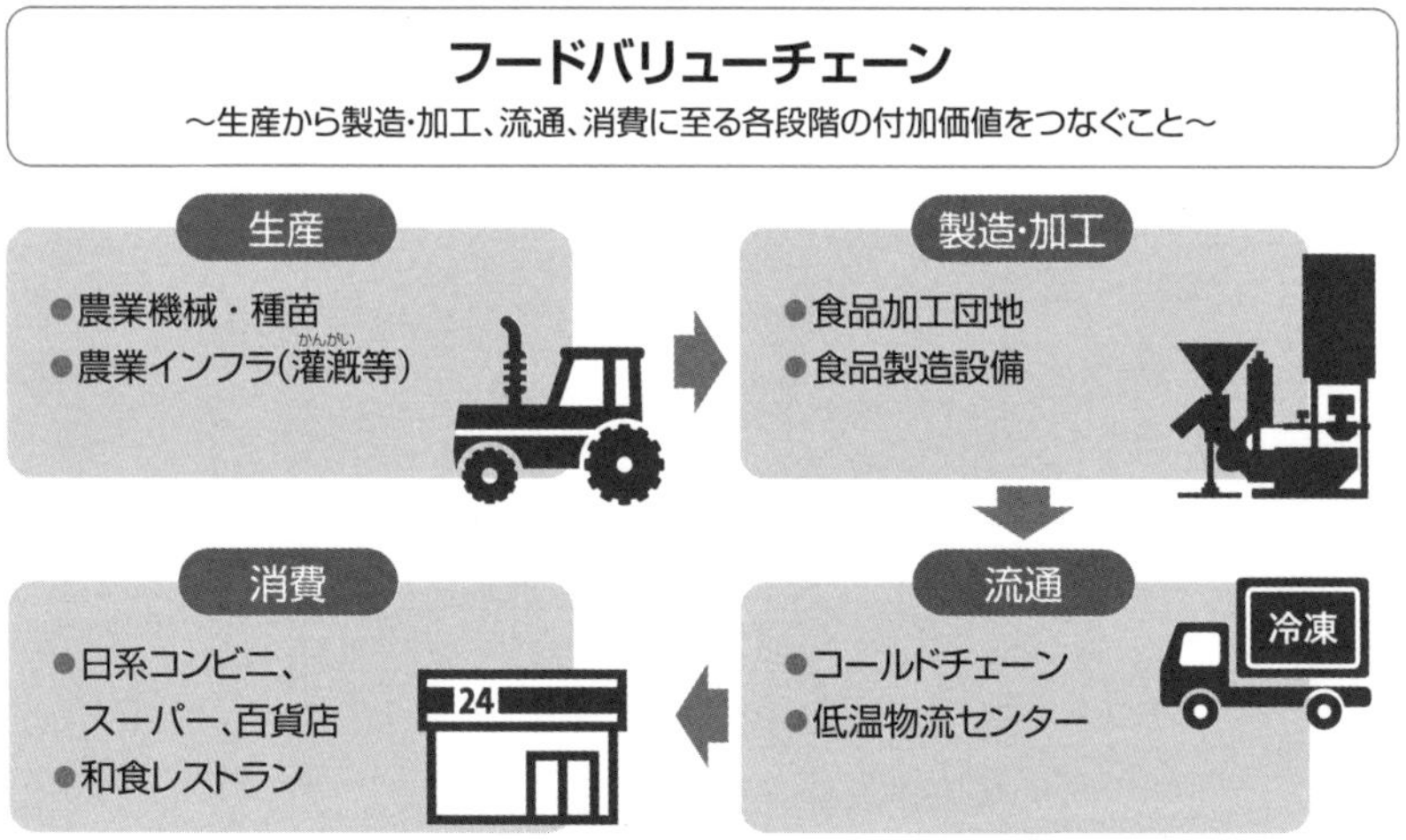

出典：グローバル・フードバリューチェーン戦略検討会資料より

Term

マーケットイン　製造業やサービス業、農畜水産業などの事業者が商品の開発や生産、販売活動を行う上で、消費者の要望・ニーズを理解して商品を開発し、消費者が求めているものを求めているだけ市場に出すこと。「売れるものだけを作って提供する方法」とも表現される。

Section

4-4 農業の6次産業化と外食事業

「6次産業化」は今村奈良臣《ならおみ》・東京大学名誉教授が提唱した農業論であり、「1次産業×2次産業×3次産業＝6次産業」という形で、農林漁業者が製造業やサービス産業と連携していくことの必要性を説いています。近年は「3次産業の外食・中食企業が1次や2次に参入する」という新しい形の6次産業化の動きも出てきています。

6次産業化の基本課題

農業の**6次産業化**を推進し、成果を上げ、成功への道を切り拓いていくための基本課題として、今村氏は5つの項目を挙げています。

1つ目の課題は、消費者に喜ばれ愛されるものを供給することを通して、販路を着実に広げつつ、農山漁村地域の所得と雇用の場を増やし、農山漁村の活力を取り戻すことです。

2つ目は、様々な農畜産物（水産物も含む、以下同じ）を加工し、販売するにあたり、安全・安心・健康・新鮮・個性などをキーワードとし、消費者に信頼される食材を供給することです。

都市と農村の交流事業など

さらに3つ目の課題として、企業性を追求し、収益ならびに所得の確保を図ることを掲げています。

4つ目は、6次産業化を新たなビジネスの追求のみに終わらせるのではなく、美しい農村景観の創造などに努めつつ、都市住民の農村へのアクセスの道、新しい時代のグリーン・ツーリズムの道を切り拓くよう努めることです。そして最後の5つ目としては、農業・農村の持つ教育力に着目し、農産物や加工食料品の販売を通し、都市と農村の交流を図り、ムラの命を、都市住民、とりわけ次代を担う若い世代に吹き込み、新しい姿を創り上げることを掲げています。

Point

6次産業化サポートセンター事業　6次産業化支援を目的に、中央・都道府県レベルに6次産業化サポートセンターが設置され、6次産業化に取り組む農林漁業者などの相談に対する助言や経営改善の取り組みへの支援を実施している。

消費者に直接販売

そんな中で取り組まれているのが、次のような事業の形態です。

①消費者に対して農産品を直接販売する業態
②農産品を加工して販売する業態
③農家レストランで、自ら作った農産物を使った料理を提供する業態
④農家が運営する宿（農家民泊）や田舎暮らし体験の業態
⑤観光農園、農業体験の業態
⑥果樹（例えば柿の木、ミカンの木）などのオーナー制度、貸し農園の業態
⑦農産物や加工品を海外へ輸出する業態

これらの中で、外食企業と連携しているのは①の直接販売で、農産物のブランドをメニューで表現したり、マーケティングに活かしたり、あるいは③のように、バッティングし合いながらも、消費者に対して直接訴求しつつ、ブランド力を高め、相乗効果を発揮したりしています。

3次産業である外食・中食企業の側も、消費者の健康志向への対応や競合との差別化を図るため、自ら6次産業化して農業や加工・流通業に参入し、良質の食材を確保しようとする動きも出ています（4－6節参照）。

農業の6次産業化の概念図

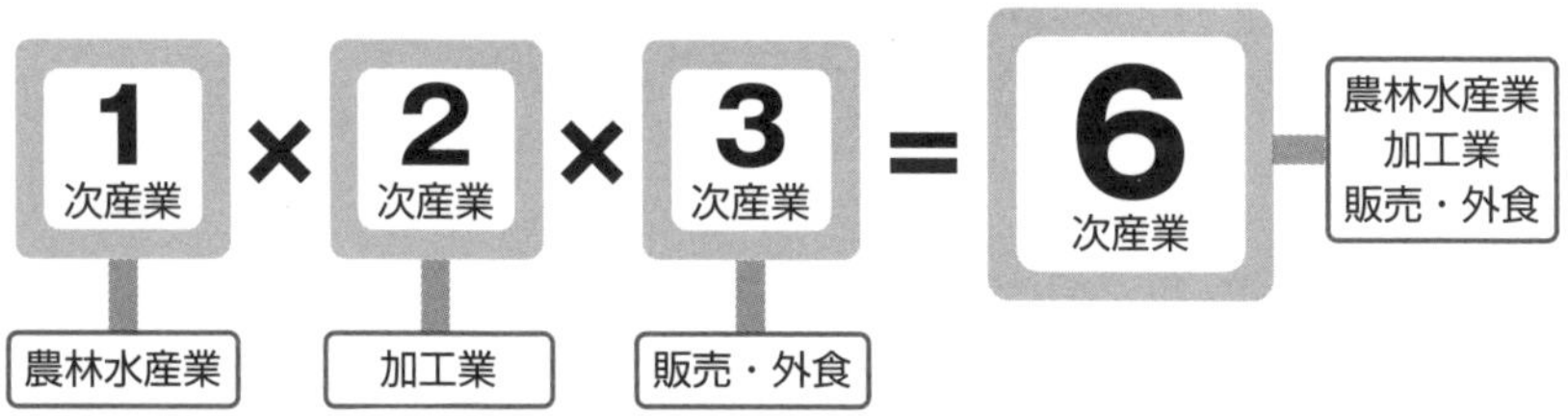

Point **食料産業・6次産業化交付金**　6次産業化の推進にあたり、国や都道府県では、新商品開発、販路開拓等への補助金や、新たな加工・販売等に取り組む場合に必要な施設整備への補助金などの制度を設けている。

Section
4-5 外食と漁業の新しい関係

6次産業化の取り組みは農業に限らず、漁業でも積極的に行われつつあります。日本は四方を海に囲まれた島国で、漁業が盛んな都道府県も多く、また和食ブームで魚類の消費量も増えており、外食産業と漁業者の関係にも新しい動きが出ています。

■増加する漁業生産関連事業

2019年の全国の漁業生産関連事業による年間総販売金額は2178億円で、前年と比較すると2.7%の増加になっています。ただし、この統計には漁家《ぎょか》民宿やレストランの売上は含まれず、そのほとんどが水産物加工と水産物直売所の売上となっています。農業と同じく、加工・直売・宿泊の複合展開を行っているケースも多くあります。

もともと、日本の民宿は漁村などでの夏場の海水浴シーズンから始まったもので、海辺のレストランも海の家から転換したところが少なくないなど、近年は海洋レジャーの発展と共に新しい業態として生まれ変わってきました。

■地場産食材の販路開拓から

外食・中食事業者においては、インバウンドの旅行者需要の取り込みや付加価値向上、店舗・商品の差別化のため、地域の食文化を背景とした地場産食材の活用に関心が高まってきています。

また、農林漁業者等の生産者サイドにおいても、地場産食材のブランド化・高付加価値化取引のため、直接販売等による効率的な取引や、地場産食材の販売先の開拓が求められ、そこに新しい関係が生まれつつあります。外食・中食事業者等の参加による地場産食材の生産現場の視察や生産者との懇談・マッチングの機会なども、活発に設けられるようになってきました。

Point
水産業の6次産業化事例　青森県八戸市の食品加工会社と漁協では、地元八戸前浜産のサバを活かした「冷凍押し寿司」の開発を行っていた。これに地元の農協が連携し、寒冷地という風土での栽培に適した米を活用した取り組みを行うことで、農漁業生産者の経営改善に貢献している。

和歌山県と「くら寿司」との連携

大手回転寿司チェーンの「**くら寿司**」と和歌山県では、２０２１年に外食・水産関連としては初となる包括連携協定を締結。漁業振興や県産品の販売促進、食育等の分野において協力を進め、相互の活動の進展と地域社会の発展に寄与することを目指しています。

漁業振興の分野では、１００％子会社の「ＫＵＲＡおさかなファーム」が、国際的基準を満たしたオーガニック水産物として日本で初めて認証を取得した「オーガニックはまち」を和歌山県内で自社養殖し、期間限定で全国のくら寿司やスーパーなどの小売店で販売するほか、養殖技術の開発において和歌山県との連携を図り、生産体制の強化につなげています。

このほかにもくら寿司では、「くらの逸品シリーズ」として、「**地魚地食**《じざかなじしょく》」と題した取り組みを行っています。全国を22のブロックに分け、各地域で水揚げされた地魚を使ったメニューを各地域内の店舗にて数量限定で販売するプロモーションも実施しています。従来、大手回転寿司チェーンにおける地魚の提供にはいろいろな課題があって困難でしたが、同社では漁業者との共存共栄を目指し、ネットワークを再構築しながら取り組んでいます。

農林漁業における6次産業化の概念

●6次産業化のパターン例

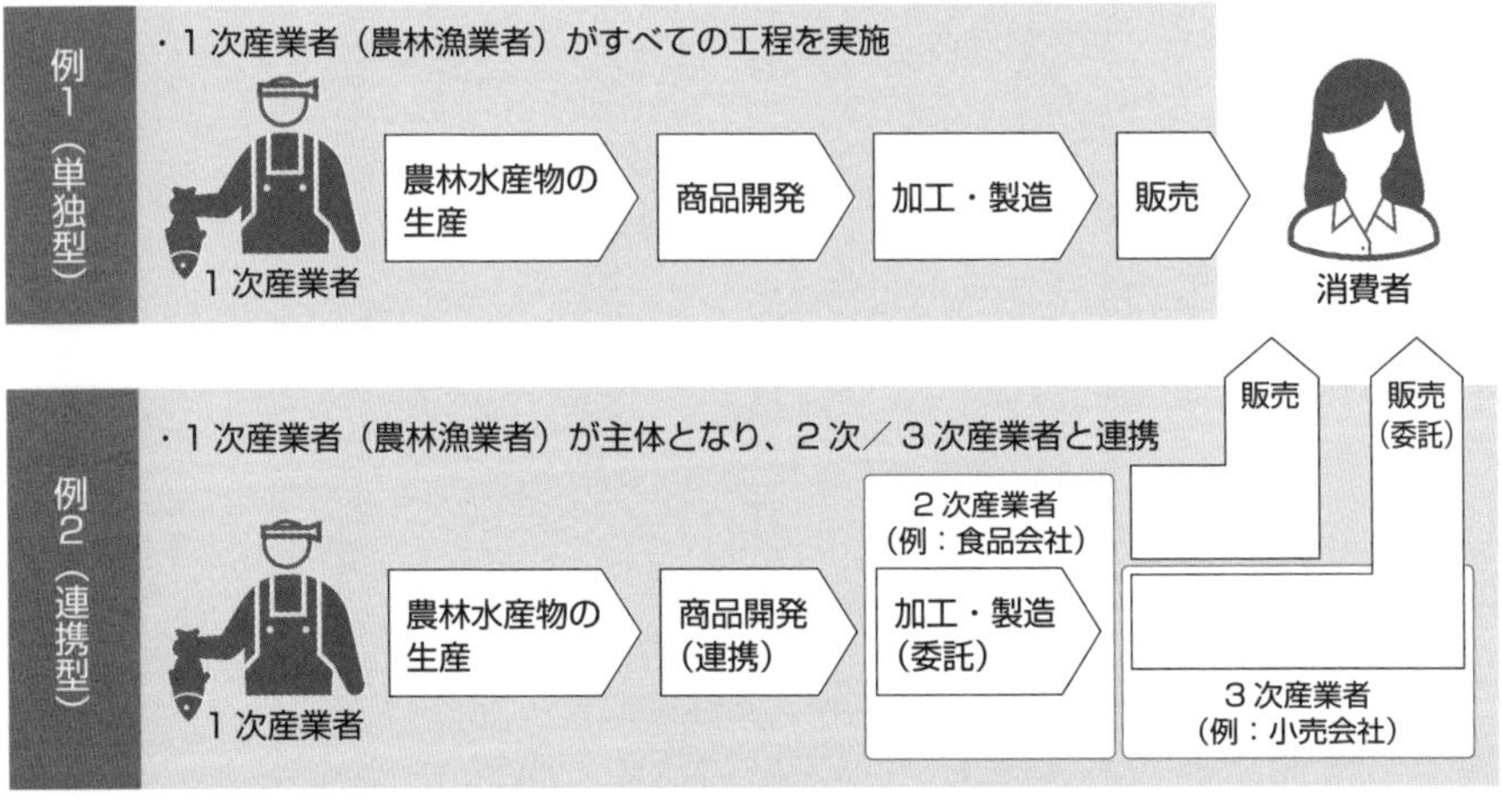

出典：石巻市6次産業化・地産地消推進センター ホームページより

Point **くら寿司天然魚プロジェクト**　大手回転寿司チェーンのくら寿司では2010年より、産地直送の新鮮な魚を寿司ネタにする天然魚プロジェクトに取り組んでいる。漁港で獲れる魚を直接買い付け、国産天然魚用の加工センターで365日、24時間体制で加工し、全国の店舗へ出荷している。

Section

4-6 外食企業の農業参入

他産業から外食への新規参入がある一方で、外食産業から異業種に参入するケースとしては、農業への参入があります。しかし、農業への参入は、利潤を追求する企業にとってはリスクが高いこともあり、資本力のある大手企業が中心にならざるを得ないのが現状です。

構造改革特別区域法*を契機に

一般法人による農業への参入には、様々な規制も多かったのですが、2003(平成15)年4月の**構造改革特別区域法**の緩和や、2009(平成21)年12月の**農地法**の改正により、貸借できる農地の制限がなくなったことから、一般法人の農業への参入が増加しました。

改正農地法の施行後には、建設業をはじめとして2000を超える法人が参入。業務形態別の参入比率では食品関連企業が22%と農業・畜産業に次いで3番目に高く、また営農作物別では野菜づくりへの参入が42%を占め、野菜を使った食品加工なども行われるようになりました。

モスバーガーの農業生産法人

モスバーガーを展開している「株式会社モスフードサービス」では、モスバーガーの各店舗で使用する生鮮野菜の安定した調達ならびに産地との協力体制強化を目指し、2017年7月に農業生産法人「株式会社モスファーム千葉」を設立し、2018年3月から本格的な作付けを開始しています。初年度はトマト約10トン、5年後には年間収穫総量35トンの生産を目指す計画です。

モスバーガーによる農業生産法人の設立はこれが全国で7例目であり、千葉県では初めての設立になります。

同社では、ハンバーガーに必要不可欠なトマトの確保と品質の強化のほか、玉ねぎの新規産地開拓を目指すとしています。

Term

構造改革特別区域法　地方公共団体の自発性を最大限に尊重した構造改革特別区域の設定を通じ、教育、物流、農業、社会福祉、研究開発等の分野における経済社会の構造改革の推進および地域の活性化を図る法律。農業では、法人による農地の取得などの規制が緩和された。

サイゼリヤが目指す製造直販

サイゼリヤは、アパレル業界で隆盛となった「ＳＰＡ＊」〈販売から製造〈開発〉までを単一の業者が行う業態〉に倣い、外食業において「製造直販業」を目指しています。

製造直販業とは、料理を直接提供する店舗を持つ企業が、自ら商品開発から食材の生産～加工～配送まで一貫して行う形態のこと。サイゼリヤでは、創業間もない頃から１０００店舗を視野に入れ、60年構想で製造直販体制を築いてきました。

サイゼリヤの主力商品であるハンバーグとドリアのために、オーストラリアのメルボルン州に自社工場を設立。〝つなぎ〟を最小限にして牛肉比率を高め、牛１００％のおいしさを追求したぜいたくなハンバーグの製造に取り組んでいます。オーストラリアであれば、新鮮で良質な、世界一安全な肉を厳選して使用できると考えています。

このオーストラリア工場が、牛１００％のリッチなハンバーグを手頃な価格で提供することを可能にしました。

サイゼリヤが目指す「製造直販業」の概要

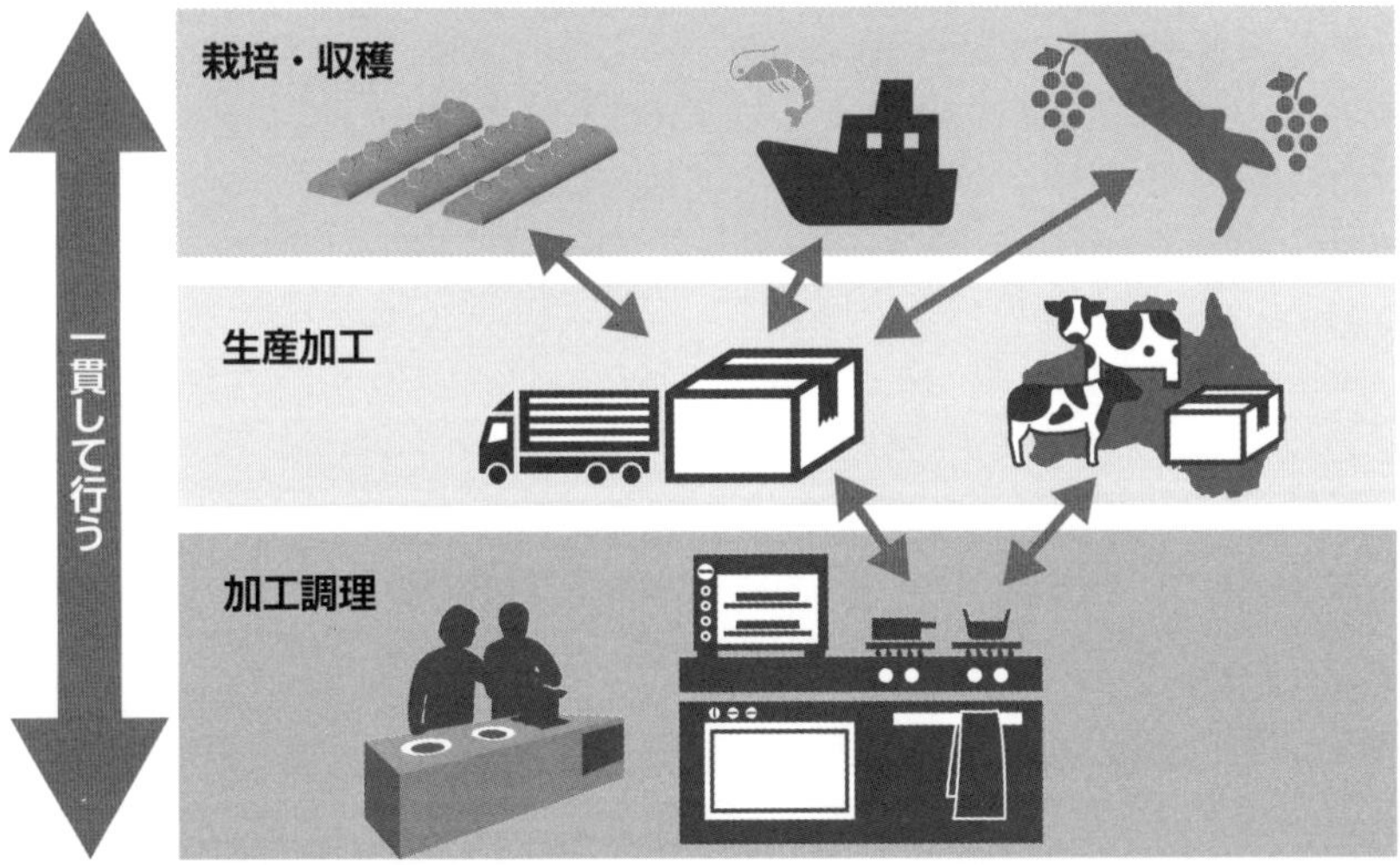

出典：サイゼリヤホームページより作成

Term

SPA　企画から製造、販売までを垂直統合させることでムダを省き、消費者ニーズに迅速に対応できるビジネスモデル。SPAは、1986年に米国衣料品大手ギャップの会長が自社の業態を"Speciality store retailer of Private label Apparel"と表現したことから、その頭文字をとった造語である。

食の安全と外食産業による農業参入

2000年代初頭、日本はデフレ経済の真っただ中でした。飲食業界に目を向ければ、ハンバーガー1つ59円、牛丼1杯280円という時代でした。消費者の「安いものを求める」という消費行動は自然で素朴ですが、天秤《てんびん》の逆側にあるのは「**食の安全**」でした。

それ以後、「食の安全」は脅かされ続けます。2000年代は牛のBSE問題から始まり、食品偽装問題、業者のモラルハザードなど、このあたりから消費者は「食の安全」を重要なメルクマールの1つと再確認するようになります。外食産業もこのような消費者・世論の声に敏感に反応していきます。「食の安全」を消費者に届けるために、大手外食産業は「農業参入」という方法をとりました。

外食産業の「農業参入」にはいくつかのメリットが考えられます。①上質な自社作物をダイレクトに提供することは、「食の安全・安心」に高い意識をもって取り組んでいるというアピールになる、②調達コストを抑えられる、③環境、農業体験・食育、企業のCSRといった社会的・文化的な取り組みが企業イメージを向上させる——などの効果が期待されます。

一般的に農業は参入障壁の高い業界だといわれています。農地取得の困難性がその大きな壁の1つです。しかしながら、2009年の農地法改正で壁が低くなり、異業種からの農業への参入が活発化しました。外食企業の中では、モスフードサービス、リンガーハット、モンテローザ、吉野家、サイゼリヤ、ラムラ、エーピーカンパニーなどが先発企業として参入しています。

その中でもワタミは特徴的な農業参入をしています。

まだ企業の農業参入が珍しかった2002年に「消費者に安全で安心できる食材を提供したい」という理念のもと、先駆的に有機・特別栽培農産物の生産・販売を始めました。この当時、有機野菜は国内野菜の0.17%しか生産されていませんでした。現在では短角牛の飼育からしいたけ・きくらげの栽培まで幅広く手がけています。

街を歩いていると、ファストフードの店先には「本日のトマトは茨城の○○さんが生産してくれました」などと書かれた黒板があり、お店に入るとその方の顔写真まであったりします。居酒屋に入っても同様の試みが見られます。心がホッとするような、柔らかなトレーサビリティが増えてきたように感じます。消費者の「食の安全」への不安を手当てするために外食産業が「農業参入」することは、大変価値のある試みになっています。

第5章

外食・中食業界の経営手法

農林水産省の「新事業・食品産業部外食・食文化課」が2023年11月に公表した「外食・食文化・食品ロスをめぐる事情」の中で、現在の日本の外食・中食業界について、いまだ個人経営が総事業所数の6割程度を占め、資本金の額でも1000万円未満が7割以上を占めるなど、中小・零細の事業者が多いと指摘しています。

また就業者の数でも、法人経営で約300万人の大きな雇用機会を創出しているものの、雇用者に占めるパート／アルバイトの割合が極めて高くなっています。

以前より、外食・中食業界は比較的少ない資金での開業が可能であり、経験の少ない人でも新規に参入できる可能性が高い業界だとされてきました。しかしながらその反面、競争が激しくて継続することが難しいともいわれ、一般的に新規参入者の半数が開業から2年以内に廃業するとさえいわれている厳しい業界です。

Section

5-1 外食産業の特徴と経営環境

外食・中食店の経営にあたっては、個人経営と会社経営の別なく、共通した一連の流れというものがあります。まず、調理の能力とその資格の取得、企業であれば人材の手当て、そして業態の確立とメニュー／レシピの決定、店舗の取得、食材の仕入れルートの確保、そして接客サービスの提供です。

外食・中食ビジネスの特徴

外食・中食業界は消費者の健康に直結することから、食品衛生法など法令による規制を受けます。しかしながらその一方で、業態によっては出店コストを低く抑えることも可能なので新規の参入障壁は低く、異業種からの参入や個人の独立起業が活発で、立地条件がよいところでは出店と同時に激戦に巻き込まれることも多々あります。

また、消費者のライフスタイルや食に対する嗜好の変化も目まぐるしく、集客力も出店から日を追って低下する傾向にあります。顧客管理を徹底すると共に、出店に要した投資はなるべく早く回収し、その後の店舗やメニューのリニューアルに備えることが必要になってきます。

立地産業としての宿命

外食・中食店舗の宿命として、店舗の立地と商圏内の消費者の嗜好にどう対応するかという問題があります。そのため、出店にあたっては、きめ細かい市場調査に加えて、食生活における地域の特性や立地環境、競合状況などについて十分な調査を行う必要があります。

チェーン展開を進めている企業でも、出店にあたって綿密な市場調査を行う専門職種を設け、かつ店舗開発のシステムの構築を進めています。特に、食材の調達や1次／2次加工の仕組みづくりでは、店舗展開と同時に、**セントラルキッチン**＊方式による食材の集中加工や集中調理、効率的な配送体制の構築を進めています。

Term

セントラルキッチン　複数のレストラン・学校・病院などに大量の料理を提供する必要のある外食産業や施設の調理を一手に引き受ける施設。

FCによる多店化とシステム化

大手企業の店舗管理の手法には、直営方式のほか、**フランチャイズ（FC）方式**による多店舗展開と統一のシステムによる管理があります。

また、**ドミナント戦略**により、競合店対策を採用している企業においては、短期間に多数の店舗を出店させることが必要になり、直営店舗だけでなく、フランチャイズ化を採用して店舗展開を進めるところも多くあります。

フランチャイズ方式では、チェーンの参加者に対して、直営店と同一のブランドとCIによる営業を許可すると共に、マニュアルの公開やシステムの統一など、本部主導によるノウハウの提供や食材の供給を行いながら、店舗運営をサポートしています。

店舗運営にあたっては、**POSシステム**（**販売時情報管理システム**）や**OES***（**オーダーエントリーシステム***）などを導入し、店舗での注文から調理、会計までを統一的にシステム化して管理する方法を採用しています。また、セントラルキッチン化している場合には、原材料などの受発注や物流においても統一的なシステム化を図り、効率的な業務を行っています。

オーダーエントリーシステムの概要

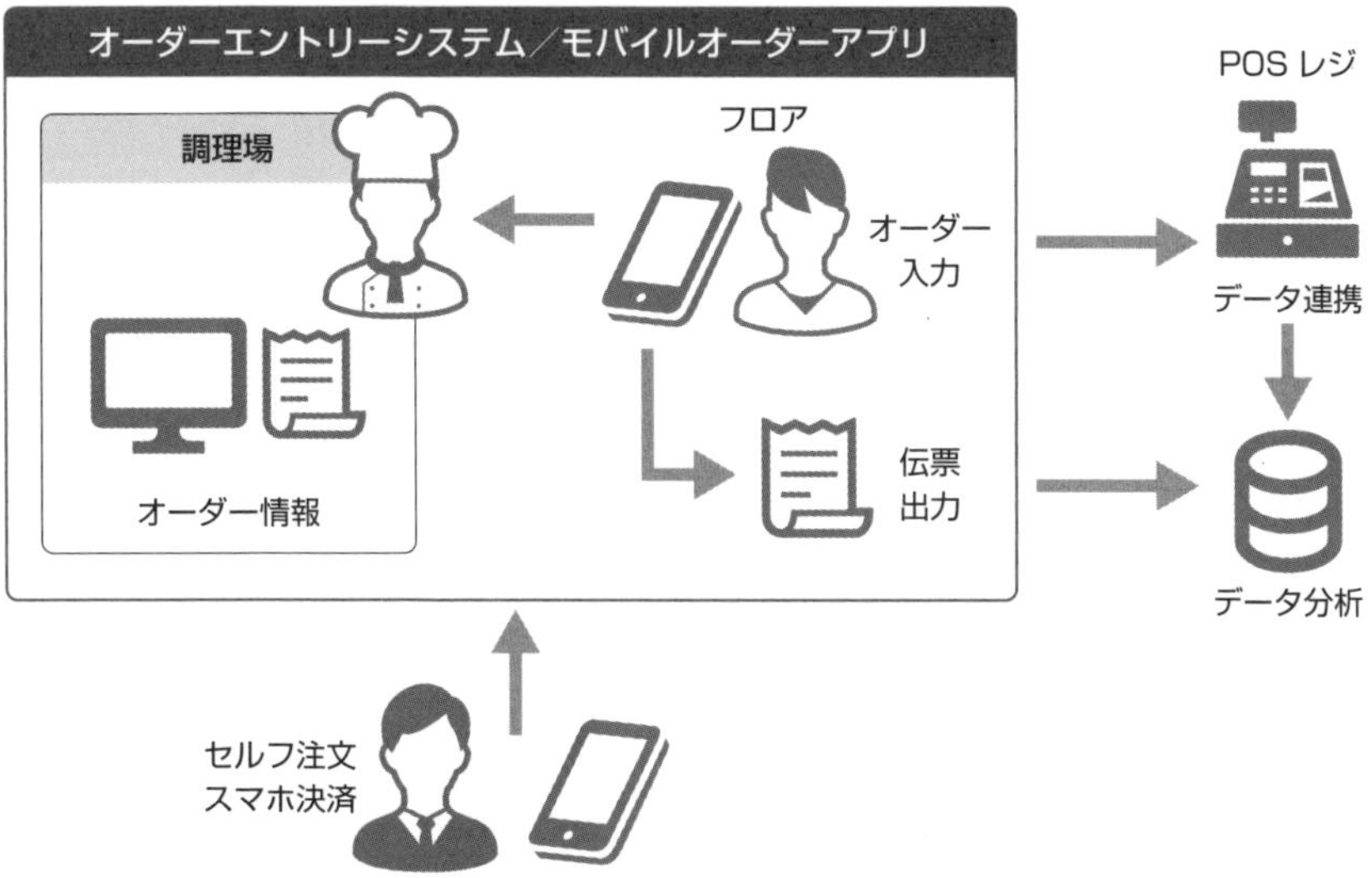

OES／オーダーエントリーシステム　ファミリーレストランや居酒屋などの飲食店の客席に設置してある、客が従業員を呼び出すときに使う押ボタン式送信機と、呼び出しがあったことを表示する受信機、POSシステム、およびそれらを運用するシステム。

Section
5-2 経営と運営の違い

外食・中食業界への新規参入を考える場合、その取り組みにあたっては、「経営者としての意識と、飲食サービスの提供者としての意識は別もの」だとよく指摘されます。どんなに小さな店でも開業には周到な計画と経営の基本要件に沿った対応が必要となりますが、経営者としての意識では「投資の回収」ということが最優先になります。

■経営者のタイプ

外食・中食店を経営するといった場合、経営方法には2つのパターンがあるといわれています。1つは「店長としてスタッフと共に働きながら経営をする」という、いわゆる**プレイングマネージャー**としての経営者。もう1つは「信頼できるスタッフに運営を任せて、自分は**オーナー**として経営に専念する」という経営者です。

いずれの場合でも、店の大小にかかわらず営業基盤の確立、販売促進活動の強化、新メニュー開発の情報収集、人材育成といった経営の基本要件を押さえることが重要です。特に開業の際には、経営者自らが周到な計画を立てることが不可欠となります。

■店舗運営とは

店舗の「運営」とは、毎日の営業をどのように行うのか、といったオペレーションのことです。オーナーとして店に出資し、店舗運営の方針などを決定・管理して利益を得る「経営」とは基本的に異なります。開業の際にはあらゆる運営方式を検討する必要があります。「接客サービスはテーブルサービスかセルフか」、「後者ならば**カフェテリア方式***なのかカウンターなのか」、「調理場には料理人を配置するのか、アルバイトだけでも運営できるスタイルにするのか」などです。日々の営業で重要になるのはスタッフという「人手」です。スタッフの確保は最大のポイントになってきます。

Term
カフェテリア方式　主食、主菜、副菜、汁物、デザートなどを客が自由に組み合わせて選択することのできる供食形態。客の満足度は高く、またスタッフの配置が少なくて済むメリットもある。

外食・中食店経営の基本要件

店舗の経営に不可欠な基本要件とその対応について、具体的に見ていきましょう。検討するべき基本要件は次の通りです。

- 経営基盤の確立……自店の強みと弱みの分析、損益分岐点の算出、業態コンセプトの明確化、長中期経営計画の策定、業界情報の収集、業界団体との交流、後継者の育成など。
- 販売促進活動の強化……品質の向上（料理、食器、店舗の内外装、接客）、他店との差別化（価格、メニューの充実度、味、雰囲気）、新規・リピーターの確保（割引券、ポスティング）、迅速な苦情処理など。
- 新メニュー開発の情報収集……トレンドの把握（コンビニなどの人気商品の把握、消費者の食の嗜好、生活スタイルの変化）、顧客からの情報（アンケート回答）。
- 人材育成……経営理念に基づく人材育成方針の明確化、将来が見える**キャリアアップ制度***の整備など。

経営者は常にこれらを念頭に置き、外食・中食業界全体の市場動向を把握しながら、業務を改善したり維持するなどの対策を練る役割が求められます。

飲食店開業時の融資獲得までの流れ

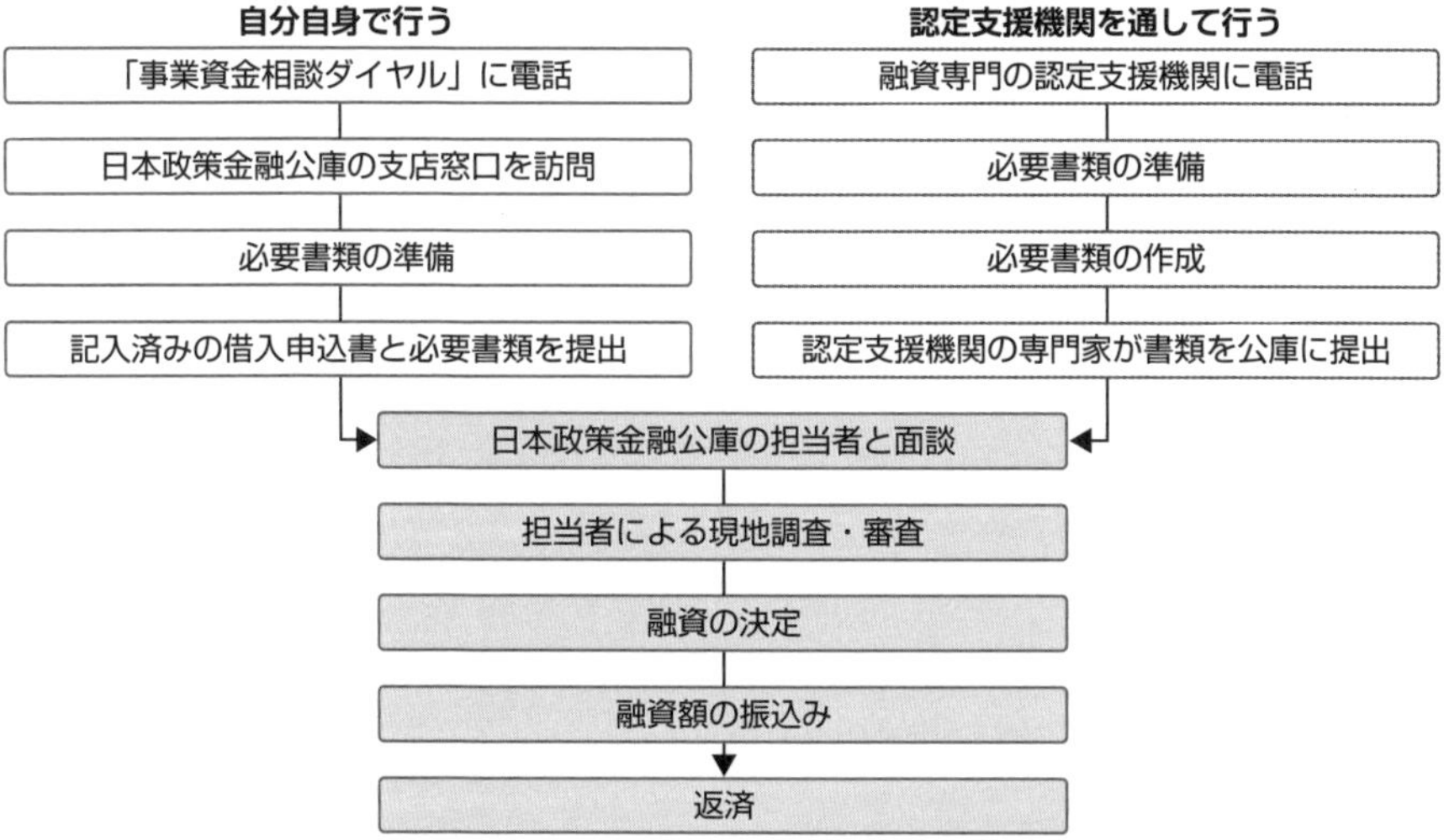

出典：日本政策金融公庫資料より

キャリアアップ制度　アルバイトやパート、派遣社員、契約社員などを正社員に登用したり、正社員でも昇進制度や昇給制度などで処遇改善を図り、働きがいに結び付ける制度。

Section

5-3 サプライチェーン・マネジメント(SCM)

他産業においては仕入れ、製造、配送、小売りの各段階で専門企業が登場しますが、外食・中食業界ではそのシステムづくりを1社で行う場合が多くあります。各プロセスのスムーズな連携が店の味を決定し、差別化を実現するといっても過言ではありません。消費者の手元に届くまでの全プロセスを一元管理することが、サプライチェーン・マネジメント＊といわれるものです。

外食・中食店のサプライチェーン

一般的に**サプライチェーン**とは、商品の原材料調達から生産加工、在庫管理、物流、販売と、消費者の手に渡るまでの一連の流れを指します。これを外食・中食店に当てはめると、食材などの調達から、一次加工、二次加工、料理として客の前に提供——までの流れをいいます。近年はデリバリーによるサービス提供も行われることから、配送や完成品の在庫管理なども含まれてきます。また、仕入れる食材の多くが農畜水産物で、天候不順や動植物を襲う病気などによって食材の量が増減し、価格や品質も変わる上に、食の安全に対する消費者の関心の高まりもあるため、生産・収穫段階からの管理も含まれてきます。

多店舗展開における必須条件

外食・中食企業における**サプライチェーン・マネジメント**の重要性は、チェーン展開している企業に限ったことではありません。単独店の経営においても、一貫した品質管理や企業理念の追求は、競合店との差別化を図る上でも重要であり、顧客からの信頼を得る手段にもなります。

また、同業態で多店舗展開している企業においては、基本的にはチェーンに加盟するすべての店で同一の味と品質を同一価格で提供するという使命があり、経営面でのスケールメリットと共に、サプライチェーン・マネジメントの実践こそがチェーン展開の基本ともいえることになります。

Term

サプライチェーン・マネジメント　日本語に訳すと「供給連鎖管理」となる。商品の原材料調達から生産加工、在庫管理、流通や販売、各プロセスに携わる物流など、商品の開発から消費者の手に渡るまでの一連の流れを一元的に管理すること。

仲介業者が多い食材問屋ルート

食材流通にはいくつかのルートがあります。1つ目は大手チェーンなどが採用している直営の自社流通です。食材倉庫、セントラルキッチン、冷凍輸送トラックの「食材配送システム」が1社ごとに整備され、鮮度を保ちながら**ジャストインタイム方式**＊で各店舗に配送されます。食材の品質保持を最大限考慮した精緻なシステムが構築されています。

2つ目は食材問屋ルートで、中小チェーンなどが広く採用しています。問屋を利用することで「安定供給」、「多種多様な食材を小ロットでも入手可能」、「1か所で調達できるため仕入れ業務の簡略化が可能」などの利点があります。

直接仕入れルートでは、食材メーカーが営業区域内の取引先に販売します。アルコール類、飲料水、食肉は巡回販売が一般的です。小売店ルートでは、小規模の個人店がスーパーマーケットや専門小売店から食材を仕入れます。

最後に、喫茶店には特別の流通ルートがあります。大手コーヒーメーカーは全国に支店を設置していますが、食材メーカーはその営業区域内にある店舗にコーヒーとその他のミルクや砂糖、パン、ストローなどを一緒に納品します。これを焙煎ルートといいます。

外食店におけるサプライチェーン・マネジメント

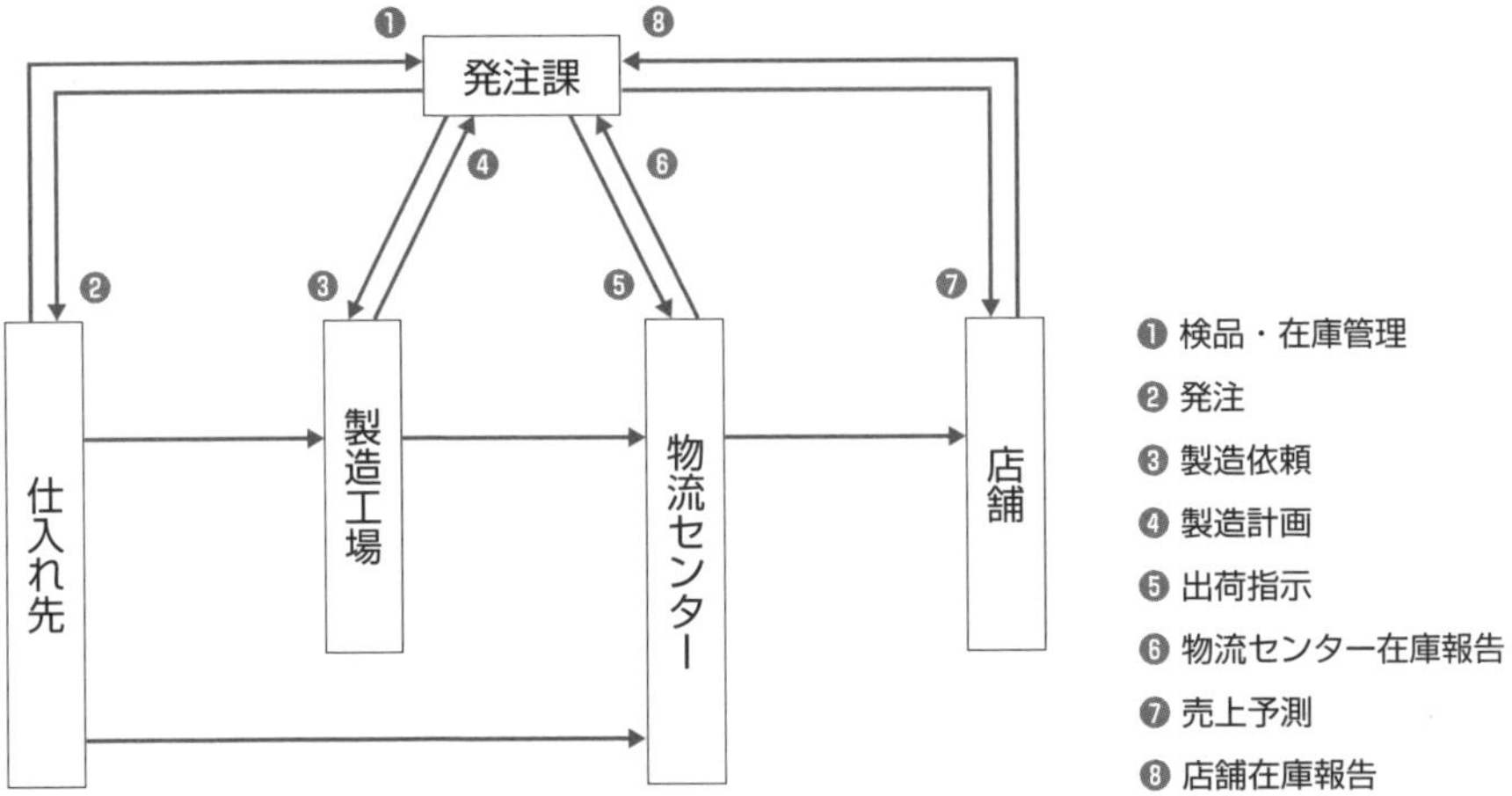

※番号のない矢印は物流を示す。

Term

ジャストインタイム方式　外食産業では、調理の過程などにおいて、必要な物（原料など）を、必要なときに、必要な量だけ供給することで、在庫（あるいは経費）を徹底的に減らして調理する体系をいう。

Section

5-4 付加価値（QSC）の向上

外食・中食店は、同じ食材を原材料としていても業態や店ごとに値段に差が出るのが特徴で、この差は店舗個々のステータスやQSCと呼ばれる付加価値によって発生します。一般的に外食・中食店の粗利益率は高いほうですが、これは食材に付加価値を付けて価格を決めているからで、繁盛店を作るにはQSCで他店とどこまで差別化できるかにかかってきます。

■売上高構成の4要素

外食・中食店のうち、外食店の売上は一般に「客席数」「客席回転率」「客単価」「営業日数」の4要素で構成され、式に表すと「売上高＝客席数×客席回転率×客単価×営業日数」で算出されます。

弁当や惣菜品などの中食の場合は単純に「売上高＝買い上げ客数×平均客単価」で算出されますが、小売店の品ぞろえと同様に、売れ筋の価格帯をどこに置くかと、**単品在庫回転数**＊により、平均客単価が決まってきます。それでも、味やボリュームなどで他店との差別化がどこまでできるかによって、付加価値の差が出てきます。

■外食店における基本（客席数と回転率）

「**客席数**」は店舗規模で決まります。一度、店舗の広さを決めてしまうと客席数の増加は容易ではないので、計画段階でよく検討して広さを決める必要があります。

「**客席回転率**」は決められた客席数の利用効率のことで、総入店客数／客席数で計算できます。「時間帯別入店客数」、「ウエイティングの状況」、「カウンター席の有無などイスの配置」によって回転率は変わります。

また、ピーク時における客の滞在時間と満席率も影響します。4人がけテーブルに2人で座れば、席数の50％しか稼働していないことになります。このため、効率的な客席の配置や客席への誘導の仕方が問われます。

Term

単品在庫回転数　外食や中食においては、冷凍食材などの単品の在庫回転数のこと。一定期間内に在庫が何回入れ替わったかを示す指標で、数値が大きいほどその食材を使ったメニューの人気度が高いことになる。

付加価値の向上で売上は変わる

外食・中食店は、メニューの充実や新商品の開発、店舗内のくつろぎの空間づくり、接客サービスの向上などにより、客席回転率と客単価の向上を図らなければなりません。しかし、売上向上を狙い、客単価向上のため安易にメニューの価格を引き上げることにはリスクが伴います。

客単価とは、客が店に対して支払ってもいいと認めた金額です。料理やサービスなど営業の中身やクオリティーが変わらないのに客単価だけを上げれば、客は見切りを付けます。客単価を変える際は慎重を期すことが大切です。

同業者より値段が高くても経営として成功している店もありますが、それは、店が提供する付加価値に客が満足しているからです。売上アップのためには、この**付加価値**＊（**QSC**）を高めることが優先されます。

QSCのQ（Quality）は味の品質、盛り付けや器、ボリューム、価格など、料理全般におけるクオリティーを指します。S（Service）は接客マナーやお客様をもてなす気持ち、心配りのこと。C（Cleanliness）はクレンリネスを指し、清潔感のある店舗や店員の服装、身だしなみをいいます。

客単価は原価や経費、人件費などよりも、QSCの良し悪しで決まる――といっても過言ではありません。

外食店のコスト構造

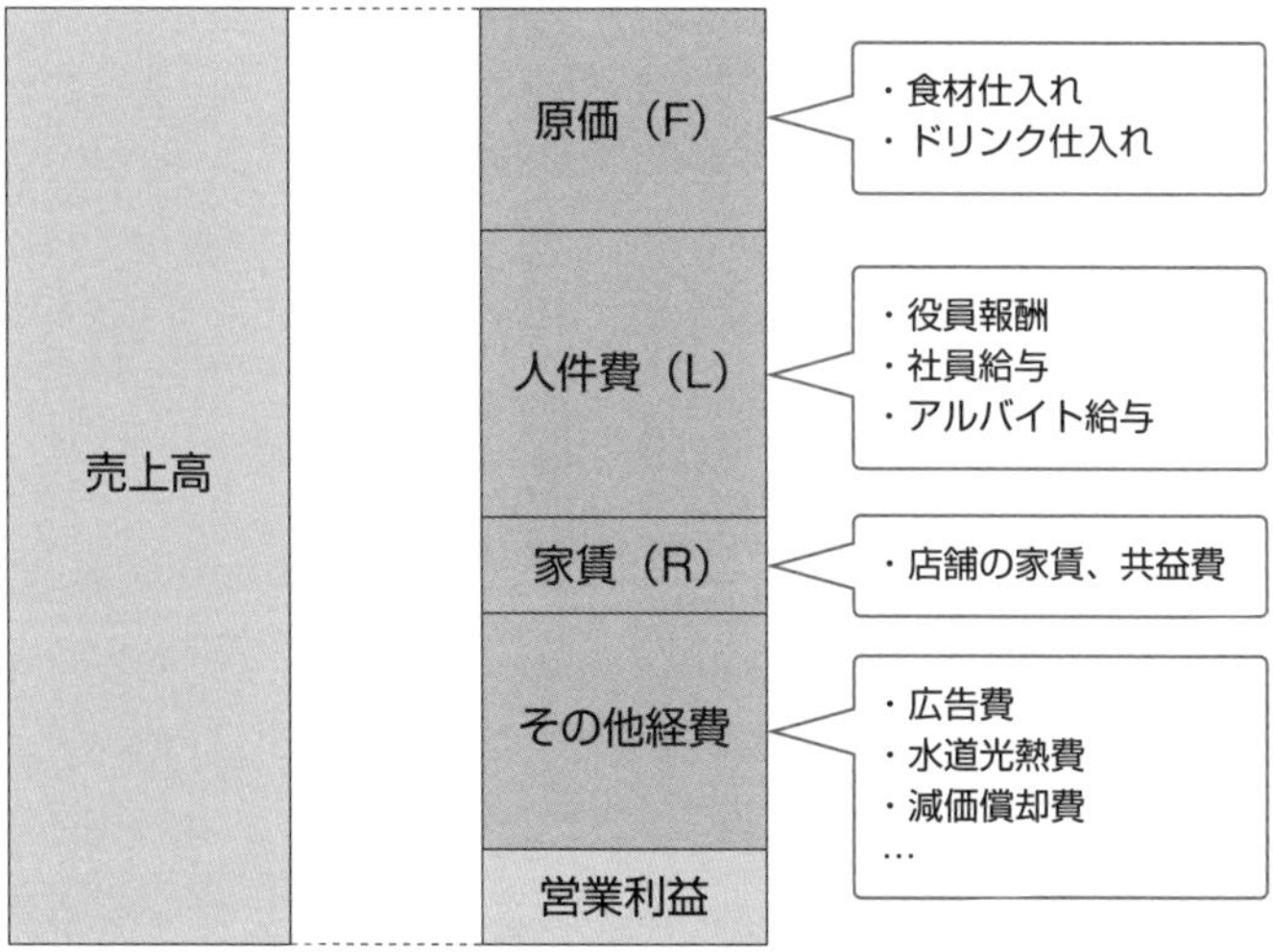

出典：Credo税理士法人

付加価値　飲食店の場合には、料理の味、ボリューム、接客マナー、店内やスタッフの清潔さなどによって総合的に顧客が得られる価値のこと。顧客は、価格やサービス料に見合う以上の付加価値を得られれば満足する。

Section
5-5 外食業界の損益計算

店がいくら繁盛していても、利益が出なければ経営的には失敗です。特に、丼勘定になりがちな外食店では経営破綻が少なくありません。普段から、自店の経営状態が見渡せる損益計算書を毎月正確に付けておくことで、売上の変動に一喜一憂することなく安定した経営ができるようになります。

損益計算書で売上管理を

外食店の経営は原則として「現金商売」であるため、売上は日々現金で入り、仕入れ代金は1か月後払いなどです。丼勘定に陥らないためには、財務諸表による売上管理が不可欠です。財務諸表には、決算期の売上状況を示す**貸借対照表**、売上から経費を差し引いて自由に使える資金状況を示す**キャッシュフロー計算書**、一定期間の売上と支出・利益の状況を示す**損益計算書**などがあります。

この中で経理の知識がなくても作成できるのが損益計算書です。売上高、売上原価、売上総利益、販売費及び一般管理費など13の項目があり、週単位、月単位で作成し、それをチェックするだけで店の売上状況を把握できます。

営業利益（粗利）の構造

損益計算書に、各経費の割合や前年同月との対比などが可能な項目を付け加えた資料を作成すれば、店の経営状況を知るためのデータが蓄積され、原因分析に役立てることができます。売上原価は、食材や消耗品（ナプキン、つまようじなど）の仕入れ代金で、売上高から売上原価を引いた額が売上総利益（粗利）となります。その週またはその月に本業でどれだけ儲けたかは、まず売上総利益から判断されます。売上高に占める営業総利益の場合(営業総利益率)が高ければ商品力が高いとされます。逆に低すぎる場合は、価格設定が低すぎるか、原価が高すぎるかが考えられ、商品力が弱く収益性に欠けると判断されます。

Point

外食・内食の原価率　帝国データバンクの調査では、2021年度の飲食店約600社の原価率平均は37.5%。前年度の36.3%を1.2ポイント上回っており、前年度からの上昇幅で見ると、過去20年で最も大きいとしている。

営業利益と経常利益

一般的に飲食業では、売上総利益率60～70％程度が目安とされています。売上総利益から販売費及び一般管理費を差し引いた金額が、**営業利益**です。販売費及び一般管理費には、人件費のほか、通信運搬費や家賃、広告費用など営業にまつわる費用が含まれます。これらの金額が売上に対して低いと「事業として収益力がある」と判断され、反対に高い場合には人件費や家賃、広告宣伝費の割合が大きすぎると考えられます。

営業利益から借入金利払いなど営業外損益を引いた額が**経常利益**です。経営が赤字か黒字かの判断は、この経常損益が基準となります。資産運用などで利益が出ていればプラスになりますが、借入金が多ければ支払利息でマイナスに陥ります。経常利益が営業利益に比べて小さすぎると、本業以外の部分で何かしらマイナス要素が大きいと判断されます。**税引前当期利益**は、経常利益から特別損益を引いた金額です。特別損益は臨時的な要因で発生するため、状況によって金額が様々となります。そして**当期純利益**は、税引前当期利益から税金を差し引いた最終的な純粋な利益となります。この金額がプラスなら黒字、マイナスなら赤字と呼ばれます。

損益計算書の項目と内容

項目	内　容
売上高	営業収入と営業外収入の合計額
売上原価	食材、消耗品など営業仕入れ費用
売上総利益	売上高から売上原価を引いた額
販売費及び一般管理費	人件費、不動産賃借料、水道光熱費、厨房設備等のリース料または減価償却費、借入金返済、広告費など
営業利益	売上総利益から販売費及び一般管理費を引いた額
営業外収益	預金受取利息、株式配当金など飲食店の営業外の収益金
営業外費用	借入金利払いなど飲食店の営業外で発生した経費
経常利益	営業利益と営業外収益の合計額
特別利益	厨房設備を更新する際に売却した古い厨房設備の売却費など一時的に発生した利益
特別損失	火災発生などで一時的に発生した損失額
税引前当期利益	税金を払う前の利益金額（所得金額とほぼ同義）
税金	法人税や事業所税
当期純利益	税金を払ったあとの最終的な利益金額

Section
5-6 経営力の向上

自店が抱えている経営上の問題点を把握し、その解決にあたるためには、自社の業界における位置付けと同業者の標準的な事業体系との比較によって、問題点を明らかにする手法があります。外食・中食業界全体の動向を踏まえつつ、自社の経営資源と経営力について再確認しながら、中長期にわたる経営計画を策定していくことが求められています。

経営基盤の強化

外食・中食業界の経営基盤を成すものには、「ヒト・モノ・カネ」などの一般的な経営資源と、店舗立地、営業ノウハウの強みが挙げられます。また、経営資源のうち、サービス業である外食・中食業界にとっての経営力の源は、人材育成と適正な労務管理にあります。

自社の経営力や業界の中での位置付けなどを知るには、SWOT分析などの手法により、自店の強みと弱み、資金力、収益力などを客観的に把握することが必要になります。

さらに、経営理念や経営方針の再確認などを行い、他店との差別化を図る方法を研究したり、自店の個性を強調できる営業展開の方法を学んだりすることが必要になってきます。

持続的発展のための人材育成

前記したように、サービス業たる外食・中食店の持続的発展のためには、人材育成と適正な労務管理が欠かせません。

人材育成においては、①**従業員の定着**、②**能力開発**が課題になってきます。従業員の長期雇用は店の利益につながります。そのためには、モチベーションを持続させるための人事施策が求められます。

能力開発では、組織機能の明確化と段階的・体系的な能力開発制度の整備が重要です。組織機能の明確化では、経理部門の整備、事務管理部門の整備、人事・労務管理システムの整備などのチェックが欠かせません。

Term

育児・介護休業制度　「育児休業、介護休業等育児又は家族介護を行う労働者の福祉に関する法律」に基づく制度。育児や介護を行う人を支援し、仕事と家庭を両立させることを目的とした企業内の制度。

適正な労務管理

労働条件の改善は、従業員の勤労意欲を高めるための重要な経営課題となります。労働条件の改善では、①人事制度、②賃金制度、③職場環境、④福利厚生制度の４項目がポイントになってきます。

外食・中食業界は女性労働者への依存度が極めて高く、パート・アルバイトであっても女性のベテラン従業員は営業の要になっていることが多いため、女性に長く活躍してもらえる制度づくりは避けて通れない問題です。具体的には**育児・介護休業制度***の導入とその補完対策、**職場復帰保障***、託児所利用の助成措置、男女間の賃金格差の是正などが検討事項です。育成したパート・アルバイト従業員の中から優秀な人材を正社員に登用できれば、将来の経営幹部の確保にもつながります。

賃金制度の改善では、賃金実態の把握と賃金体系の整備が重要となります。従業員が十分納得できる賃金制度とするためには、地域や同業他社の賃金水準を把握し、水準を上回る賃金体系の整備を目標とします。賃金の引き上げで従業員の生産性が上がれば、増額分は余裕をもって回収できます。

職場環境の改善でも、女性が働きやすい環境をいかに整備できるかが課題となります。

飲食店経営における悩みや課題

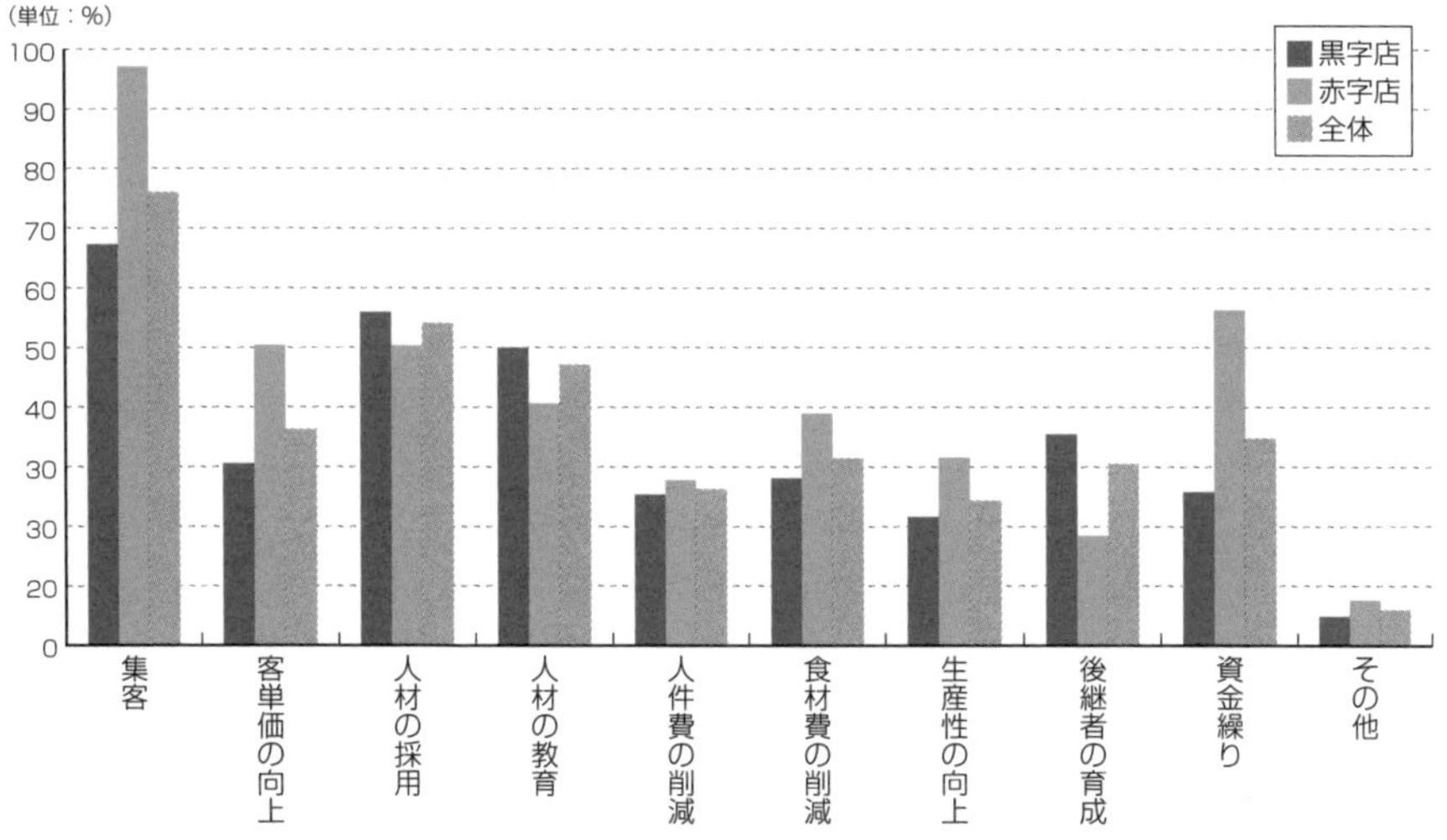

出典：飲食店ドットコム「飲食店経営に関する調査レポート」より

職場復帰保障　従業員がケガや病気の療養などを理由に、業務を中断し休職したのちに、明けて業務に復職できることを保障する労使協定。

Section
5-7 外食FCの動向と経営形態

2022年度の日本国内のフランチャイズチェーン数は1282チェーンで、前年より4チェーン減、3年連続の減少になりました。国内の総店舗数（直営店と加盟店の合計）も24万9316店と前年より972店減少していますが、売上高は26兆9880億円で前年より1兆1071億円多く、2年連続の増加です。

外食業のFC市場も復調の兆し

外食業のFCでは、チェーン数が2チェーン減の545チェーン、店舗数は895店舗減の5万982店舗になりました。しかし、売上高は2734億円（7.4％）増の3兆9851億円となっています。

外食産業では、原材料費の高騰に伴う価格改定や不採算店舗の整理を進めた結果、売上高を増やしています。業種別では、「ハンバーガー」が前年からの高いテイクアウト需要とデリバリー事業の好調に加え、モバイルオーダーシステム導入等によって顧客の利便性が向上し、店舗数・売上高共に増加しています。「居酒屋・パブ」でも、店舗数は減少したものの売上高は大幅に伸長しています。

インバウンドの回復から

「コーヒーショップ」は、ビジネスシーンでの利用機会の増加、積極的な季節メニュー展開の好調により、店舗数・売上高共に増加しています。とはいえ、コロナ禍前の2019年度との比較では、売上高でまだ8割程度の水準です（この点は居酒屋・パブも同様）。

外食業全体では、店舗利用機会の増加、インバウンド需要の復活など、社会経済活動の正常化に伴う業績回復の兆しが見られるものの、原材料費やエネルギーコストの高騰と人手不足は引き続き課題となっています。今後もその店舗ならではの特徴的なメニューやサービスの提供で、顧客の囲い込みを行うことが重要だと指摘されています。

Term

フランチャイザー　フランチャイズ契約を募集する本部側のこと。フランチャイザーは、契約した加盟店（フランチャイジー）たちに対して、商標や開発した商品、経営ノウハウなどを提供する。

■フランチャイズビジネスとは

2022年現在、1282あるフランチャイズチェーンのうち、外食業態は半数近くを占めています。

街の中で全国の店舗と同一のマークやイメージ、商品やメニューを展開しているチェーン店ですが、その中で本社直轄の支店ではなく、財産・経営的に独立しているものを**フランチャイズチェーン**といいます。フランチャイズビジネスを運営する企業を**フランチャイザー***（本部・本部企業）、反対に特権を与えられる側を**フランチャイジー***（加盟店・加盟者）と呼んでいます。

19世紀の米国で誕生したフランチャイズ（FC）が日本に導入されたのは1950年代後半。56年のコカ・コーラ、63年のダスキン、不二家から開業が始まりました。69年に資本自由化が実施されたあと、外食分野は完全自由化に。翌年の大阪万博でのケンタッキーフライドチキン実験店の成功を受け、70年代初頭にはミスタードーナツ、マクドナルド、ケンタッキーフライドチキン、ダンキンドーナツなど、ファストフードが相次いで登場しました。

FCの経営形態

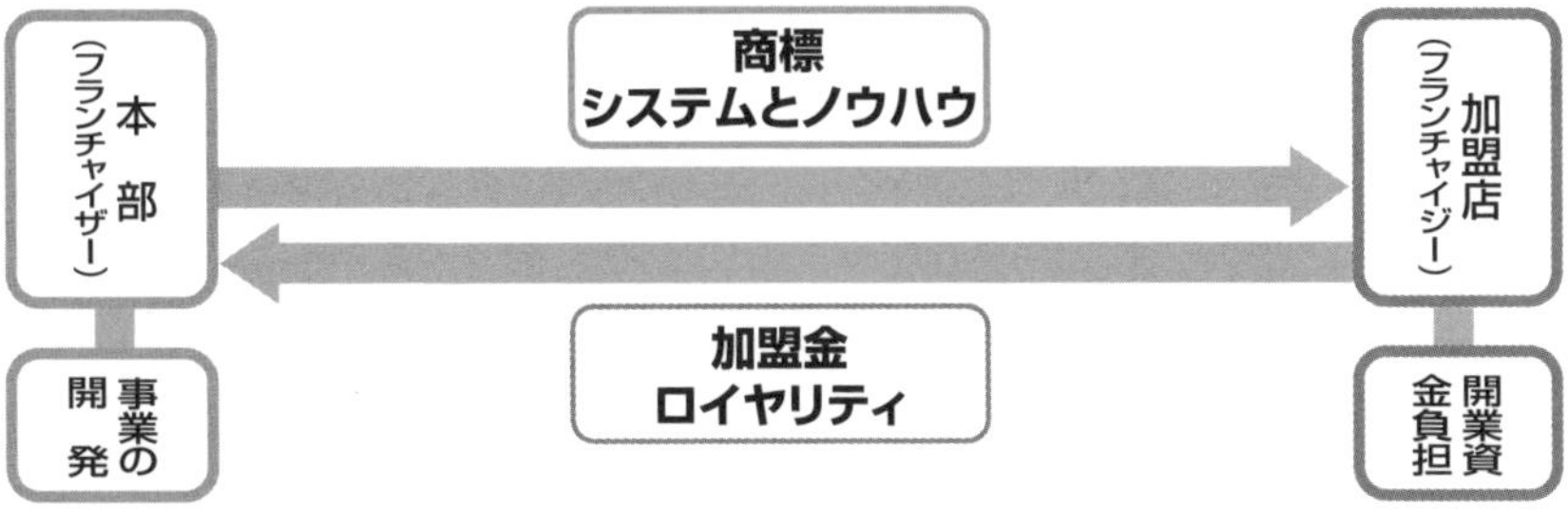

商標 システム	ブランド、チェーン名、食材、メニュー、店舗運営システム、調理研修、ノウハウ
加盟金 ロイヤリティ	開業時：加盟金、店舗設計費、店舗造作費など 毎月：ロイヤリティ（売上の3%程度または定額）

Term

フランチャイジー　フランチャイズの形態における加盟店のこと。契約後、フランチャイザーにロイヤリティを支払い、フランチャイザーの持つサービスや商品、運営ノウハウなどを利用して営業ができる。一方、名称、メニュー、プライス、仕入れなどに関して、契約を履行する義務を負う。

Section

5-8 FC加盟のメリットとデメリット

FC加盟は開業が容易な反面、多くの自由が制限されます。商品の仕入れや店舗デザイン、ユニフォームだけでなく、営業時間や休日、従業員の教育、営業権の譲渡などまで本部の方針厳守を強いられるチェーンもあります。加盟店オーナーの創意工夫が許されないため、経営の才覚のあるオーナーにとっては足かせになることもあります。

開業が容易にできるFC

もし個人で独自に事業を始めようと思ったら、多種多様な商品を各メーカーや問屋から仕入れ、在庫を保管・管理しなければなりません。知名度は低く、経営のノウハウや危機管理の方法その他の相談先を探すのも容易ではありません。

しかし、**FC**に加盟店すればこういった手間や悩みはなくなります。日本でもフランチャイズが普及した理由は、新規事業への進出や独立が簡単だからです。

このように加盟にあたっては大きなメリットがある一方で、デメリットもあります。FC加盟による開業は、契約内容をよく検討してから決定すべきでしょう。

FC加盟のメリット

・ノウハウ不要で短期間での開業が可能……たとえ事業経験がなくても、本部が過去に蓄積した実績と経験に基づいた事業を行うので、個人で開業する場合と比較して成功する確率が高いです。

・宣伝効果と信用がある……一般に広く知られているチェーン名やマーク、イメージの利用が可能。大企業の一部として扱われるため、通常は多くの時間と経験が必要な信用も容易に得られます。

・開業後の労力が少ない……本部の経営指導や援助が受けられ、営業に専念可能。本部が仕入れたり生産した商品などを安価で購入できます。

Point **日本で最初のFC**　日本で初めてフランチャイズが導入されたのは1956年のコカ・コーラだが、国内企業としては1963年の**ダスキン**と**不二家**が最初である。ダスキンは、各種の道具を使ってほこりを除去するダストコントロール事業を母体として設立された。不二家は洋菓子専門店チェーンとして展開している。

■FC加盟のデメリット

「自由が制限される」ことが一番のデメリットです。

・フランチャイザーの提供するフランチャイズパッケージのルールにより、チェーンの統一性が優先され、フランチャイジーが独自性・独創性を持った事業を展開することは制限されます。「店舗デザインや看板、家具など」「キッチン内の設備機器」「主要な食材」「ユニフォームや広告宣伝、販促用の印刷物など」もすべて規定のものを使用します。

・店舗のイメージ、取り扱う商品やサービス、メニューなど、すべて本部の経営方針に従わなくてはなりません。より安い仕入れ先を見付けても、自分で新製品を開発しても、自由に販売することはできません。

・チェーンによっては「営業時間や休日」「経理会計の方式」「従業員の教育」なども自由にできない場合があります。ほかにも、実力不足でライバルFCに対抗できない弱小フランチャイザーや、加盟料だけとってあとのサポートが不足していたり本部だけが儲けようとする悪質フランチャイザーも存在するので、十分な調査が必要です。

FC本部のメリットとデメリット

メリット	デメリット
・直営店と異なり、店舗運営の要員を極小化できる。 ・短期間でチェーン店拡大ができる。 ・スケールメリットが得られる。 ・少ない投資で企業規模を拡大できる。	・本部の人材（商品・店舗開発、スーパーバイザー、バイヤー）の育成に時間と経費がかかる。 ・不良店や不振店が出ると、チェーン全体に悪影響を及ぼす。 ・本部の技術や情報が、加盟店から競合店に流出する恐れがある。 ・経営主体が違うため、加盟店の正確な売上・収益の把握が難しい。したがって、本部の正確な売上・損益予測も難しい。

Point

ロイヤリティの種類　ロイヤリティの支払い方法は大きく分けて、毎月決まった金額を支払う「**定額方式**」と、売上に対して一定の割合を支払う「**定率方式**」がある。さらに「定率方式」には、「**売上歩合方式**」と「**粗利分配方式**」がある。外食店の場合は、本部からの食材の仕入れ方法によって計算が異なる場合もある。

Section

5-9 FC加盟と契約手続き

一度契約したら後戻りするには相応の損失を伴うため、FCの選択は慎重にし、契約書は細大漏らさず理解することが重要になります。加盟店は「独立した事業者」です。契約にはリスクがあることを認識し、トラブル防止のためにも、契約前に事業や契約内容について十分な説明を受けることが必要です。

■加盟先の事前調査を入念に

FC加盟を考える人は、独立した事業者であることを意識して加盟先を調査する必要があります。

ポイントとしては、①業界自体の市場動向を確認して今後の展望を押さえる、②フランチャイザーの調査をし、本部の体制や他のフランチャイジーとのトラブルの有無をチェック、③契約内容の確認（フランチャイザーのサポート内容や加盟料、ロイヤリティに納得できるか、フランチャイジーとしての義務の内容や程度の確認など）が挙げられます。次ページの図にフランチャイズ加盟手続きの流れを示しましたが、業界内のFCについて比較検討し、いくつかの候補を選択することも大切です。

■トラブル回避のために

フランチャイザーに問題があってトラブルが発生することもありますが、独立開業を急ぐあまり十分な調査や疑問解決をしなかったために発生することも少なくありません。

実際、「十分な経営指導が受けられないので契約を解消したい」、「フランチャイザーに提示された売上見込みが異なった」、「契約締結前に申込金を支払ったが返還に応じてくれない」といった契約上のトラブルが発生しています。説明会で契約書以外の書類に住所・氏名を記入しただけで、「契約書に署名済みなので、解約には違約金が必要」と金銭を要求する悪質本部事業者も存在するので要注意です。

Point

フランチャイズ相談センター　フランチャイズ本部と加盟店の間ではフランチャイズ契約に関するトラブルが発生することから、日本フランチャイズ協会では「フランチャイズ相談センター」において相談を受け付けている。相談の内容は、解約をめぐるトラブルが多くなっている。

■契約前にチェックすべきポイント

FC加盟者は、一度契約を結んだら容易には破棄できません。支払った加盟金が戻らないだけでなく、違約金まで要求される場合もあります。

そうならないように、契約書は細部に至るまで読み、理解した上で調印することが大切です。特にFC加盟契約の場合は、本部と個々の加盟者との間で交わされる契約は同一のものであり、個別の要請は受け入れてもらえません。あとで納得できないと申し出ても、契約内容は変更できないのです。

また、契約の前にはフランチャイザーの経営理念、収益予測とその実現のための立地や商圏の独自調査の必要性、契約による制限等をチェックしましょう。

外食フランチャイズは調理のための厨房設備が不可欠となり、初期投資が高くなる傾向があります。契約期間内に初期投資を回収できるか、どのような定番メニューを持っていてどれほどの頻度でメニュー変更をするのか、本部が持つオペレーションのノウハウなどもあらかじめ検討しておきたいところです。

FC加盟から契約までの流れ

①加盟の心構えと家族の同意をとる
↓
②加盟希望本部の情報収集
↓
③本部候補の選定
↓
④本部訪問
↓
⑤加盟店訪問
↓
⑥資金面、物件有無の確認
↓
⑦本部トップとの面談
↓
⑧加盟希望の有無の意思表示
↓
⑨法定開示書面の説明
↓
⑩物件･立地調査と検討
↓
⑪経営計画書の検討
↓
⑫資金計画の検討
↓
⑬資金調達
↓
⑭加盟の意思決定
↓
⑮フランチャイズ契約

出典：一般社団法人日本フランチャイズチェーン協会「フランチャイズ契約の留意点について」より

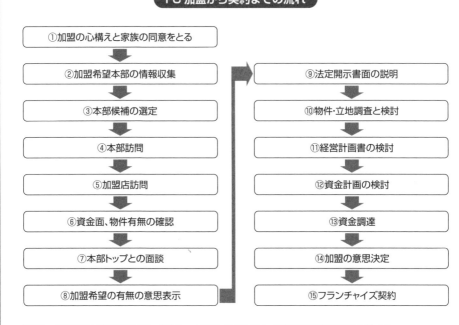

Column

食品ロス削減の対応

SDGsは、「Sustainable Development Goals（持続可能な開発目標）」の略称で、2030年までに持続可能でよりよい世界を目指す、世界共通の目標になっています。

2015年9月に行われた国際サミットで採択され、地球上の「誰一人取り残さない」ことを原則として、SDGsでは17のゴール（目標）と169のターゲットが設定されています。

日本の外食・中食業界でも、SDGsに関する取り組みとして、プラスチックごみの削減や、食品ロスへの取り組み、サステナブル・シーフードの取り入れやトレーサビリティの徹底などが行われています。その中でも飲食店における「食べ残し対策」はかなり前からの課題になっています。

外食・中食店の食品ロスを削減するためには、「仕入れ・在庫管理を徹底する」「食べ残しを持ち帰ってもらう」などのほか、フードシェアリングサービスを利用する方法もあります。このサービスは、廃棄予定の食品のうちまだ食べられるものを、消費者のニーズとマッチングさせて有効活用するものです。

Do you want a doggy bag?――これは欧米、特に米国のレストランで頻繁に使われるフレーズで、「（食べきれなかった食事を）持ち帰りますか？」という意味です。外食した際の食べ残しを持って帰ることが恥ずかしかったため、「犬のエサにする」という口実で持ち帰ったのが始まりだといわれていて、欧米らしいユーモアあふれる言葉です。中国にも「打包《ダーバオ》」という言葉があり、「食事を持ち帰る」という意味で使われています。

そういえば少し前に「**MOTTAINAI**」という日本語の言葉が世界で絶賛されました。しかしながら日本の「食材の食べ残しの現状」を見る限りでは、まだまだ世界の食品ロス対策のスタンダードに達していないことがよくわかります。

日本の食品ロスの量は、全国民が毎日茶碗1杯分の食品を廃棄しているのに近い量だといわれています。農林水産省では現状を踏まえて2017年に「飲食店等における『食べ残し』対策に取り組むにあたっての留意事項」をリリースしています。そこでは、飲食店の大量の食品ロスが生まれる現状を変えるために「食べきり」の取り組みを促進すること、「持ち帰り」は自己責任であることを、飲食店と消費者の双方に向けて提言しています。確かに、日本食文化や日本の気候は食品の持ち帰りに適さないとされていますが、消費者と飲食店の双方が歩み寄って現状をよくすることは可能です。昔の日本の家庭では、父親が宴会の残り物をお土産として持ち帰ってくるのを、子どもたちはとても楽しみにしていました。そんな習慣が食品ロスの削減にも役立っていたように思われます。

第6章

外食業界の人と仕事

高齢化社会への移行に伴い、生産年齢人口の減少などにより日本の労働市場が大きく変化しています。そのような中で、外食業界においても雇用システムの改革が求められています。外食業界では特に商品力、接客・サービス力、店の雰囲気、適正な価格などが求められますが、そのすべてに共通して必要となるのが、「おもてなし」の心を持った人材の確保と育成です。

食のエキスパートとしてのスタッフが、調理から盛り付け、接客、店舗の内外装や雰囲気づくりに至るまで、経営者も店のスタッフもお客様をもてなすために様々に趣向を凝らし、最大限の努力をしています。

変化の激しい外食業界に新風を入れ臨機応変に対応していくことは、これまでのようなマニュアル主義では望めません。また、外食業界で働くには、一般的な社会人としての知識のほかにコミュニケーション能力が必須です。本章では主に外食チェーン店における組織と人材と仕事の内容について解説します。

Section
6-1 「働き方改革関連法」と外食業界での対応

コロナ禍前の2018年7月に公布された「働き方改革法」は、労働力人口が減少する中で、待遇格差の解消や労働環境の改善を目的に、大企業では2020年4月から、中小企業では2021年4月から全面的に施行されました。飲食店経営においても、労働時間、労働環境、待遇格差の是正など、多くの課題解決が迫られました。

働き方改革の基本方針

「働き方改革」は、第2次安倍内閣当時に打ち出された「一億総活躍社会*の実現」に向けた政策で、労働者が、個々の事情に応じて多様な働き方を選択できる社会を目標としていました。具体的には、長時間労働の是正、多様で柔軟な働き方の実現、そして雇用形態による格差解消の3点が基本方針として挙げられました。

外食業界における課題としては、労働時間の順守と労働環境の整備、有給休暇の義務化などが指摘され、アルバイトへの依存度が高い外食業においては正社員との待遇格差の是正も課題に挙げられています。

残業時間に上限規制

働き方改革関連法の施行前は、残業時間の上限について特に規制がありませんでした。しかし、法改正により残業時間の上限が原則として月45時間・年360時間に変更されました。

また、繁忙期など特別な事情があるケースでは、月間平均80時間の残業が認められるものの、これも年間で6か月以内という決まりがあり、臨時的に特別な事情による時間外労働の発生で労働者が合意する場合でも、年720時間以内で、複数月の平均80時間以内（休日労働を含む）、月100時間未満（休日労働を含む）という制限が設けられています。

Point

一億総活躍社会　第2次安倍内閣のときに掲げられたもので、少子高齢化に立ち向かい、「希望を生み出す強い経済」、「夢をつむぐ子育て支援」、「安心につながる社会保障」の「新・三本の矢」の実現を目的に、働き方改革などを推進しようという政策。

■年次有給休暇の取得と格差是正

飲食業では年中無休で営業している店も多く、従業員が決まった休みを取得できないケースもありましたが、法改正により、年次有給休暇を10日以上付与される労働者に対して、年5日の年次有給休暇を取得させることが雇用主の義務になりました。その対象となる条件は次の3つです。

- 週の労働時間が30時間以上
- 入社日から6か月が経過している
- 労働日の8割以上を出勤している

パート・アルバイトであっても、週の労働時間が30時間以上であれば対象となります。

働き方改革では、正社員とパート・アルバイトなど非正規雇用労働者との間で、待遇に格差が出ないよう、**「同一労働同一賃金」**の考え方による法整備が行われています。

具体的には、基本給、賞与、各種手当（時間外労働手当の割増率、通勤手当など）、福利厚生・教育訓練などにおける格差の是正であり、労働者から待遇に関する説明を求められた場合、事業者には説明義務が課されています。

働き方改革関連法の概念図

❶	残業時間の上限を規制する
❷	「勤務間インターバル」制度の導入を促す
❸	1人1年当たり5日間の年次有給休暇の取得を、企業に義務付ける
❹	月60時間を超える残業は、割増賃金率を引き上げる（25%→50%） ▶中小企業で働く人にも適用（大企業は2010年度～）
❺	労働時間の状況を客観的に把握するよう、企業に義務付ける ▶働く人の健康管理を徹底 ▶管理職、裁量労働制適用者も対象
❻	「フレックスタイム制」により働きやすくするため、制度を拡充する ▶労働時間の調整が可能な期間（清算期間）を延長（1か月→3か月） ▶子育て・介護しながらでも、より働きやすく
❼	専門的な職業の方の自律的で創造的な働き方である「高度プロフェッショナル制度」を新設し、選択できるようにする ▶前提として、働く人の健康を守る措置を義務化（罰則付き） ▶対象を限定（一定の年収以上で特定の高度専門職のみが対象）

Point

2024年問題 2024年4月よりドライバーの労働時間に上限が設けられることに伴って生じる諸問題を指す。ドライバーの慢性的な長時間労働を是正するために行われた働き方改革の一環だが、人手不足の深刻化、物流コストの上昇などが懸念されている。

労働条件と労働環境の整備

このほか、中小企業の時間外労働における割増率が引き上げられました。それまで大企業50%、中小企業25%だったものが、いずれも50%とされました。中小企業には猶予期間があったのですが、2023年4月以降は中小企業でも月に60時間を超えた場合の割増賃金は、大企業と同様に50%を支払うことが義務化されました。

また、厚生労働省から「労働者の心身の状態に関する情報の適正な取扱いのために事業者が講ずべき措置に関する指針」が発表され、雇用者は労働者に対して健康面を管理する義務を負うことになりました。要旨としては、労働者が自分で健康管理を行う以前に、雇用する側として従業員が健康を維持できるように管理しなければならないというものです。労働環境の整備としては、営業時間の長い飲食業においては、終業時刻から次の始業時刻までに一定時間以上の休息時間を確保する「**勤務間インターバル制度***」や、睡眠時間の確保などの仕組みづくりが求められています。

また、働き方改革関連法によるフレックスタイム制の改正により、清算期限が変更になりました。

罰則規定について

一連の法改正により、これまで使用者側と労働者との間で交わされていた三六協定届なども新しくなり、例えば使用者の押印や署名が不要なるとか、労働者代表の選出が適格かという点についても、チェックボックスへのチェックが必要になるなどの変更が出ています。一連の働き方改革関連法について、時間外労働の上限規制に違反した場合や年次有給休暇の取得義務に違反した場合の罰則規定が明記されました。

それまでは行政指導にとどまっていたものが、法律の施行と共に、時間外労働が設定された上限を超えてしまった場合には「6か月以下の懲役または30万円以下の罰金」が科せられ、残業代を支払っていても規定時間を超えると違反になるため、労働時間の管理が重要になってきました。

また、有給取得義務のある労働者に年5日の有給を取得させなかった場合にも、「30万円以下の罰金」が科せられることになりました。有給取得義務違反の罰金は、該当する労働者の人数分だけ科せられることから、特に複数人を雇用している場合は、労務管理上での従業員の有給取得状況の把握も重要になってきました。

Term

勤務間インターバル制度　過労死等の防止のための対策として、労働時間等設定改善法に「事業主は、健康及び福祉を確保するために必要な終業時刻から翌日の始業時刻までの時間の設定（勤務間インターバル）を講ずるように努めなければならない」と規定され、2019年4月から義務化されている。

■社会保険適用の拡大

働き方改革に合わせて、「厚生年金保険」や「健康保険」などの**社会保険**の適用拡大も行われています。

2022年10月より適用範囲が拡大され、例えば「見込まれる雇用期間」がこれまで「1年以上」だったものが「2か月超」に、「従業員数501人以上の企業（500人以下であっても労使の合意があれば加入可能）」だったものが、「101人以上の企業」に改正されました。さらに、2024年10月からは「従業員数51人以上の企業」まで適用範囲が拡大されています。

2022年4月からは、中小企業も**パワハラ防止法**＊（労働施策総合推進法）の措置義務の対象になりました。パワハラはどの業種においても発生し得る問題ですが、パワハラ防止法では、職場でのパワハラを「優越的な関係を背景とした言動」、「業務上必要かつ相当な範囲を超えたもの」、「労働者の就業環境が害されるもの」のすべてを満たす言動と定義しています。

飲食店での事例としては、調理場で上司が部下に調理器具を投げ付けながら怒るとか、精神的な攻撃、人間関係からの切り離し、調理技術や接客技術での過大または過少な要求などが報告されています。

社会保険の適用範囲拡大の概念図

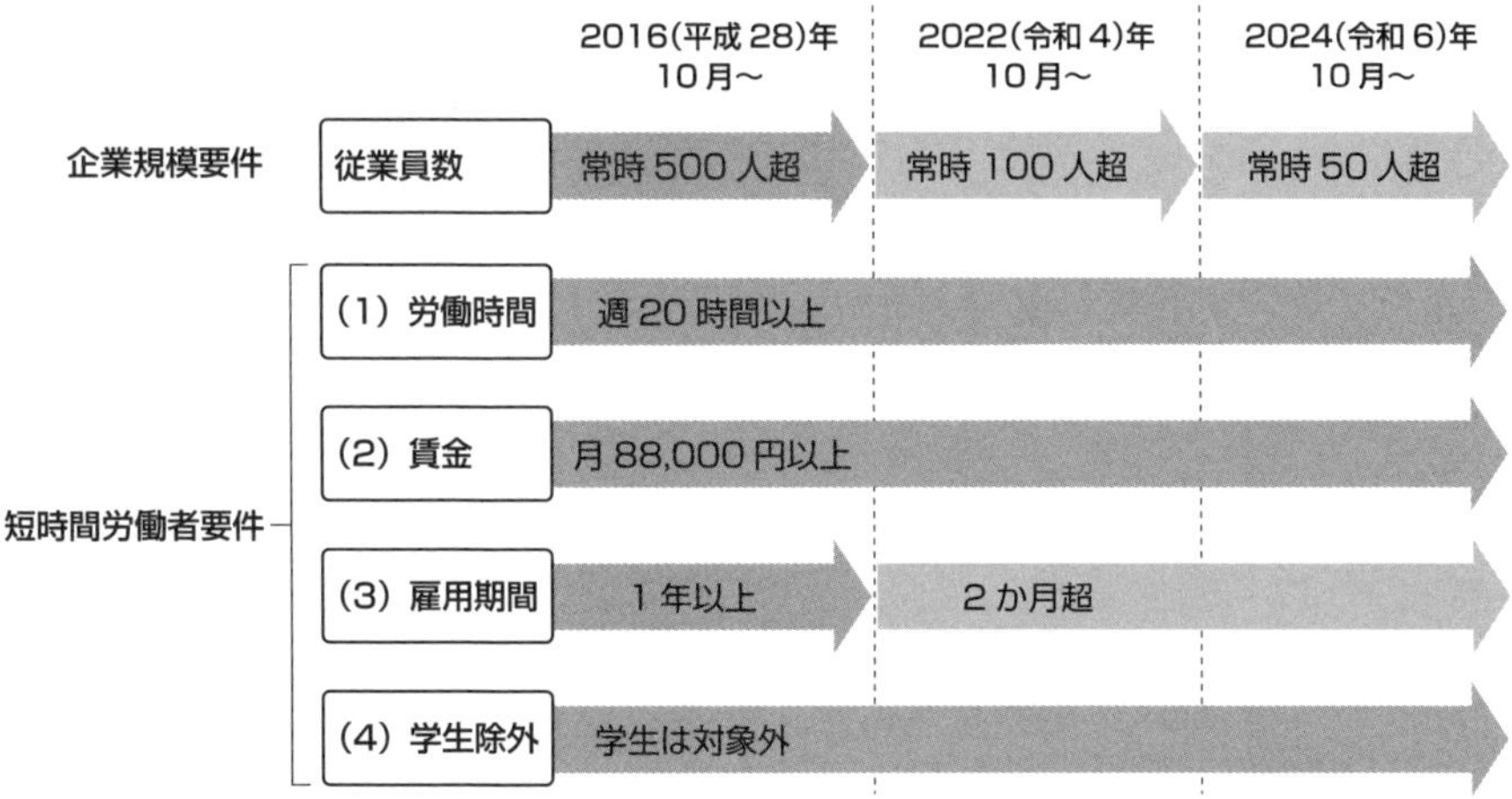

※企業規模要件は「フルタイムの従業員数＋週所定労働時間がフルタイムの 4 分の 3 以上の従業員数」でカウントする。

出典：厚生労働省「働き方改革」資料より

Term **パワハラ防止法**　2022年4月1日より、「労働施策総合推進法」に基づき、事業主は職場におけるパワーハラスメント防止のための雇用管理上の措置を講じることが義務化されている。同法では、パワーハラスメントの定義・類型・講ずべき措置が厳格に定められている。

Section

6-2 「特定技能」と外食業界

在留資格「特定技能」*は、深刻化する人手不足に対応するため、生産性向上や国内人材の確保のための取り組みを行ってもなお人材確保が困難な状況にある産業上の分野において、一定の専門性・技能を有する外国人材を受け入れるための、国の認定制度です。農林水産省では、外食業分野における特定技能の在留資格について、この制度の運用に関する方針を定めています。

■受け入れ見込み数

特定技能の制度が創設された2019年当初はまだ在留資格の取得者数が少なかったものの、22年から大きくその数を伸ばしています。外食業分野において18年からの5年間で約29万人程度の人手不足が見込まれる中、毎年0.5%程度（5年間で11万8000人程度）の生産性向上や追加的な国内人材の確保を行ってもなお不足すると見込まれる最大5万人を、1号特定技能外国人の上限として受け入れるとしています。ただし、20年からのコロナ禍による大きな経済情勢の変化を踏まえ、23年度末までは、当面、1号特定技能外国人の受け入れ見込み数を最大3万5000人とし、受け入れの上限として運用していました。

■特定技能「外食業」の受け入れ要件

また、外食業界で特定技能を受け入れているのは、1号特定技能外国人のみになっています。

出入国在留管理庁の統計によれば、特定技能「外食業」の外国人は2022年12月時点で累計5159人、1年前の2021年12月末時点から2.5倍以上の急激な増加を見せています。

特定技能「外食業」の外国人は、外食業に関わる様々な業務を行うことができます。要件としては、18歳以上の男女で、日本語能力水準（日本語能力試験など）に合格していること、そして技能水準（技能測定試験）に合格していること、となっています。

Term **在留資格「特定技能」** 2019年に開始された日本の在留資格。一定の技能および日本語能力基準を満たした者が特定技能外国人として在留を許可される。通算で上限5年の在留期限がある「**特定技能1号**」と、在留期間3年または1年で6か月ごとの更新のある「**特定技能2号**」の2種類がある。

インバウンドの増加に伴う変化

最近では外食業界の顧客にも変化が出てきました。訪日観光客の増加に伴い、顧客へのサービス提供のあり方も大きく変化してきました。

外食業分野の1号特定技能外国人の業務範囲は「外食業全般」とし、業務区分では、調理やホールでの接客業務、店舗管理や原材料の仕入れなどの業務全般が可能で、病院などの給食施設で働くこともできるとされています。また、外食業の範囲内であれば、他の就労ビザ（技術・人文知識・国際業務など）のような業務制限がほとんどなく、日本人を雇用する場合に近い業務ができ、アルバイト雇用とは違って継続的な育成とスキルの蓄積などを行っていくことができます。

必要な日本語能力水準は、国内試験では「日本語能力試験N4以上」、国外試験では「国際交流基金日本語基礎テストに合格できるレベル」としています。「N4以上」とは、基本的な日本語が理解できるレベルであり、読むことでは「基本的な語彙や漢字を使って書かれた、身近な話題の文章を読んで理解ができるレベル」、聞くことでは「日常的な場面で、ややゆっくりと話される会話であれば、内容がほぼ理解できるレベル」とされています。

特定技能１号技能測定試験　外食業国内試験　実技試験の概要

項目	主な内容	問題数			配点
		判断試験	計画立案	合計	
衛生管理	学科試験と同じ	3問	2問	5問	満点:40点(@8点)
飲食物調理	学科試験と同じ	3問	2問	5問	満点:30点(@6点)
接客全般	学科試験と同じ	3問	2問	5問	満点:30点(@6点)
		計9問	計6問	合計15問	100点

※このほかに学科試験（合計30問、満点100点）がある。

出典：OTAFF 一般社団法人外国人食品産業技能評価機構

Point

日本語能力試験N4以上　日本語能力試験にはN1〜5の5つのレベルがあり、N4以外の認定の目安は「N1：評論や論説などの構成や内容を理解できる。N2：新聞や雑誌などを理解できる。N3：日常的な話題の会話も一般的な速度で理解できる。N5：定型文章やゆっくりな会話を理解できる。」になる。

Section
6-3 外食業界で求められる人材像

消費者の外食業界への要望は、空腹を満たすだけではなく、食やサービスの高品質化へと変化しています。食の多様化が進む中、外食業界では社会人としての一般知識や向学心に加え、人を喜ばせるおもてなしの心、コミュニケーション能力、柔軟な発想力を持つ人材が求められています。

高い質が求められる食とサービス

米国のレストランチェーンの経営方法を学んでいた頃の日本の外食業界では、食材の調達から調理、接客まですべての業務をマニュアル化していました。しかし今日ではこの経営方式が転換期にきています。

マニュアル主義からの脱却に向かう要因は、大きく2つあります。1つは、消費者が食とサービスに対して高い質を求めていることです。近年の健康食ブームやスローフード*ブーム、メディアから得た大量の情報をもとにして、人々の目は**高品質**食材に向いています。もう1つは、**おもてなし**や**ホスピタリティ***がキーワードとなり、店の**サービス**に対する消費者の目が厳しくなっていることです。

臨機応変に対応

今後、多様なシチュエーションで飲食店を楽しみたいという消費者がより一層増えることが予想されます。

外食業界では様々な嗜好に対応し、他店と差別化した付加価値を見いだすことが必要になりますが、それと同時に、臨機応変に対応してお客様に心地よさを提供できる人材を求めています。ハードとしてのシステム化と、サービスの高度化を同時に行わなければならないのです。外食業界が欲する人材には、一般的な社会人としてあるべき常識や向学心を持つことに加え、コミュニケーション能力や順応性、ストレス耐性などが要求されます。

Term

スローフード　1986年にイタリアで起こった草の根の社会運動で、「おいしい、きれい、ただしい（Good, Clean, Fair）食べ物をすべての人が享受できる社会」を実現することを目指している。

コミュニケーション力と発想力

外食業界の職種には、**店舗開発**、**商品開発**、**食材調達**、**営業・店舗管理**、**店舗運営**の5分野がありますが、すべての分野において、消費者ニーズや要望をいち早くキャッチしてマーケティングに活かす能力が問われます。

近年、外食業界は劇的な変化を続けています。社内において各分野が協力し合い、その変化に応えていくためには、スムーズな情報交換が必要で、そのための**コミュニケーション力**が欠かせません。コミュニケーションを通じて「人」を育て、「人」に喜んでもらうといった、対人間に関わる柔軟性が外食業界でも求められます。また、常に新しいサービス、メニュー、オペレーションシステムの開発が待たれており、発想力豊かな人材が必要になっています。

そして将来的には、一流シェフや店長といった現場のエキスパート、起業オーナー、マネジメント能力を磨いて経営者、あるいはコンサルタントとして活躍……など、様々な道を模索しつつ向上心を持って業務に打ち込める人材が求められています。

外食業界の職種分野と主な職務内容

職種分野	主な職務内容
店舗開発	出店市場調査、店舗物件発掘、店舗設計・リニューアルなど
商品開発	安全な食材の安定供給先開発、食材の調理・加工法の研究、メニュー開発と改廃など
食材調達	食材の物流とコストの研究、食材管理法の研究、セントラルキッチンの立地調査と運営、食材別の管理、廃棄食材の地球環境対策など
営業・店舗管理	チェーン店の運営指導、商圏内の競合店対策、FC 展開の企画や管理、店舗従業員の研修企画と研修実施など
店舗運営	店舗の運営管理、食品衛生管理、従業員の勤務管理、接客指導、売上管理、利益管理など

Term

ホスピタリティ　語源はラテン語のhospitālis（客人の保護）といわれているが、接客・接遇の場面では、単におもてなしの意味にとどまらず、客への「深い思いやり」などの意味も込められている。

Section
6-4
外食業界における顧客満足度

サービス産業生産性協議会では毎年、約400の企業・ブランドを調査し、顧客満足度ランキングで上位となった企業を中心に結果を公表しています。調査対象は飲食店のほか、ホテル、航空会社、クレジットカードなど、市場規模の大きい約30のサービスを提供している企業です。

■6つの指数化による評価

2022年の飲食業界では、ガスト、サイゼリヤなどの洋食レストランチェーン4企業、木曽路、くら寿司などの和食レストランチェーン・ブランドと、ケンタッキーフライドチキンなどファストフードの2業態・17社、カフェの5社について、次の6つの指数化で評価しています。

①顧客満足度
②顧客期待（利用前の期待・予想）
③知覚品質（利用した際の品質評価）
④知覚価値（価格への納得感）
⑤クチコミ（他者への推奨）
⑥ロイヤルティ（継続的な利用意向）

■企業の成長と国際競争力の強化

この調査は顧客満足度指数調査（ＪＣＳＩ）という名称で、総計10万人以上の利用者からの回答を統計的な手法で分析している。日本では最大級の顧客満足度調査で、業種・業態ごとに横断での比較・分析を行い、かつ、ＪＣＳＩ因果モデル*により、6つの指標で顧客満足度構造とポジショニングをチェックすることを可能にしています。2022年度は年4回に分けて調査が実施され、外食関連では「飲食業種」と「カフェ」に分けて比較分析が行われています。調査の目的としては、「顧客の評価を起点とした業種を超えた競争」を促すことで、付加価値や顧客満足度を高める経営が日本全体に広がり、企業の成長と国際競争力の強化に役立てることを狙いとしています。

Term
JCSI因果モデル　JCSIでは、購買行動の因果モデルとその6指標を調査・分析のフレームワークとして設定している。これは商品・サービスを購入・利用するときの心の動きと行動を、利用前から利用後までの6つの項目で捉え、各項目間の因果関係をモデル化（米国ACSIなどをベースに開発）したもの。

「サイゼリヤ」と「スターバックス」

飲食業種とカフェは共に2020年度以降、スコアが低下しています。その中で、飲食業種の1位はサイゼリヤ、2位モスバーガー、3位びっくりドンキー、4位が餃子の王将と丸亀製麺になっています。サイゼリヤは2年連続の1位となっています。

カフェ業種の1位はスターバックス、2位コメダ珈琲店、3位ドトールコーヒーとなりました。スターバックスは前年度にスコアが低下して2位でしたが、22年度は1位に返り咲きました。コメダ珈琲店とドトールコーヒーは20年度から21年度にかけてスコアが上昇しましたが、22年度は低下しました。

22年度に調査を行った27業種のランキング対象239企業・ブランドの中で高く評価された上位51社のうち、1位は「劇団四季」、2位が通信販売の「ヨドバシ・ドット・コム」、3位が「宝塚歌劇団」となっており、上位にはエンタテインメント系の企業・ブランドが並びました。ちなみに飲食業種のサイゼリヤは全体では11位で、以下、モスバーガーが22位、びっくりドンキーが34位、スターバックスコーヒーが35位に入っています。

JCSI因果モデルの基本構造と設問の関係

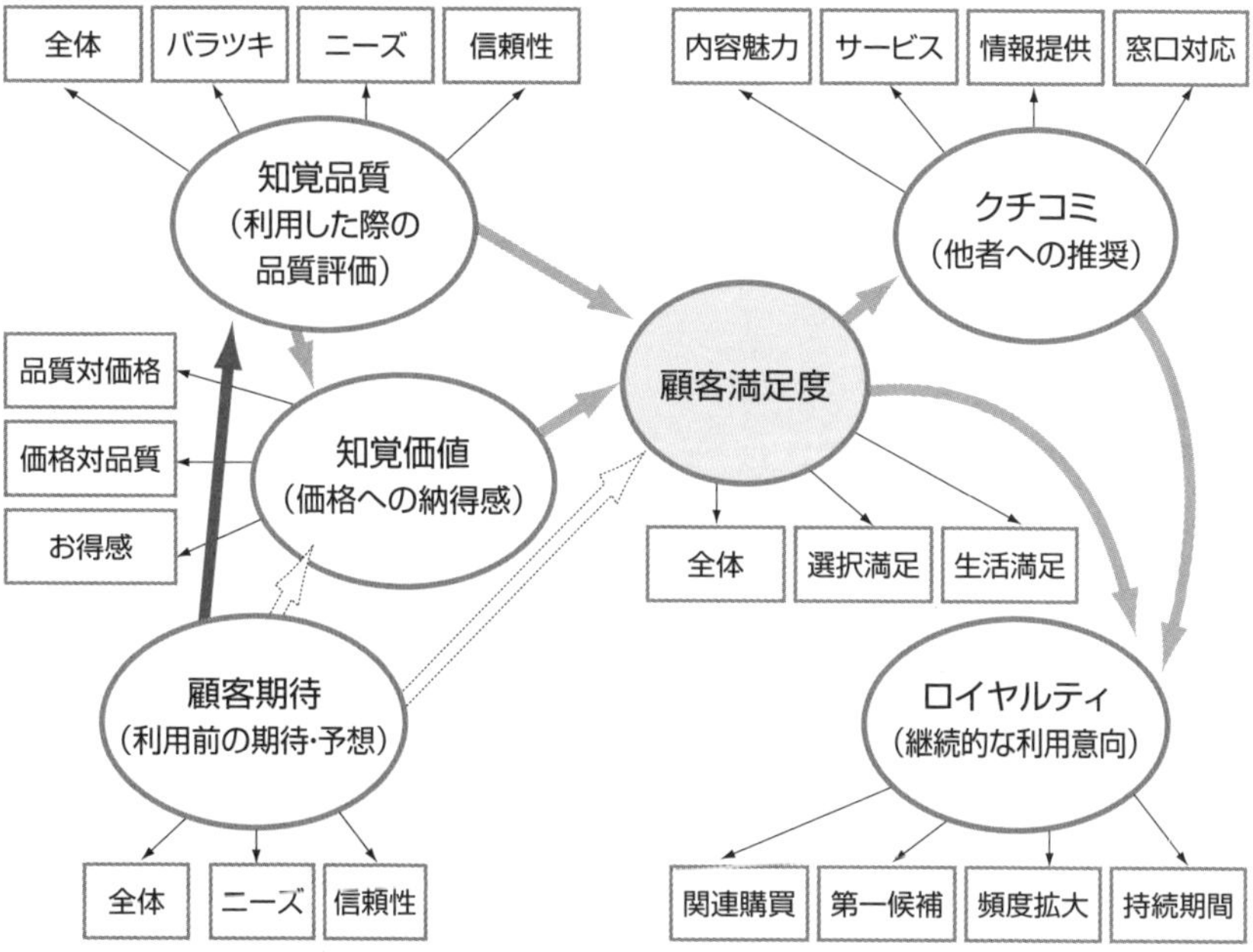

出典：サービス産業生産性協議会ホームページより

Section
6-5 外食店経営企業の組織図

外食店を運営する企業の組織は本部以下の事務部門と、店舗運営部門に分かれます。会社の顔である店舗スタッフがお客様に対して実際に適正な行動がとれるようになり、企業としての利益が向上するよう、各部門では本部の方針や指示を的確に把握してそれぞれの任務を果たします。

裏で支える事務部門

外食事業部の大本には「**本部**」があり、そこから各部門に方針や命令、指示が発信されます。

メディアに対する情報発信や広告作成を担う「情報管理部門」や、新規オープンに向けて本部の事業計画に基づき出店計画を作成し、立地や商圏のマーケティング調査から新店舗の設計、竣工までを担当する「店舗開発部門」、「メニュー開発部門」と連携して原材料の買い付けを担当する「バイヤー」なども事務方に含まれます。

本部では店舗運営マニュアルを作成し、随時、本部統括マネージャーに本部の方針・指示その他の情報を伝達します。

作業システムの的確化

本部からの指示が各店舗においてより具体的な業務として効率的に遂行されるために、本部統括マネージャーが必要になります。本部統括マネージャーは店舗オペレーションの責任者でもあるので、その先の地区スーパーバイザーに職務を割り当て、決定権を委譲し、現場の作業システムを確立します。

各店舗の店長は、下りてきた指示のもとで生産性を上げるよう、効率的に店の従業員を管理していきます。消費者に一番近い場所で仕事をするスタッフが、本部の方針や指示をしっかりと具体的な行動に起こせるように、縦の分業をスムーズに進めるのが上部の役割となります。

法務・コンプライアンスの仕事　近年、外食企業で重要になってきた仕事として、「法令や社会的規範の違反により、会社に経済的損失やレピュテーションリスク（企業の評判が下がるリスク）が発生する事態を未然に防ぐ」ことを目的とする、コンプライアンス体制の整備やリスク管理といった法務の仕事があります。

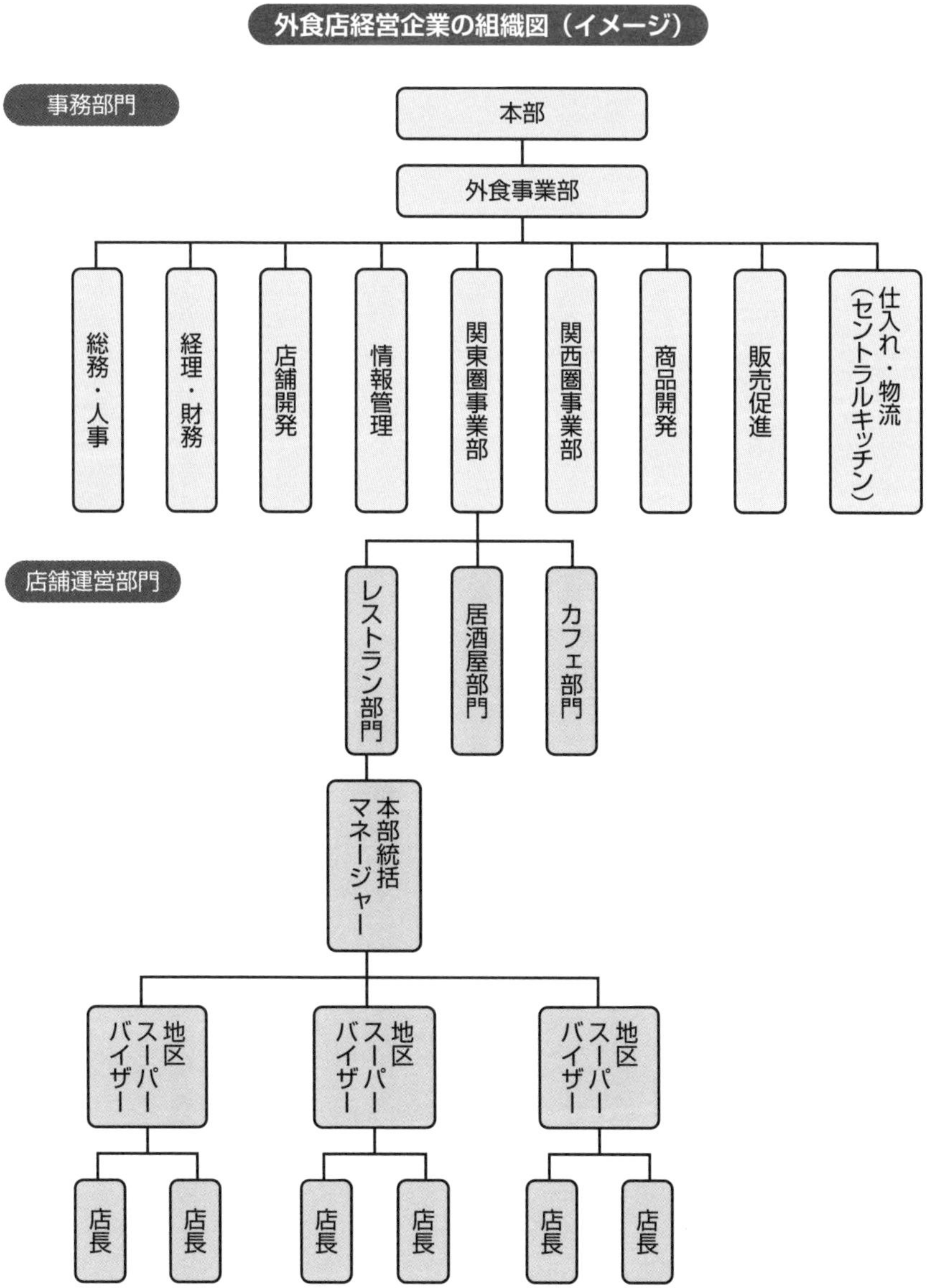

Point

カスタマーハラスメント　顧客からの悪質なクレームや著しい迷惑行為のことで、「カスハラ」と略すこともある。企業にはカスハラから社員を守る安全配慮義務があることから、社内に相談窓口を設置し、カスハラの対策を行うところが増えている。とはいえ、厚生労働省が発表した「令和2年度委託事業 職場のハラスメントに関する実態調査結果について」では、カスハラ対策の実際の取り組みは「特にない」が57.3%と最も高く、「相談体制の実施」も27.5%と低いのが実情となっている。

Section
6-6 店長の仕事

店長は、お客様の声を身近に聞きながら人とのつながりを感じることのできる立場であると同時に、担当する飲食店舗の利益目標達成のためにお金や物や人に関わる店舗運営のすべてを担う、店のトップでもあります。日々円滑な営業ができるように気を配ることが大切です。

店舗運営のすべてを行う

店長は、運営の効率化を念頭に、店舗運営に関わる売上・利益管理、人事や労務の管理、来店促進、店員の接客指導、日々の業務やシフトの安定化など、店の業績向上に関するあらゆる業務を計画的に行う役職です。つまり、その店舗の運営に関する「**お金**」「**物**」「**人**」にじかに触れ合う仕事をしているといえます。

店長に求められる資質としては、人と接するのが好きなことはもちろん、店員や客と信頼関係を構築できるコミュニケーション力やリーダーシップ、全体を見る総合力や数字に強いことなどが挙げられます。また、立ち仕事が多いため体力も求められます。店長次第で売上や店の雰囲気が激変することもあります。

目標達成のための施策実行

では、店長の仕事を「お金」「物」「人」に関して具体的に見ていきましょう。まず「お金」ですが、本部が設定した売上目標を達成するために、年間行事や月ごとの客足の良し悪しを見越して店舗の売上目標を設定します。そのあと、目標達成のための様々な施策を練って実行に移します。例えば割引祭やランチフェアの開催、集客のためのポスティング（チラシ配布）などです。

「物」に関しては、発注や在庫管理が重要業務となります。料理の質のほか、店舗の内装ディスプレイ、店内が整理整頓されているかなどもチェックします。特に食材の在庫ロスを減らすことはコスト削減に直結します。

Point

店長の職務　店長の仕事を職務的に整理すると、店の販売計画・予算の作成と実行、販促計画・予算の作成と実行、地域社会との交際、環境保全対策、衛生・防火・防災・防犯対策、店員の勤務管理と教育、クレーム対応など──となる。

■スタッフを育てる

最後に「人」については、主にスタッフの教育と採用が中心となります。特にアルバイト採用は店長裁量となることが多いため、効率的な採用活動や応募者の見極めが必要です。未経験者も多いので、コミュニケーションをとりながら根気よく仕事を教えていきます。

どの店長もスタッフの教育は最重要事項です。客とじかに接するホールスタッフは、いわばその店の顔です。客のリピーター率を大きく左右する要因の1つは接客態度です。もちろん、調理スタッフの提供する料理でその店の評判が大きく左右されるのはいわずもがなです。店長はスタッフとコミュニケーションを密にとりながら信頼関係を築くことが責務です。

店長自身の質を高めることも大切です。確かに外食業の成功には好立地や魅力的なメニューが欠かせませんが、次に重要なのは店長だともいわれます。魅力ある店長の姿を見ることでスタッフの信頼と団結力、勤労意欲が高まり、結果的に一番大切な「人」という資源を活かすことにもつながります。

店長の1日

❶出勤

店に入る前に、看板、のぼり、店の周囲の清掃状況などを目視確認。

❷店内入り

店員と挨拶を交わし、店員の勤務状況、店の営業状況、店内の整理整頓状況などを素早く目視確認したのち、厨房に入ってピークタイムの準備状況や食材管理状況を確認。事務所にて売上状況や食材、消耗品の在庫状況を確認。本日の売上目標、シフトを確認。

❸ピークタイム

店員の先頭に立って接客、配膳、テーブル後片付け、会計などのホール業務をこなしつつ、店内全体の混雑状況を把握して店員に必要な指示を与え、客に不快感を与えないよう努める。料理提供の遅延確認、クレーム対応。

❹アイドルタイム

本部への営業報告と本部からの通達処理、パート店員の面接、販促キャンペーンの立案、店内ミーティングなど。

❺閉店

レジ締め、営業日報作成、店内外の防災・防犯対策チェックなど。

Section

6-7 スーパーバイザーの仕事

本部と店長の橋渡し的存在であり、複数店舗を巡回・管理・監督し、利益向上のために指導や教育を行うのがスーパーバイザー（SV）の仕事です。高度なコミュニケーション力のほか、トラブルへの対応や課題解決方法の立案・実施を迅速に行える行動力、業界の流れを察知する情報収集力などが求められます。

店長の相談役かつ本部との橋渡し役

スーパーバイザー（**SV**※）とは一般的に、本部に籍を置きながら担当エリア内の複数店舗の巡回・管理・監督を担当する**店舗巡回指導員**のことです。店長やオーナーなどに本部の指示や情報を伝え、店舗運営や人材育成などあらゆる業務に関して店長の相談に乗り、必要な助言や支援をします。一方で、店長や現場スタッフから聞いた売れ行き、客足動向といった経営状況や接客内容、エリアマーケットなどの情報を本部にフィードバックする役目も担います。広域にわたる3～10店舗ほどの経営をサポートし店長にアドバイスする立場なので、より高い知識、経験、スキルが求められます。

公平な立場で情報提供

スーパーバイザーは、本部の決定事項や必要事項を担当エリアの店長に伝えます。その際に必要なのが高い**コミュニケーション力**です。SVは本部と店長の架け橋なので、どちらにも偏らず、両者に信頼され公平な立場で正確に情報伝達をします。

また、チェーンブランドを確立するためには売上などの数値目標のほかに、全店が統一された料理、サービス、空間を提供することが求められます。そのためには各店に本部の意向を浸透させなければなりませんが、店長を指導する際は一方通行にならないよう、相手の話に真剣に耳を傾けるカウンセリング的役割も負っています。

Term

SV　SuperVisorの略。スーパーバイザー、店舗巡回指導員のこと。

■営業数値の向上のために

本部の方針に沿って各店舗に指導・教育を行うスーパーバイザーですが、その最大の目的は店の売上や利益など営業数値の向上です。

店舗を巡回して店長とミーティングを重ねることで、新たに発見した課題の克服のための具体案を提示します。その際にSVは、企業全体や同エリア内のデータから導いた、店長の立場では見えてこない独自の視点からアドバイスします。また、チェーンブランドとして客に同一レベルの安定的なサービス提供を行うため、マニュアルやチェックリストの遵守についても指導します。

担当エリアの調査も欠かせません。競合店がどのようなメニュー構成をとっているのか、店のレイアウト、客層、近隣情報もチェックします。店舗ごとに最適の課題解決策を探り、その都度店長に情報を提供して、店の運営のヒントになるようにします。立地によって客層や混み合う時間帯は大きく変わるため、データを分析して解決策の立案から実施までを指導するための分析力や判断力も、SVには必要になります。

スーパーバイザーの職務とスキル

●職務内容

・担当するチェーン店を巡回しながら、各店個別の問題点や課題を発見し、その解決策を店長に指導する。
・業績不振店についてはその対策を立案し、業績回復を図れるよう店長に必要な支援を行う。
・競合店が存在する場合は、店長と共に競合店対策を立案し、実施する。

●必要な能力

・店舗業務への精通、コミュニケーション能力……チェーン店の運営においては、店舗間にサービス品質のばらつきが発生しやすい。これをなくすためには、店舗業務に精通し、店長と店員に問題解決の方法について具体的に指導する必要がある。
・市場調査能力……チェーン店の運営においては、競合店の存在などにより収益性など業績の低下に見舞われる店が発生する。そういった場合は撤退を含む高度な経営判断を下さねばならず、そのためには的確な市場調査が必要になる。

出典：中央職業能力開発協会「業種別職業能力評価基準／外食産業」より作成

Point **海外展開のエリアマネージャー**　海外展開している企業からは、海外店舗の管理を担うエリアマネージャーまたはスーパーバイザーの求人も増えている。国内のスーパーバイザーと同様の能力に加えて語学のスキルが求められるほか、外国の食文化や食習慣の違いについての知識の習得などが必要。

Section

6-8 バイヤーの仕事

店で使用する食材の製造・提供に必要な物を調達するのがバイヤーの役割です。もちろん、単に仕入れるだけではなく、客のニーズに応えることや、新たな食材の発見と開発を求められる上に、粗利益高に対する数値責任も持っています。商品知識に加え、仕入れ先や産地に関する詳しい情報の把握も欠かせません。

多岐にわたるバイヤーの仕事

バイヤーの業務範囲は多岐にわたります。メニュー開発と連携し、本部の意向に沿って必要な食材について安全かつ低コストで調達できるルートを探して仕入れ、それを管理する仕事です。つまり、外食業界のバイヤーの仕事は大きく**食材調達計画の立案**、**食材仕入れ**、**食材管理**の3つに分けられます。

バイヤーは、必要な食材を仕入れるだけでなく、粗利益高に対する数値責任も持っています。より高品質の食材をより安価に調達するため、常に最新の情報を集め、ときには生産地に赴き、新品種開発や生産量について相談・依頼をします。

食材の調達と開発

バイヤーは、店が必要とする食材をPOS*データなどきめ細かく分析し、低価格かつ短納期で仕入れられる**食材の仕入れ計画**を立て、その計画通りの仕入れができるようにメーカーや農家と交渉します。

日頃から消費者の求める食材や食品の調査をしておくこと、現状の食材では品質その他の面で不十分だと感じれば、新たな食材を自らの責任で発掘するのもバイヤーの仕事です。近年は有機栽培やご当地野菜など、消費者に人気のある付加価値の高い食材を、生産者と共同開発して委託生産する店も多くなりました。仕入れた商品に関する知識を持ち、店長や調理師などに説明できなければなりません。

Term

POS　Point Of Salesの略語。客がレジで買い物の支払いをすると、その品目・金額・日時を自動的に記録し、売上データとして蓄積するシステムのこと。集計結果を在庫管理や売上予測に利用できる。

売り手との交渉

他社よりも優れた食材を仕入れるために、バイヤーは常に情報収集を心がけなければなりません。市場の動向を知るために社内外を問わず見て回る必要上、フットワークが軽くて活動的なことがバイヤーには求められます。ベンダーといわれる売り手とは密にコミュニケーションをとり、食材だけでなく関連商品も含む幅広い情報を得るように心がけます。特に大切なのが、自店や競合店の売れ筋メニューをチェックし比較検討することで、次の新しいメニュー開発に役立つ重要な情報となります。それには優れた情報収集力に加えて、集めた情報を取捨選択して体系化する能力が不可欠です。

移り変わりの激しい外食業界のバイヤーは、いつも新たな食材や情報を求め、新規の売り手を見つけてコンタクトをとることを繰り返します。食材仕入れのコストパフォーマンスを高めるためには、売り手との商談・交渉によりいかに有利な取引条件と仕入れ価格を引き出すかが鍵になります。円滑な取引を行うためには、売り手との信頼関係を築くことが最重要となります。

食材調達の合理化（すかいらーくグループの例）

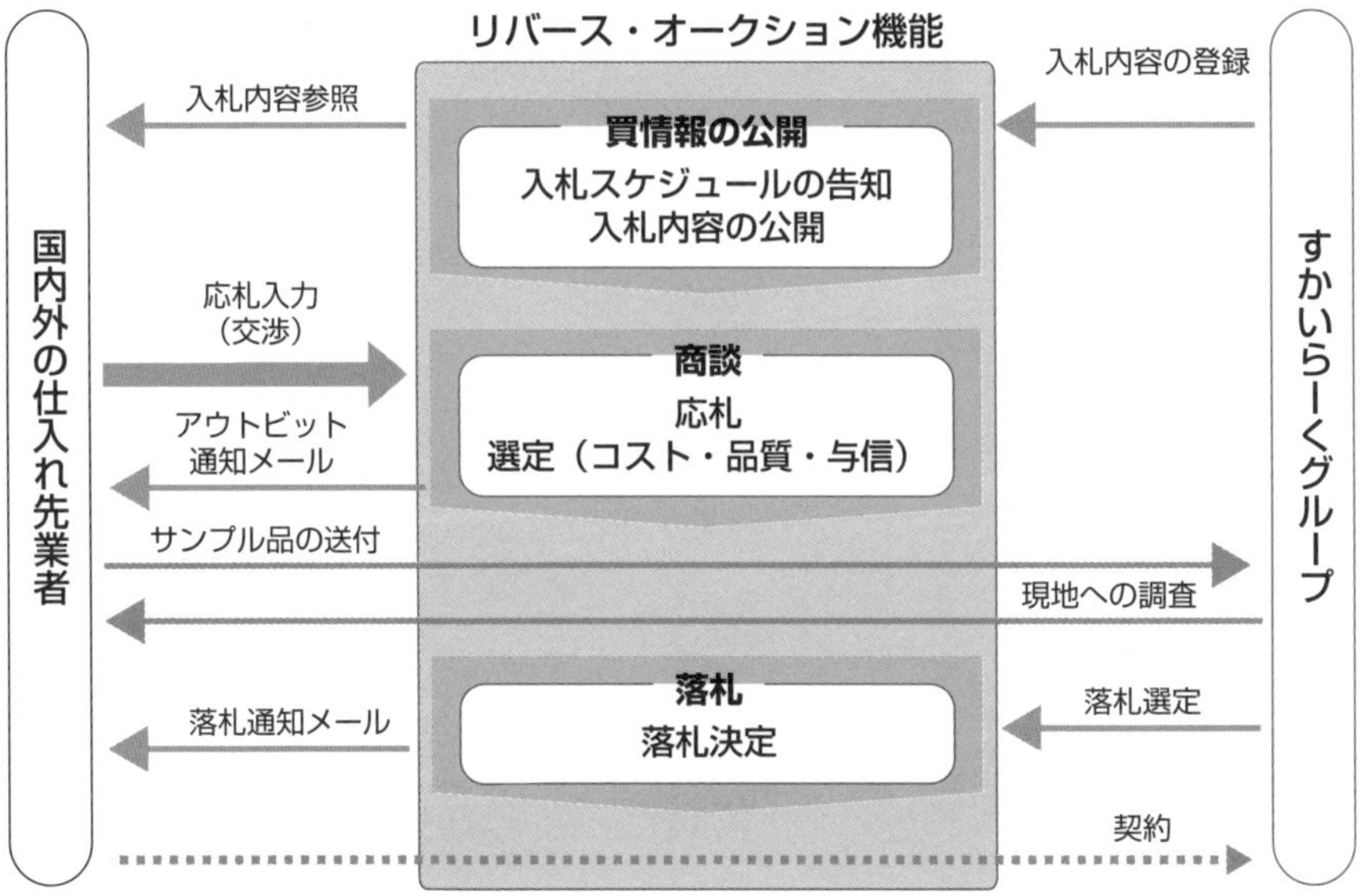

・すかいらーくグループはインターネットオークションを応用した食材調達システムを開発し、約5000品目に及ぶ食材・消耗品の仕入れコスト合理化を図っている。

出典：すかいらーくホームページより

Section

6-9 店舗・メニュー開発の仕事

外食業界における開発の仕事には、**店舗開発**と**メニュー開発**があります。店舗開発は、本部の事業計画に基づく出店計画の作成、商圏のマーケティング調査、そして新店舗の設計から竣工までを担当する幅広い業務です。メニュー開発は、消費者ニーズと市場動向をマーケティングして、新メニューの選定・開発を行います。

新店オープンへ向けての調査

店舗開発の仕事は、**企画関連業務**（出店計画形成やマーケティング調査を行う）と、**不動産物件関連業務**（店舗物件取得や店舗設計を行う）に大別されます。毎年の出店数の多い大手チェーンでは自社に専門業務担当者を置き、少ないチェーンでは専門業務を外注するのが普通です。

まず企画関連業務ですが、これは本部の店舗開発計画に沿って店舗のコンセプトを決め、土地物件の情報を収集し、対象地域の立地戦略を考え、出店形態や業態から候補地を絞り、競合店・人口・通行量といった商圏の市場調査を綿密に行って多角度から分析します。

交渉と調整力で完成を目指す

不動産物件関連業務の担当者は、出店に伴う土地建物に関わる店舗物件関連業務を一手に引き受けます。立地に関して外食産業は先行投資型だということを念頭に、より有利な出店条件で好立地を確保することに努めます。予算内で賃借できるように地主や建物のオーナーと折衝し、賃貸借契約を結びます。ここでは建築設計と建築工事に関する専門知識が必要になります。

立地決定後は、店舗の完成に向けて店舗デザイナーや施工業者と外装・内装の交渉をします。什器《じゅうき》の手配なども含め、出店するまでのすべての業務を担います。

Term

原価率　売上に対する原価の割合のこと。原価率が高いと収益が圧迫される。

■客のニーズをつかむメニュー

外食業界では、季節や年間行事に合わせたメニュー、グランドメニューなど、常に新しいメニューの開発に取り組んでいます。

メニュー開発の担当者は、本部のメニュー開発の目的や開発方針を明確に把握し、調理の効率性や材料の**原価率**＊、ボリューム、ターゲットとする客層、価格設定などを考えます。市場動向や消費者のニーズを敏感にくみ取り、マーケティングの結果を自社メニューに反映させ、店舗でタイムリーに提供することで着実に売上につなげることが仕事です。

そのためにメニュー開発担当者は、食品メーカーの新製品や食材の産地情報、競合店の動向など、外食関連のあらゆる動向を日々研究して知識を増やし、その上で食材の調理や加工法などにも意識を向けていきます。

新メニュー候補は試作を繰り返し、調理師や従業員に試食してもらって、味や調理の効率性などの意見を聞きます。それらすべてのマーケティング調査に基づいて、総合的な評価を行います。

店舗開発の要素

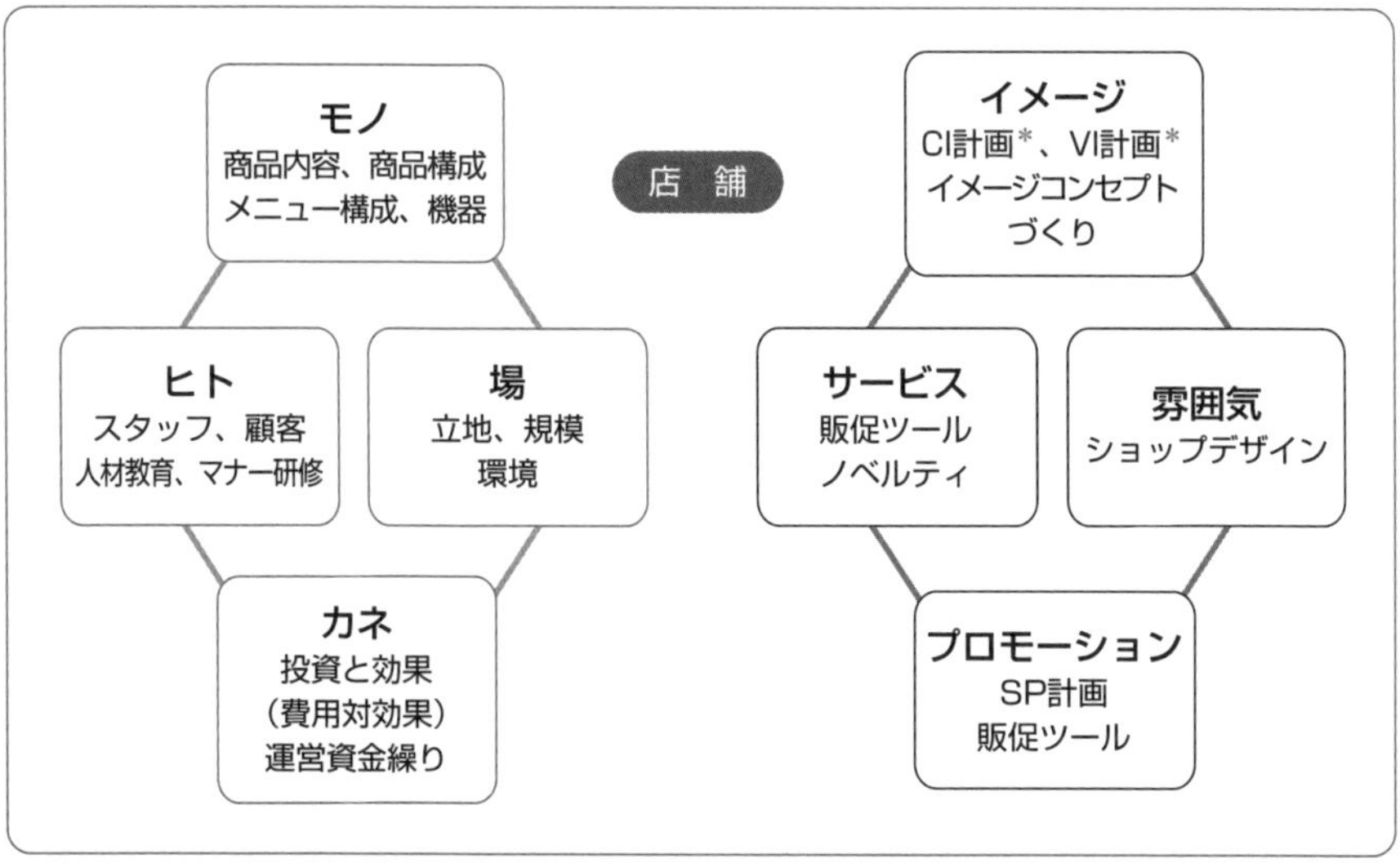

Term

CI計画　CIはCorporate Identityの略。企業イメージを統一すること。

VI計画　VIはVisual Identityの略。企業のシンボルマークやロゴタイプなどの画像表示を1つのデザインに統一すること。CI計画もVI計画も企業のイメージと認知度を高めるのが目的で、通常はセットで行われる。

Section
6-10 営業企画、広報・宣伝の仕事

前節の店舗開発やメニュー開発と並んで、チェーン本部の重要な役割の1つが、会社全体のマーケティング戦略の立案と、厳しい競争が続く業界にあって独自のマーチャンダイジング戦略によってシェアを広げる、総合プロデューサーのような仕事です。近年は食に関する知識のほか、組織のDX化を推進するデジタルスキルも求められるようになってきました。

店舗支援とチェーンの運営サポート

近年、外食業態のボーダーレス化が進む中で、多彩な業態や店舗を1つの持株会社により展開する外食チェーンが増えています。本部の仕事もこれまでの店舗支援のほか、サプライチェーン・マネジメントの運営に関する業務が増えてきました。

商品開発・製造・調達・物流などのバックヤード業務のほか、グループのマーチャンダイジングの機能強化とその訴求や、顧客の要望をスピーディーかつフレキシブルにメニュー開発やサービスへ反映させるシステムづくりなど、いわゆる広報や顧客の窓口となる仕事が重要になってきつつあります。

広報業務とセールスプロモーションの推進

マーケティング関連の業務について、近年は広報業務を担いながら、プロモーションにおける企画設計、PR会社や広告代理店などとの連携業務が増えています。具体的には、

・各種取材や問い合わせ対応（広報業務）
・プレスリリースの作成と配信
・セールスプロモーションおよび広告企画

など。その他、新規顧客数のアップや客単価の向上、リピート率・ロイヤルティアップに向けたプロモーション活動などがあります。さらに、顧客とのコミュニケーション戦略やクチコミへの対応なども担当するようになってきました。

Point

マーチャンダイザー　6-8節で紹介したバイヤーのうち経験豊富で有能な者をマーチャンダイザーという職種に就かせ、市場調査や商品化計画全般での企画立案などを担当させるところも増えている。

デジタルマーケティングのスキル

近年は外食業界においても、**デジタルマーケティング**の活用や効果的な運用のための戦略構築が求められてます。例えば、最近では多くの外食店で、InstagramやLINEなど、スマホなどを使った販売促進や広報活動が行われるようになってきました。さらにはポイント制度の導入による固定客づくりなども、デジタルツールを使って行われています。外食企業においては、顧客一人ひとりに合わせた情報・サービスの提供により、顧客の満足度を高めると共に、店舗やECなどへの送客を実現するための取り組み、顧客サービスやポイントプログラムの運営を通して、顧客へのインセンティブを提供するために、デジタルツールを使った効率的・効果的なマーケティング戦略を考えることが必要になっています。

次章で解説しますが、外食業界のDXを進める上で、外食企業のスタッフにもデジタルに関するスキルの発揮が求められています。今日、いろいろな業界において「**リスキリング***」と呼ばれる「学び直し」や「再教育・再開発」の必要性が叫ばれていますが、時代の変化によって求められる技術やスキルが大幅に変わる中、新たな知識やスキルを習得することもまた必要になってきました。

外食におけるデジタルマーケティングの概念図

リスキリング　職業能力の再開発・再教育を意味する。近年はDXの進展に伴い、そのスキルや知識を再習得する意味でよく使われる。

Section
6-11 外食業界に関わる仕事・資格

調理師の資格がなくても調理は行えますが、プロとしてワンランク上の調理スタッフを目指す人は持っていたい資格です。食の歴史から食材や調理の基礎、食中毒や厨房機器まで、厨房で求められる知識とスキルが問われます。免許取得者は無条件で食品衛生責任者になれます。

調理界の花形「料理人」

しかし、やはり料理の味が勝負の外食業界にあって、調理師資格の有無にかかわらず、**料理人**が主役的な職種であることには変わりありません。

材料の切り方ひとつで料理の味は変わります。調理における確かな技術と食材の知識、盛り付けなどの美的感覚、食中毒などを防ぐための注意力や清潔感、大量調理に対応できる体力など、料理人になるには様々な要素が必要です。

下積み時代にスープやソースのダシのとり方、料理に適した盛り付けや食器の選び方などの基礎を身に付け、徐々に単品料理、フルコース調理へと進みます。調理責任者はメニュー開発や原価計算なども行います。

資格不要の外食業界

外食業界には様々な関連資格があるものの、「これがなければ業務に携われない」という資格はほとんどありません。「飲食店開業にあたっては**食品衛生責任者**の設置が義務付けられる」、「ふぐ料理を提供する場合には**ふぐ調理師免許**が必要になる」といった程度です。調理師免許がなくても、料理人、板前、コック、シェフなどとして働くことができます。

しかし、移り変わりが激しく消費者の食への関心が多様化している昨今の外食業界では、それに対応するための客観的判断として、外部の専門家の意見を取り入れる企業も多くあります。

Point

ふぐ調理師　ふぐの調理ができる資格を持った調理師のこと。ふぐ料理を提供する飲食店は、法律により必ずふぐ調理師を配置しなければならない。

外食業界の様々な資格

外食に関わる調理師以外の主な資格は次の通りです。

・専門調理師・調理技能士（国家資格）……調理師資格の上位資格。実技試験の内容が、日本料理・西洋料理・麺料理・寿司料理・中国料理・給食用特殊料理のいずれか1つを選ぶ形式になっており、それぞれの料理に関する専門的な技術を証明する資格が得られる。

・レストランサービス技能士（国家資格）……レストランに限らず接客に関する知識や技能を証明できる資格だが、接客者が多数いる中で、この資格を持つ者は数少ない。

・ソムリエ（民間資格）……客に説明するためのワインや料理の知識を持ち、仕入れ、管理、販売などワインに関わるすべての業務に携わると同時に、ワインを中心とした総合的な接客サービスを担う。

・フードコーディネーター＊（民間資格）……レストランのプロデュースやメニュー開発など、調理師や栄養士などと連携してフードビジネスを行う。

今後、食への関心の高まりにより、さらに多様な資格が登場してくると予想されます。

調理師免許の取得方法

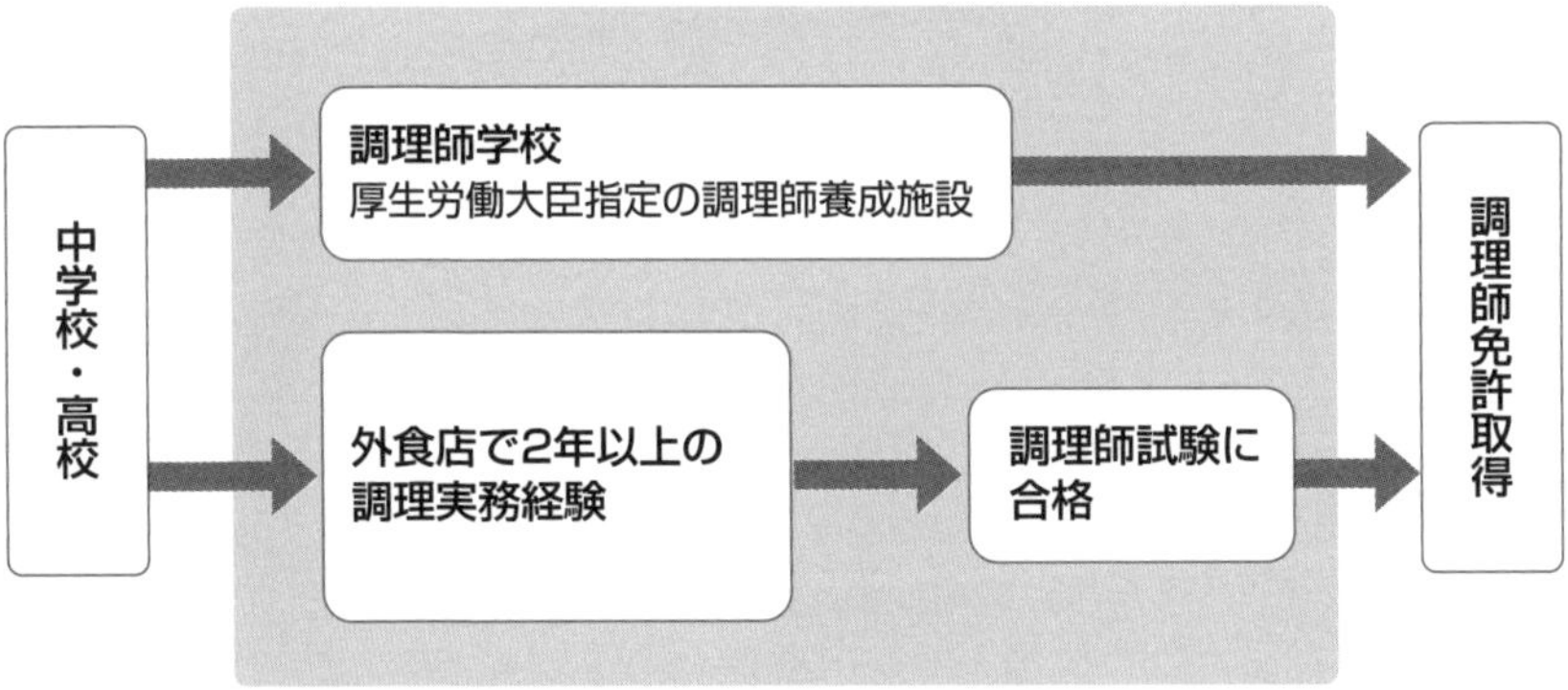

・試験科目は、食文化論、衛生法規、公衆衛生学、栄養学、食品学、食品衛生学、調理理論など
・試験は筆記試験のみ（実技はなし）
・実施は都道府県ごとであるため、出題問題は異なる

Term

フードコーディネーター　NPO法人日本フードコーディネーター協会が認定する民間資格で、1級から3級までの等級がある。フードコーディネーターは「食」に関連するあらゆるビジネスを効果的に演出し、コーディネートする。

Section
6-12 今後求められる栄養管理のスキル

2008年4月から導入された、**特定健診制度**（糖尿病等の生活習慣病に関する健康診査）にあるメタボリック・シンドローム診断基準によって、食と栄養と健康に対する関心が高まりました。ファミリーレストランでは、食材の産地表示のほか、カロリー数をメニューに表示するなど、消費者のニーズに応えています。

栄養士・管理栄養士への期待

栄養士・**管理栄養士**＊の職務の中心は「**栄養指導**」です。病院での仕事はその原点ともいえるもので、入院患者の食事管理と栄養指導、退院時に自宅で行う食事療法の計画書作成などが主たる仕事になっていました。近年はNSTと呼ばれる栄養サポートチームの一員となって、食を通じて医療の一端を担う存在としても注目されており、診療報酬にもNST加算が認められ、病院給食においては必要不可欠な資格者になっています。

病院給食の多くが、委託給食会社によって運営されていますが、栄養士・管理栄養士の設置義務があり、委託給食会社にとっての必要スキルになっています。

労働者の健康管理上から

最近では病院だけでなく、介護保険施設の給食や学校給食なども、外部委託・民間委託が増えてきました。委託給食会社で働く管理栄養士は、委託を受けた施設での給食づくりが主な仕事となりますが、献立の作成、調理、衛生管理のほか、社員食堂であれば社員の健康管理に関する指導・助言なども求められるようになってきました。特に、メタボリック・シンドロームや生活習慣病の予防についての意識の高まりにより、社員の健康管理や組合健保の運営上からも栄養管理は重要な仕事であり、有資格者とそのスキルが委託給食会社にとっても貴重な人的経営資源になっています。

Term

管理栄養士　1962（昭和37）年の栄養士法の一部改正時に設けられた国家資格。病院で働く管理栄養士は、患者に療養上の栄養指導をすることができ、診療報酬を請求できる。

外食産業と管理栄養士のスキル

昔から、消費者の外食に対する懸念として、カロリーが高くなりがちだったり、塩分をとりすぎたり、栄養が偏ったりするのでは？　ということがありました。そのため、メタボリック・シンドロームや糖尿病などで食事に気を使う必要のある人たちからは、敬遠されがちでした。しかし近年は各チェーンとも、カロリー表示や塩分表示が当たり前のようにメニューに出ているほか、栄養管理を企業のポリシーとして前面に打ち出すところも増えてきました。

そのため、有資格者を雇用したり入社後の研修制度の中で資格取得を推奨する企業が増えています。

栄養と健康に対する消費者の関心の高さは、「中食」市場でも顕著になってきました。特に「配食・デリバリー」においては、高齢者や熟年夫婦2人だけの世帯からの需要も大きく、栄養面のほか、嚥下障害者向けの介護食の提案など、食生活に関する助言や指導なども必要なサービスになっていることから、各社とも有資格者の確保に努めています。

栄養士・管理栄養士の免許取得方法

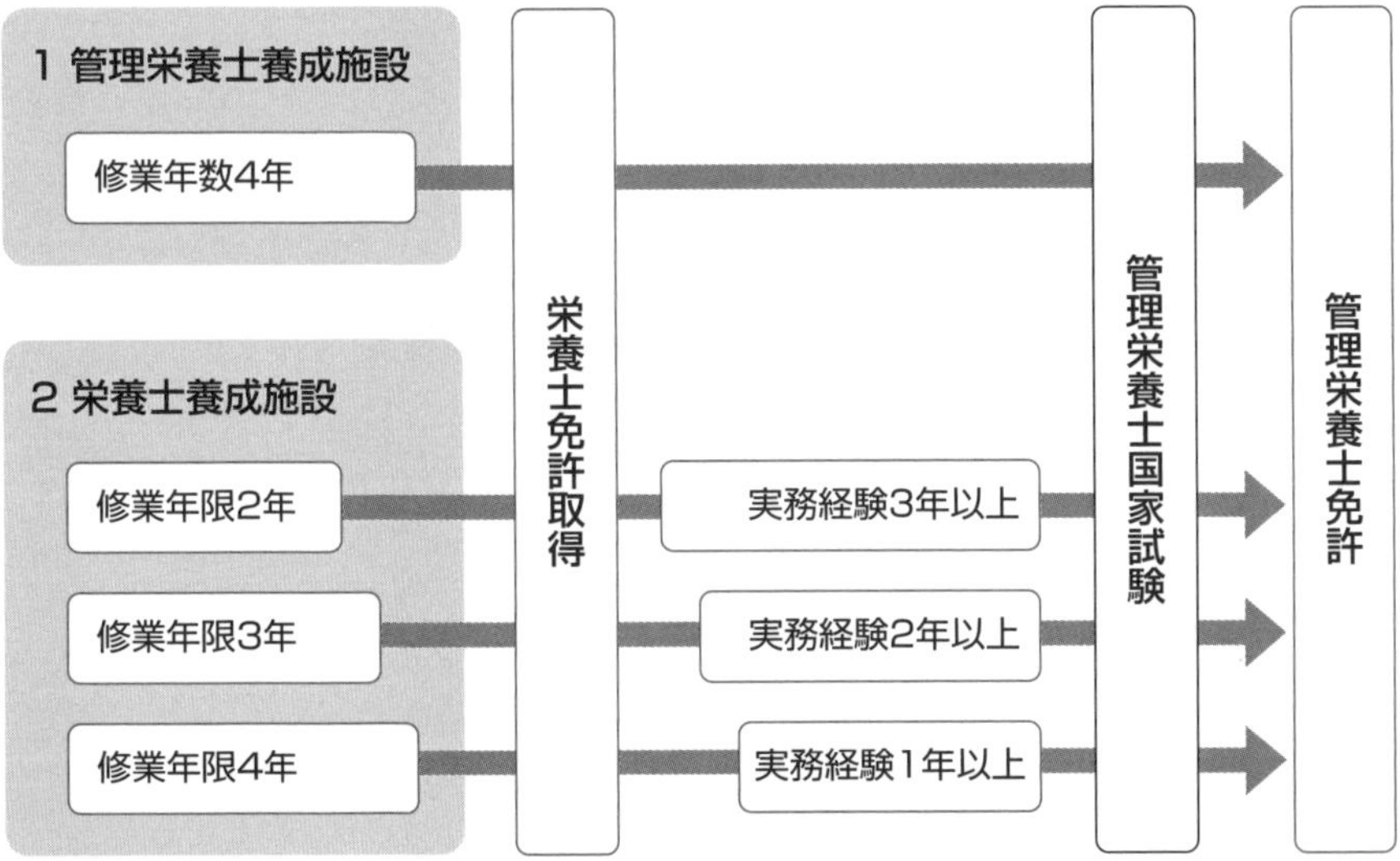

Point
特定分野管理栄養士　公益社団法人日本栄養士会が、特定保健指導担当管理栄養士、静脈経腸栄養（TNT-D）管理栄養士、在宅訪問管理栄養士、公認スポーツ栄養士、食物アレルギー分野管理栄養士・栄養士、小児栄養分野管理栄養士・栄養士の６つの特定分野別に、特定分野管理栄養士として認定している。

ロカボブーム（低糖質化）

近年、ダイエット中に見るべき項目に、大きな変化が出てきています。食事の「カロリー」よりも「糖質」で、体重のコントロールが可能になるということです。大手スポーツジムのメソッドも「**糖質制限**」という言葉が前面に出て、多くの女性誌でも特集が組まれています。

一方、外食業界はライフスタイルの変化、人口減と高齢化などが要因となって全体のパイが縮小する傾向にあり、さらにコンビニのイートイン・コーナーなどとの競合もあって、経営環境が厳しくなってきました。

そこで外食業界は、消費者の間で関心が高まっている「糖質」に注目し、新たなメニュー開発を試みて、成長分野を開拓し始めています。

もともとファミレスはメニューの豊富さが強みでした。近年、大手ファミレスはその強みを活かして「低糖質メニュー」の開発・提供を精力的に行っています。

ガストは、もともと健康志向のある層を意識し、塩分やアレルギーの表示をしていましたが、顧客の低糖質への意識の高まりに応える形で、こんにゃくが主成分の「糖質0麺」――「1日分の野菜ベジ塩タンメン」、「3種の合わせ味噌を使った特製味噌ラーメン」、「海老と野菜のさっぱりサラダ麺」――や、従来のものより大幅に低糖質化したデザート「糖質控えめバニラアイスケーキ」の開発を行い、消費者のニーズを形にしてきています。「どうせ味はいまひとつなんだろうな」という先入観を持ちつつ実際に食べてみると、いい意味で裏切られます。品質がよく、味覚的な満足感を得られる商品になっていました。「これで糖質ゼロならこっちのほうがいい！」という気持ちになります。組み合わせによって食事を低糖質化できる――というように、消費者のニーズにきめ細かく対応できることは、ファミレス固有の性質だといえます。こういった試みは、健康志向の強い昨今の消費者にこれからも強く支持されていくのではないでしょうか。ファミレスは空前の**ロカボブーム**に最も柔軟に対応できる業界だといえそうです。

他方、ロカボブームへの対応が難しいと思われていた麺や丼だけの飲食店チェーンも、驚くべきメニューを開発します。吉野家では牛肉がまったく入っていない「ベジ丼」をメニューに組み込みました。一見して思うのは「野菜多すぎ」です。ご飯の量を少なくし、その意味でロカボ需要に応えると共に、11種の野菜をぜいたくに使用しています。「もともとの顧客であった層が年齢を重ね健康を意識するようになり、それでも吉野家に来てもらいたい」というコンセプトで開発されました。

飲食業界は「体にいい外食がしたい」という新たなニーズを、成長のキーワードにしつつあるのかもしれません。

第7章

スマート・レストランを目指して

アグリテックやフードテックという言葉は、「アグリ（農業）」あるいは「フード（食品）」に、デジタルやロボットなどの「テック（最新テクノロジー）」を掛け合わせた造語として、農と食の新たなソリューションビジネスを指して使われています。この概念に付加する形で取り組みが急がれているのが、外食業界におけるDXであり、「スマート・レストラン」と総称されています。

スマート・レストランによって実現が期待される課題には、「担い手不足や働き方改革を補完する目的での省力化」、「従来の経験と勘を活かしながらも新しい形での味の継承」、さらには「外食企業の大規模化やチェーン化の推進」、「グローバルな視点での食糧自給化や持続可能な開発目標（SDGs）の達成」などがあります。

本章では先進的な事例を紹介しながら、将来に向けて進化を続ける外食業界のDXについて解説します。

Section
7-1 食と農のDX

国内にあっては少子高齢化の進展から人手不足などが深刻化し、国内産業は総じて**DX**（**デジタルトランスフォーメーション**）に活路を求めています。業界・業種ごとに課題は異なるものの、いまやDXへの対応は待ったなしの状況です。かつてはDXとは遠い存在だと思われていた食と農の業界でも、就労者の高齢化や人手不足が深刻化してDXが喫緊の課題になっています。

■農業を取り巻く環境の変化

日本の農業の高齢化はピークに達し、離農者の増大と就労者の減少などが続いています。その一方で、大規模農業に取り組む農業法人が急増し、そういった法人の経営上、「**スマート農業**」「**スマートアグリ**」「**アグリテック**」などと呼ばれる次世代農業手法が必須条件になってきました。

農の分野でのマーケティングへの関心も高まっています。次世代の農業を担う若者などを中心に、10年後20年後を見据えた農業の成長戦略について研究と実践が続いています。「**SDGs**＊」や「ポストコロナ」社会などを視野に入れた次世代型農業の経営戦略についても、農業種別ごとに目標とロードマップの設定が進んでいます。

■トレーサビリティの実現

次世代型農業と食品産業との関係では、異常気象への対応と食材の安定供給のためのデータ活用型農業との連携や、食品産業において対応が求められている食品衛生法等の一部改正に伴う「HACCP義務化」による**トレーサビリティ**（生産・流通履歴の追跡）実現のための連携が挙げられています。特に、製品の製造から消費までの流れを追跡可能にするトレーサビリティの実現は「食の安全」に関わることで、食と農の両方に**社会的責任**（**CSR**）が課せられており、新たなテクノロジー導入の必要性が必然的に高まり、双方のDXの実現が急ぎ取り組むべき課題として急浮上しています。

Term **SDGs** 「Sustainable Development Goals（持続可能な開発目標）」の略。国連加盟193か国が2016～30年の15年間で達成するために掲げた目標で、2015年9月の国連サミットで採択されている。持続可能な開発のための17の国際目標と169の達成基準、232の指標が決められている。

■スマートフードチェーンの実現

農産物のサプライチェーンと流通に関するデータの共有の目的は、トレーサビリティの管理だけにとどまりません。サプライチェーンの様々な段階でのデータを生産者と流通・加工・販売業者、消費者などが共有することで、それぞれにメリットが生まれます。この情報共有の手段として、ICTなどの最新テクノロジーが使われます。

農業者や水産業者は、消費者の要望などを理解して商品を生産し、付加価値の高い商品を市場に出しながら、一方で流通上のロスを抑えることができます。一方、外食事業者の側も、生産者との連携が強化されれば、メニューの価値を向上させながらコストを削減できる仕組みづくりが可能になってきます。

2021年度6月に、農水省が主管する「**スマート・オコメ・チェーン***」がスタートしました。生産から消費までの情報を連携させ、生産の高度化や販売における付加価値向上、流通最適化などによる農業者の所得向上を可能とする基盤（**スマートフードチェーン**）を、コメの分野で構築する――というプロジェクトですが、国内産米を多く使用する外食や弁当などの中食業者もこのチェーンに参加し、農業者とのコメに関する情報共有を進めています。

スマート・オコメ・チェーンの概念図

Term

スマート・オコメ・チェーン　食品の生産から消費に至る一連の流れについて、ICT活用によってデータ連携を促進し、生産の高度化、販売における付加価値向上、流通最適化などを実現するものをスマートフードチェーンと呼ぶ。スマート・オコメ・チェーンはそのコメ分野での構築と活用を目指すものである。

Section
7-2 外食DXへの期待

外食業界におけるDXがなかなか進まないといわれる要因の1つが、従来の味や店舗運営に慣れ親しんできた従業員、そして常連と呼ばれる顧客の抱く抵抗感です。外食業は人と人との対面コミュニケーションで事業が成り立っていることから、味付けだけでなく、接客などのサービスもまた顧客満足を形成する重要な要素となっているからです。

■DXの手前にあるもの

近年、外食店の「人手不足」や「新規就労者の減少」が問題になっていますが、その背景には「外食店における過重労働や就業環境の問題」があると考えられます。「働き方改革」や「労働に見合う所得水準」など多様な課題が山積し、DXへの期待も高まっているのです。

まずはDX化の全体的な方針を検討しようとしたとき、単に機械のコンピューター化とかIT化、ICT化だけを考えるのではなく、その手前にあるデータのデジタル化かデジタルデータ取得のための自動化、あるいはデジタルデータへのアクセスや処理までの速度など、すべてを視野に入れながらの検討が必要になってきます。

■外食DXを考える多角的な視点

外食DXを考える場合、店舗内だけでなく、会社全体や原材料の提供者である農畜水産業者や流通・加工に携わる人々とのコミュニケーションなど、多角的な視点でDXの必要性について考えなければなりません。

まずは接客や調理など外食店舗のオペーレーション面でのDX、そして多店舗展開しているチェーンにおけるDX、サプライチェーンにおけるトレーサビリティに関するDX、スタッフの管理など労務に関するDXや社内コミュニケーションにおけるDX、顧客との良質なコミュニティに基づくマーケティング上でのDXなどです。

Term
デジタイゼーション　Digitization。"特定"業務の効率化やコスト削減のため、そして「アナログの情報をデジタル化してデータを蓄積できる環境を整える」ためにデジタル技術を導入する、部分的なデジタル化を指す。

スマート・レストランへの変革

現場レベルではとかくロボット技術など最先端技術の導入をＤＸだと捉えがちですが、現場ではそれまであまり重視してこなかった気象データなどを用いた需要予測に基づくマーケティングなど、各種のデータ取得とそれらの情報処理の仕方によって、競合店対策などに役立てていくこともＤＸに含まれるのです。

これまでの外食店では長らく、調理経験や食材の知識、味付けなどの勘の蓄積によってメニューが決められ、また売上の分析なども伝票や日報など紙に書かれたものに頼っていました。やがて店舗にはＰＯＳレジやタイムレコーダーなどが配置されました。しかし、それはアナログ情報をデジタル化する局所的なデジタル化にすぎず、「**デジタイゼーション**＊」と呼ぶ段階でした。

次が、バックヤードや本部に置かれたパソコンなどＯＡ機器とやり取りするようなプロセス全体もデジタル化する全域的な「**デジタライゼーション**＊」です。その次の段階として、会社やサプライチェーン全体、そして社会にまで影響を与える「デジタルトランスフォーメーション」へと進化させることが、**スマート・レストラン**への変革になるのです。

DXと時間軸

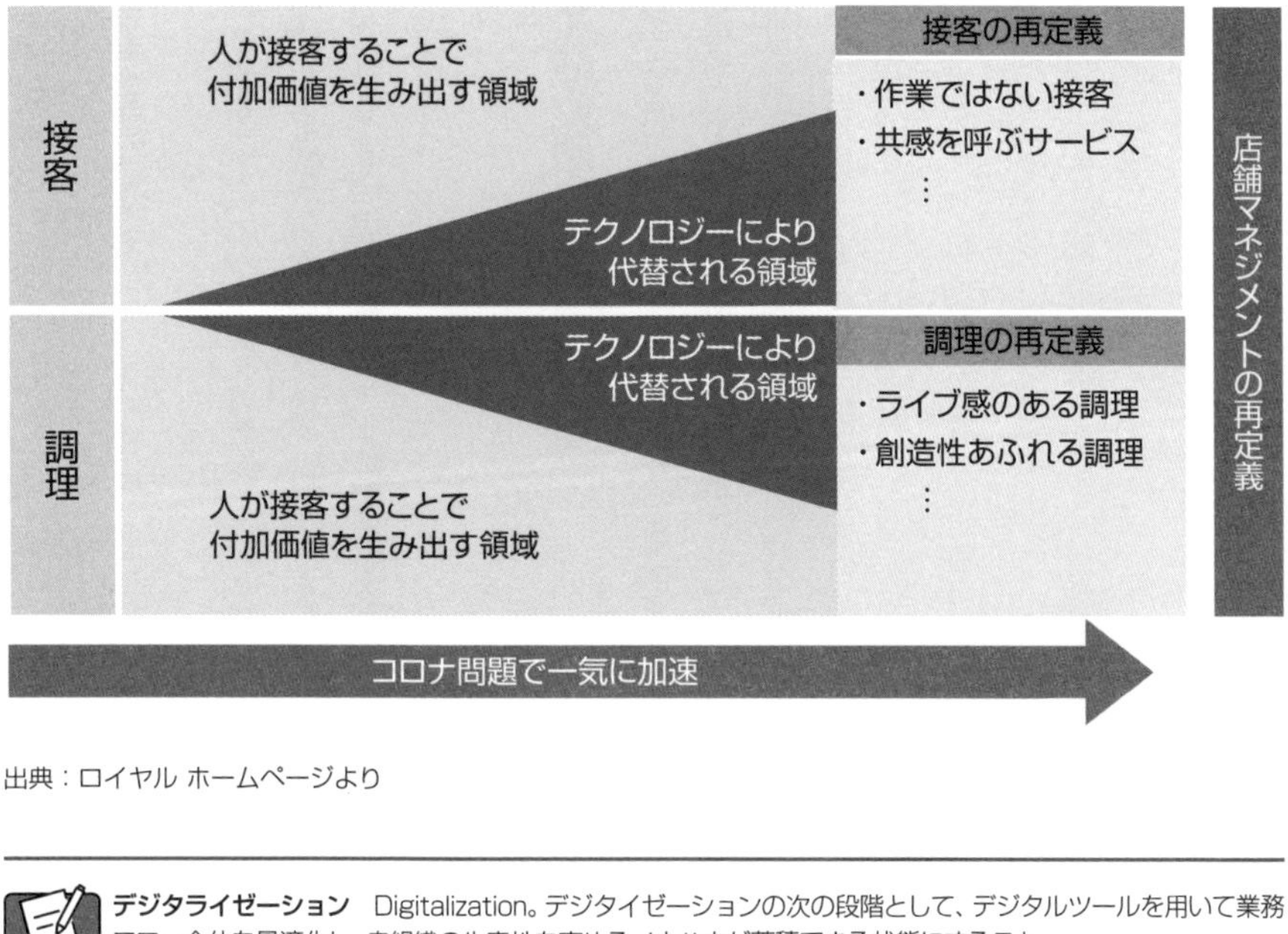

出典：ロイヤル ホームページより

Term **デジタライゼーション**　Digitalization。デジタイゼーションの次の段階として、デジタルツールを用いて業務フロー全体を最適化し、自組織の生産性を高めるノウハウが蓄積できる状態にすること。

Section
7-3 フードテックと外食事業

アグリテックやフードテックという言葉は、「アグリ（農業）」と「フード（食品）」に「テック（最新テクノロジー）」を掛け合わせた造語で、食と農のDXを実現する新たなソリューションを指しています。中でもフードテックが外食DXとしてカバーする領域は広く、多種多様な展開を見せています。

調理システムの自動化

フードテックは、食品の開発と供給をより効率的かつ持続可能な方法で実現するために開発された技術といわれ、主として生産性の向上を実現すると共に、業界に新たなビジネスモデルやチャンスをもたらすものとして期待されています。しかし、食品そのものの開発だけでなく、調理技術の革新にも貢献します。例えば、飲食店や給食の現場、一般家庭などで幅広く活用される調理ロボットや**スマートキッチン**＊、あるいは**3Dフードプリンター**＊などもその成果だとされています。そして、調理技術の革新は、調理作業にかかる人の負担を減らすだけでなく、新しい食文化の誕生にも寄与しています。

新たな価値や市場の創造

農水省は2023年8月に公表した「食品産業をめぐる情勢」の中で、外食産業も含む食品産業のこれからについて、「観光業などの食に関わる多様な業態との連携やDXの推進など、新たな価値や市場の創造に向けた取り組みを推進する」、さらに「持続可能な食料供給の実現に資するバイオテクノロジーやデジタル技術等が発展していることを踏まえ、このような新しい技術の活用や新しいビジネスモデルの育成を促進し、新たな需要を開拓していく」と述べています。

Term
スマートキッチン　外食店の厨房部門での省力化を目指す、レストランDXと呼ばれるもの。例えば「冷蔵庫の中のセンサーにより、中に何が入っているかわかる」、「レシピやマニュアルの映像が投影され、手順に迷うことなく進められる」などを実現し、将来的にはロボットアームでの調理なども目指す。

農業現場とのシームレスな連携

食品産業におけるデジタル変革の領域には、「マーケティング」と「セールス」「ファクトリー」そして「サプライチェーン管理と需要予測」の4つがあり、とりわけ重要になってくるのが4点目の「サプライチェーン管理と需要予測」です。

これは近年、消費者などから強く求められている「**トレーサビリティ**」におけるシステム化を指します。トレーサビリティは「追跡可能性」を意味し、もともと運送業で使われていた用語が、今日では生産から流通までのサプライチェーン全体の透明性を高めるという意味で活用されています。

現代の消費者は、インターネットなどの様々な技術を活用することで、その商品をどんな人・業者が生産しているのか、どのように生産されているのか、などを確認できるようになっています。外食店でも、原材料についての様々な情報を提供することが、消費者のメニュー選択に大きな影響を与えることから、重要視されています。とりわけ、農産物の加工から販売までの一連の情報を可視化できることは外食店でも大切な要因となり、農業現場につながるDXが求められる理由にもなっています。

フードテックのカテゴリー

生産技術	農業ロボット技術、水耕栽培、養殖アグリテック、ドローン技術など
フードデリバリー	配膳ロボット、クラウドキッチン、スマートパッケージング、マッチングプラットフォームなど
食材トレーサビリティ	デジタルラベル、IoT センサー、ブロックチェーン技術、QR コード追跡など
代替タンパク質	代替肉、植物ベースのタンパク質、代替魚、昆虫食品など
食品加工・保存技術	3D フードプリンター、冷凍・乾燥技術、低温調理、ハイドロコロイド[※1]による食感変更
健康・ウェルネス	発酵食品、ダイエットアプリ、栄養指導、健康診断キット
食品安全・衛生	検査ロボット・装置、食品用紫外線消毒センサー搭載、包装、コワーキング・共有スペース
消費者エンゲージメント	AR/VR メニュー体験、サステナビリティ、ゲーミフィケーション[※2]、レシピ共有・クッキングプラットフォーム

※1　直径10~1000nm（ナノメートル、1nm=10^{-9}m）の粒子が、水を連続相に分散している状態を活用した、食品加工技術。
※2　ゲームデザイン要素やゲームの原則をゲーム以外の物事に応用する取り組み。

Term
3Dフードプリンター　樹脂や金属素材などで3Dモデルを造形する「3Dプリンター」と同様に、食べ物を造形できる機械のこと。主な仕組みとしては、ペースト状にした食材をノズルから射出し、ノズルを縦横に動かしながら積層するというもの。人の手では製造が難しい食品での活用が期待されている。

Section
7-4 非対面・非接触サービス

外食業界におけるDXを考える場合、多店舗展開している企業のチェーン・オペレーションでのDXと、店舗単独のオペレーションでのDXとでは違いが出てきます。本節ではまず店舗オペレーションでのDXについて考えていきます。

店舗でのDX

外食DXでの目的の1つとして、「一定の業務をデジタルツールに任せることにより、より少ない人数で店舗を回せるようになる」という発想があります。新型コロナが5類に移行しても、「人手不足」の深刻さが変わらない現状にあっては、デジタル化によって人手不足を解決できるのはかなり大きなメリットです。しかし、7-2節でも述べたように、局所的なデジタル化というのは、DX化の2段階前のデジタイゼーションの段階にすぎず、第2段階、第3段階を見通したものでなければ成果は得られません。つまり、外食店舗の現場は接客フロアと調理場、そしてバックヤードの3部門に分けられますが、それらをまたぐ全店的なデジタル化でないと効果を発揮しません。

非対面・非接触サービスとのジレンマ

POSレジ*とそのアプリを導入すれば、会計やレジ締めの作業負担が大幅に軽減できると共に、売れ筋情報などの経営資料も得られるメリットが生まれます。コロナ禍前の外食業界の顧客は、対人サービスならではの信頼感を、提供される料理の品質と同じくらい求めていました。

しかしながらコロナ禍と共に、顧客は3密を避け、**非対面・非接触**の衛生的なサービス提供を求めるようになり、業務の効率化を目的とするPOSレジの導入だけでは、そういった要望に応えることはできません。また、それまでは接客サービスの機械化に抵抗があった顧客も、コロナ禍では反対に対人サービスを敬遠するようにもなってきました。

Term **POSレジ**　POS機能を備えたレジのこと。金銭処理や会計作業と同時に、売れ筋商品の把握や在庫管理、オーダーエントリーシステムとの連携などが行える機能を持っている。

■テーブルトップオーダー

リクルートの「ホットペッパーグルメ外食総研」が2022年に行った、**テーブルトップオーダー**（座席に設置された専用端末を操作して注文）とセルフオーダー（QRコードやアプリを活用し、消費者自身のスマートフォンで注文）に関する消費者へのアンケートでは、テーブルトップオーダーの利用経験がある人は73・4%、セルフオーダーの利用経験がある人は26・0%。どちらも若年層ほど利用経験率が高い傾向にあることがわかりました。

いずれも、外食店における人手不足やコロナ禍での消費者の非接触ニーズの高まりを背景に注目されているシステムで、居酒屋チェーンなどでは比較的早くから導入が進んでいましたが、最近はファミリーレストランやファストフード店での導入も増えてきました。また、1台でセルフレジと券売機の両方の機能を備え、マルチ決済や**POS連携・キッチン連携***にも対応する最新機種の導入も進んでいます。さらに、外食店ではキャッシュレス決済も進んでいます。クレジット決済だけでなく、電子マネーやスマホ、QRコードなど、様々なキャッシュレス決済に対応する店が増えています（7-6節で詳しく解説します）。

テーブルトップオーダー端末の例（焼肉きんぐ）

料理
ドリンク
名物
厚切
熟成
注文
お肉を焼く際は
必ずトングをご使用ください
3-17節で紹介したように、「焼肉きんぐ」の物語コーポレーションでは比較的早くからDXに取り組んできました。

出典：焼肉きんぐ ホームページより

POS連携・キッチン連携　テーブルトップオーダーの機器では、顧客がオーダーしたデータがそのままPOSレジに連動したり、厨房内でのモニターに映し出されたりするものがある。

Section
7-5 予約管理システムと顧客づくり

前節で紹介したPOSレジとデジタルツールの連携では、顧客の基本データや注文履歴データなどから売れ筋メニューや繁忙時間帯などの集計・分析が可能になることから、より効果的なマーケティング戦略の展開が可能となり、集客力の向上につなげることができます。

■顧客管理・分析機能

外食店において必要な顧客情報は、顧客の氏名や生年月日などの属性、メールアドレスや住所といった連絡先、来店履歴などです。POSレジを通して集めた顧客情報は、顧客管理システムなどを用いて一元管理することができます。予約時に得た氏名や連絡先に加え、退店時にはアンケートへの記入などをしてもらいつつ、好みのメニューや希望するサービスなどを聞き出すことも可能。そうして得られた顧客情報に、来店の曜日や時間帯、気象状況などの情報も加味すれば、売れ筋商品の把握や、新メニュー、季節メニューの開発などに役立てることも可能になります。

■セルフ会計POSシステムとの連携

注文・調理・料理提供・会計をシステム連携させることにより、店舗内での業務の効率化が実現し、その余力をホスピタリティの高いサービスに回せるようになると共に、売上のアップも期待できます。

また最近では、「POSレジ・**オーダーエントリーシステム***と配膳ロボットを連携させて、さらなる効率化を実現する」、「多言語表示への対応により、インバウンドの誘客に活かす」、「定番メニューのほかに旬の食材の紹介や割引情報なども表示する」など、店内での多面的なプロモーションツールとしての活用も進んでいます。

Term
オーダーエントリーシステム　飲食店では、客が入力したオーダーをキッチンやフロントのPOSレジなど他のシステムと共有し、スムーズな業務の流れにすることが期待されている。

予約管理システムの導入

予約管理システムは、自社のWebサイトやクラウドのシステムで、店舗の営業時間を問わず24時間いつでも予約を受け付けられ、予約情報をまとめて管理できることから、導入する店が増えています。

予約受付から変更・取り消しまでを一元管理したり、複数のグルメ検索サイトから入る予約を自動転記して**ダブルブッキング***を防止するシステムもあり、フロントの人手不足による機会損失を防ぐことができます。

さらに、入店後も非接触でのサービス提供を求める顧客に対して、セルフオーダーを導入する店も増えています。店内および店外で顧客自身のスマホから注文し、決済まで完結できるシステムです。

これらのシステムと顧客台帳システムを連携させることにより、来店日時や注文履歴、メニューの好き嫌いなど、顧客に関するあらゆる情報を一元管理することもできます。さらに、顧客のニーズを読み解き、ポイントカードをデジタル化したり、アプリでクーポン発行などの情報を配信したりすることにより、トータル的なセールスプロモーションにつなげることが可能になっています。

飲食店の予約状況の変化

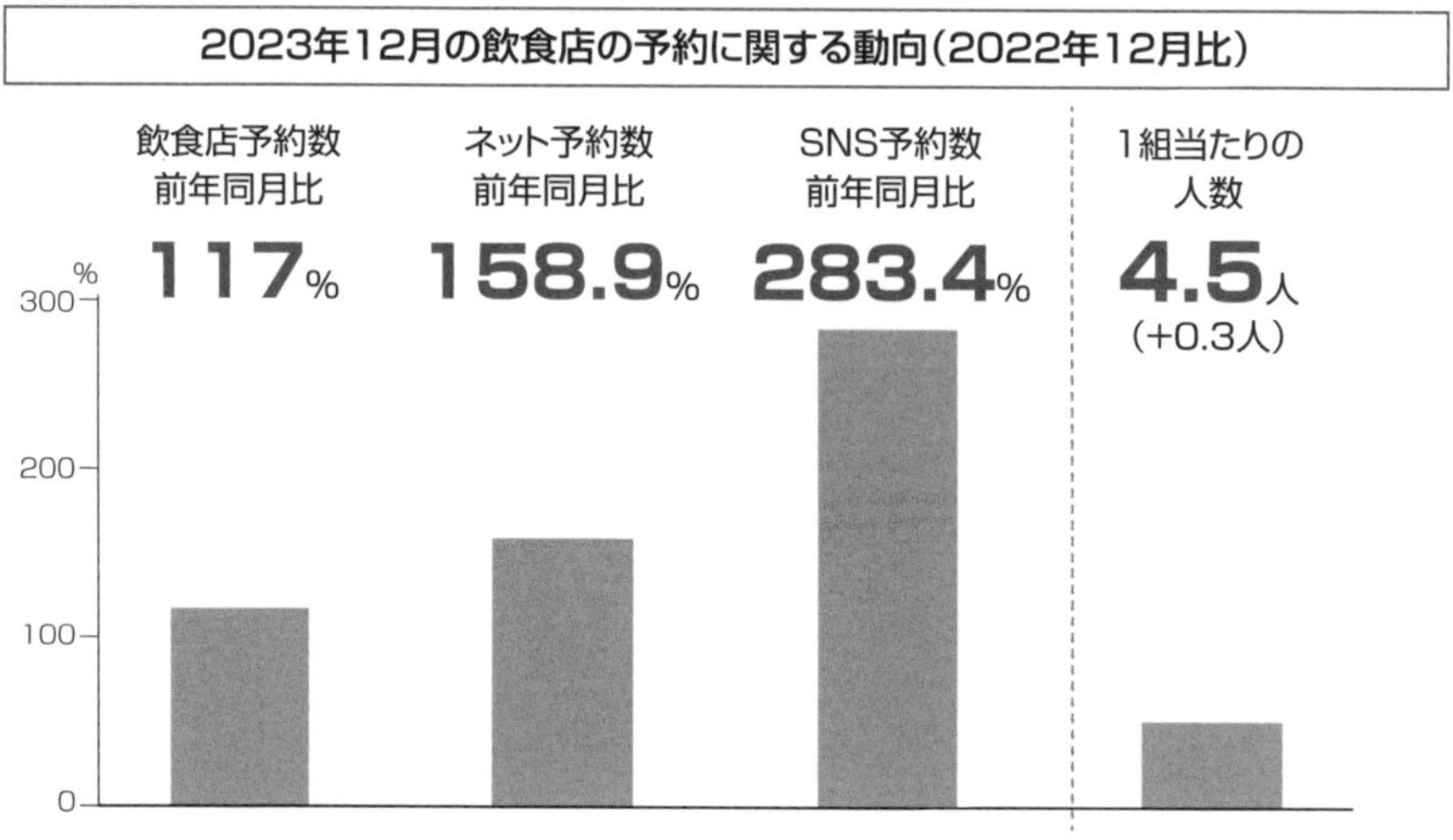

出典：株式会社エビソル ニュースリリースより

ダブルブッキング 飲食店においては、客席や宴会場での予約を二重に受けてしまう事故を指す。

Section
7-6 外食店でのキャッシュレス決済

コロナ禍以来、外食店に求められてきた非対面・非接触サービスとして、テーブルトップオーダーやセルフオーダーと共に、急速に導入が広がっているのがキャッシュレス決済です。キャッシュレス化は、コロナ禍後も国民の消費生活の中に定着し、利用率が増加傾向にあります。

100兆円を超えるキャッシュレス決済

経済産業省の調査によれば、2022年のキャッシュレス決済比率は36・0%（対前年比3・5%増）の111兆円で、初めて100兆円を超えています。

その内訳では、クレジットカードが30・4%、金額では93・8兆円で、**デビットカード**＊が1・0%の3・2兆円、電子マネーが2・0%の6・1兆円、コード決済（QRコードなど）が2・6%の7・9兆円となっています。

経済産業省では、キャッシュレス決済比率を2025年までに40%程度、将来的には世界最高水準の80%とする目標を掲げて、さらなるキャッシュレス決済の推進に取り組んでいく計画です。

8割を超える外食店での導入

業種別では、飲食業、小売業、観光業でキャッシュレス導入比率が高くなっています。経済産業省が21年に調査した結果では、事業者全体の72%がキャッシュレスを導入しており、飲食店は85%の導入率となっています。地域別の導入状況にはそれほど大きな差は見られませんが、売上別では中規模事業者の導入率が高い一方、小規模／大規模事業者では低い傾向にあります。客単価別で見ると、1000〜1万円未満の単価帯でキャッシュレス導入比率が高い一方、客単価の高い事業者では導入率が低くなっています。ちなみに、飲食店ではコード決済の導入状況が高くなっています。

Term **デビットカード**　預金口座と紐付けられた決済用カード。銀行が発行し、カードで決済すると代金が即時に口座から引き落とされる仕組み。最近はクレジット機能を付けたものもある。

■キャッシュレス導入の条件

キャッシュレスの手段はクレジットカード、デビットカード、電子マネー、スマートフォンなどで、決済に必要な端末にはIC端末、非接触式IC端末、**QRコード**読み取り機、スマートフォンなどがあります。

キャッシュレスを導入していない小規模の飲食店では、導入しない理由として「手数料が高い」「入金サイクルが遅い」「初期投資費用がかかる」「導入メリットに実感がない」「高齢者顧客が多い」などを挙げています。キャッシュレス決済の手数料率は、全体的には3%台前半のところが多く、ポイント還元事業において3・25%以下の手数料率を参加要件とした効果が継続しているとしています。

しかし、飲食店側では、導入の際の手数料の上限については「2%台まで」という回答が全体の8割を超えています。また、入金サイクルについては、月1～2回のサイクルでも対応可能としています。キャッシュレス化を推進したい政府としては、事業者に向けた初期費用・手数料対策の検討を進めており、ポストコロナの景気対策やインフレ対策、あるいはマイナカード普及のために、ポイントバックキャンペーンなどでキャッシュレス化のさらなる支援を続けていく計画です。

飲食店でのキャッシュレス決済の意向

クレジットカード決済	30.4%
電子マネー決済	2.0%
デビットカード決済	1.0%
コード決済	2.6%
計	36.0%

出典：経済産業省「2022年のキャッシュレス決済比率」より

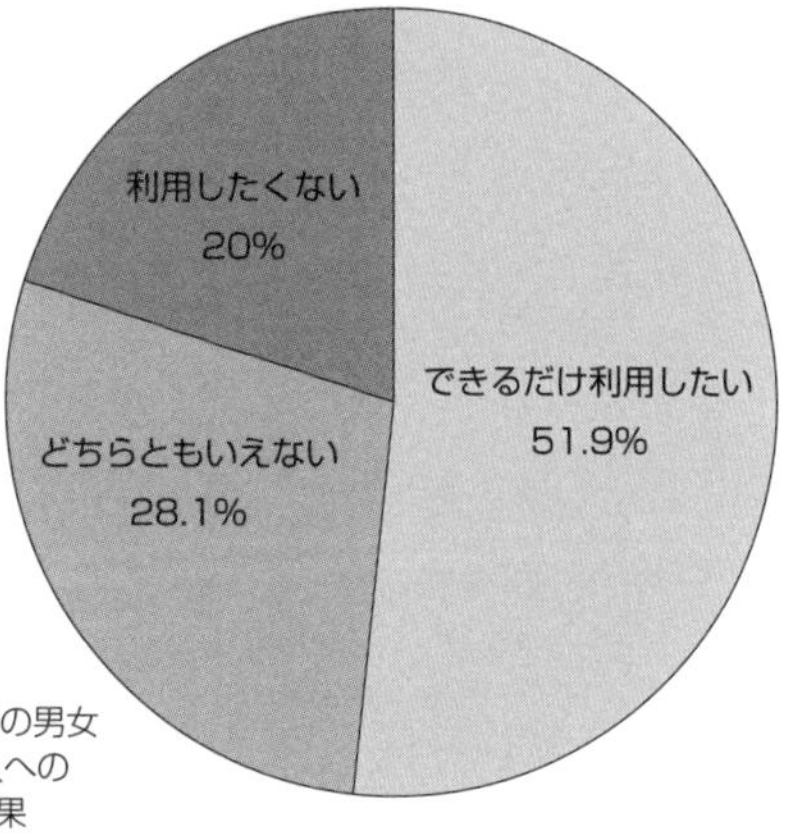

※20～60歳代の男女合計1000人へのアンケート結果

出典：日本政策金融公庫「2019年3月 外食に関する消費者調査結果（飲食店でのキャッシュレス決済の意向・利用状況）」

Point

QRコード決済　QRコードを用いた電子決済システムで、スマートフォンを用いた決済システムの1つになっている。

Section
7-7 進む店舗内サービスロボットの導入

非対面・非接触が求められたコロナ禍にあって、自動で配膳を行うロボットなどが注目されました。新型コロナの5類移行後も、人手不足の状況下で接客業務の人員確保が課題となり、その解決策として配膳ロボットや清掃ロボットなどの店舗内サービスロボットの導入が進んできました。

■自動配膳ロボットの導入

自動配膳ロボットは、飲食店の厨房から客席まで自走で移動し、注文された料理を顧客のもとに運搬するほか、食べ終わった料理の食器を下げるときにも使われています。

また、非対面・非接触サービスとして、飲食店のほか、病院や介護施設での給食業務にまで広がってきました。新型コロナが5類に移行し、行動制限が緩和されてからも、非対面・非接触に加えて人手不足対策としての需要が大きく増加し、配膳ロボットの導入がその後も急速に進んでいます。当初はコスト負担が大きかったため、大手外食チェーンなどに限られていたロボット導入も、中小規模の外食店にまで広がりつつあります。

■中国のメーカーがトップシェア

配膳ロボットなどの移動型ロボットの走行方式は進化を続けており、現在はカメラやレーザーを用いて自己位置推定と地図作成を同時に行いながら走行する、第4世代の**SLAM方式**と呼ばれるものになってきました。

自動配膳ロボットの開発と販売は中国や韓国、米国のメーカーなどで比較的早くから行われてきました。

日・中・韓の3か国で圧倒的なシェアを持つのが、中国発のKEENON Robotics、Pudu Robotics、そして米国発の韓国系**スタートアップ**＊Bear Roboticsの3社です。

Term **スタートアップ**　米国で生まれた言葉で、一般的には起業や新規事業の立ち上げを意味する。特に、革新的なアイデアで短期間に急成長を遂げる企業を指すことが多い。

■積極的な「すかいらーくグループ」

日本では「焼肉の和民」「焼肉きんぐ」「幸楽苑」「大江戸」「とんでん」などで導入が始まりました。中でも、「ガスト」や「バーミヤン」などのチェーンを展開している「**すかいらーくグループ**」は、2021年8月より自動配膳ロボットの実証実験を開始し、同年には約150店舗で180台を導入しています。さらに翌年からは、導入を一気に全国の約2100店舗に拡大し、3000台が稼働しています。同社ではロボット導入について、労働時間削減ではなく、従業員の身体的な負担の軽減と顧客の満足度の向上を目的にしているとのことです。

自動配膳ロボットはショッピングセンターのフードコートでの配膳・下膳《さげぜん》用途としての導入も進んでいます。また、そのフードコートの中で、並んで稼働しているのが業務用清掃ロボットです。外食の個店でも、営業が終わったあとの夜間に清掃ロボットを動かすことで、従業員の負担軽減を図っています。さらに外食業界では、Web会議のツールを使い、遠隔でロボットを操作して、会話しながらメニュー提案ができる「**テレプレゼンスロボット***」や、本部にいながら複数店舗の接客業務を遠隔で行えるロボットなど、新しいサービスロボットの研究が行われています。

配膳ロボットに関するアンケート結果（2022年）

Q 今後、飲食店で「配膳ロボット」は普及してほしいですか？
(n=420)

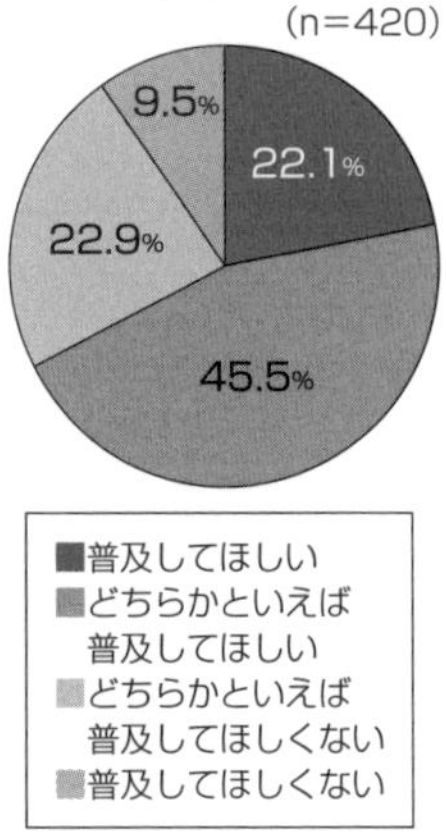

Q 魅力的だと思う機能をすべて選んでください。[複数選択可]
(n=420、単位：%)

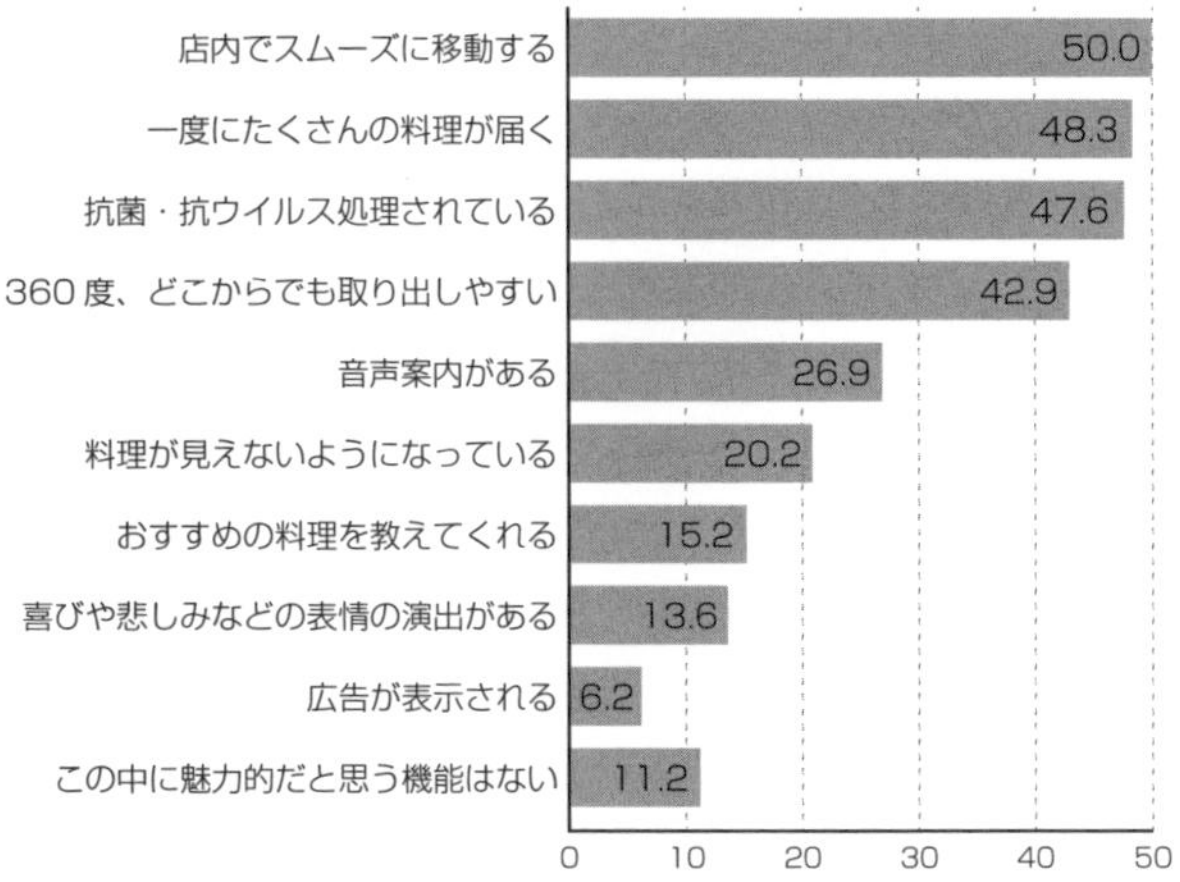

出典：日本トレンドリサーチ［(株) NEXER］のアンケート結果より

Term **テレプレゼンスロボット**　テレビ会議とロボット、リモートコントロール（遠隔操作）の技術を用いたシステム。これらの技術の組み合わせにより、遠方にいる人を擬似的にその場に存在（プレゼンス）させることができる。

ネコ型配膳ロボット「BellaBot（ベラボット）」

Column

7-7節で紹介した配膳ロボットの導入が、全国のレストラン施設で進んでいます。ガストやバーミヤンを展開する「すかいらーくグループ」では、2021年8月からネコ型配膳ロボットの実証実験を開始。期待した成果が得られたとして、わずか約1年4か月後に、全国のガストやしゃぶ葉、バーミヤン、ジョナサンの約2100店舗に、3000台を導入しています。同社の調査でも、配膳効率が大幅に上がり、食器を下げる時間も35%削減され、さらに、接客業務が削減されたことで、外国人にとっても働きやすい環境になったと報告されています。

同社がこのネコ型配膳ロボットの導入を決めた理由は、安定した走行性に加えて、愛らしいキャラクターだったといいます。ロボットの耳を触ると声を出して喜んだりする反応が、子どもたちに大うけで、店の新しいキャラクターにもなっています。

このロボットは、中国の大手ロボットメーカーPudu Roboticsが開発した猫型配膳ロボット「**BellaBot（ベラボット）**」です。同型のロボットは千葉県富津《ふっつ》市にある「漁師料理 かなや」にも、1店舗で10台導入され、10台がそれぞれお互いの位置情報を把握するなど自動連携しながら店内を動き回り、週3000食以上の配膳をロボットが担当し、成果を上げているとのこと。

混雑する時間帯には、ロボット同士に限らず人間とのすれ違いの際にも譲り合うシーンが見られるなど、人とロボットの自然な共存の様子が評判になっています。

次世代型のレストランロボットの開発競争も進み、積載量を増やすほか、「料理認識カメラ」とAIを搭載して、料理の有無や料理の種類などを識別しながら顧客へのサービスに努めるロボットや、来店時の人の声を自動で認識し、自動で最適な経路で店内を案内するロボットなども開発されています。

マーケティング調査会社の富士経済では、このようなレストランロボットの普及について、2030年には3万台を超えると予測しています。

▲ネコ型配膳ロボットBellaBot（ベラボット）
by Saggittarius A

第8章

外食業界のセールスプロモーション

1-6 節や 1-12 節で解説したように、インバウンドの復調などに合わせて、外食業界での新しいセールスプロモーションツールとして、パソコンやスマートフォンなどによるインターネット検索やマップ検索、クチコミサイトや予約サイトの利用が注目されています。

外食業界の情報発信では、以前のようなグルメ雑誌への広告掲載から、インターネットを介して消費者にダイレクトに訴求する形に変わりつつあります。

SNS などを介して顧客との良好なコミュニティを形成しながら店舗への誘客を図る、という「コミュニティ・マーケティング」の展開が効果を発揮するようになっています。

本章では、事例紹介を盛り込みながら、外食業界の新しいマーケティング手法について解説していきます。

Section

8-1 外食業界の変遷と宣伝広告の歴史

大都市に発展した江戸では、人の往来や交流が盛んになり、現代にも伝わる様々な外食業態の原型が確立されました。さらに、明治期における牛鍋屋の誕生は、それまで日本人が口にしなかった肉食を解禁させた画期的な出来事で、以後の洋食文化の華を咲かせました。江戸、明治と移り変わるにつれて、外食店同士の競合も激しくなり、広告宣伝活動の役割も重要になってきました。

■生活基盤として発達した江戸時代

江戸時代初期から、全国の大名が江戸に屋敷を構え、彼らを支えるため関東一円から集まった職人や出稼ぎ者の食事場として屋台が誕生します。独身男性者が多く、手軽にすぐ食べられる食事が好まれ、そばや寿司、おでん、天ぷらなどの屋台が発達しました。

18世紀後半には人口が100万人となり、江戸は世界一の大都市となりました。商工業や文化・娯楽の発達で人の往来が増すと共に、外食の需要も増え、産業として定着していきます。同時に、同業態での競合も激しくなり、店の看板をはじめ、クチコミなども利用して存在を広く知らしめるための広告活動が大切になってきました。

■牛鍋は明治の食革命

日本では長らく肉食は禁じられていましたが、明治維新以降、国内に外国人が増えたことで肉食を禁忌とする感覚が次第に薄れていきました。〝文明開化の味〟とも評された牛鍋屋が「日本で牛肉を食材に取り入れた初の和食」として話題を呼び、外食チェーンが生まれました。

「いろは」という牛鍋屋は30店近いチェーン店を展開していましたが、「本部を設置し、食材やユニフォームなどを一括購入して各店に供給」、「メニューや価格等も全店統一」という外食チェーンの原形を確立していました。同時に、新聞・雑誌など紙媒体の広告も次々に登場し、チンドン屋などの新しいメディアを使う店も出てきます。

Point

飲食店の始まり　店舗を構えて料理を出す店の始まりは、江戸時代、「振り袖火事」と呼ばれた明暦の大火（1657年）のあと、江戸復興のために地方から集まってきた大工たちに食事を提供した、浅草金竜山の奈良茶飯の店であり、これが料理屋の元祖だといわれている。

外食の大衆化が定着

牛鍋屋に続いて中華料理店も築地入舟町に開店。明治中後期には鉄道や電気が普及して大都市の飲食店数が激増し、外食の大衆化が定着していきます。この時期には西洋料理店、ビヤホール、うなぎ屋なども誕生し、1897（明治30）年末には東京に料理屋476軒、飲食店4470軒、喫茶店143軒、銘酒屋476軒が営業しているという統計もあります。まさに明治維新の文明開化は、外食文化の開化といえるものでした。また、外食文化の定着と密接に関連してきたのが交通の発達です。江戸時代の庶民の生活圏は徒歩での行動範囲内、つまり自宅を中心とする狭い地域に限られていたため、外で食事をする習慣はありませんでした。しかし、1882（明治15）年に鉄道が開通すると、長距離の移動が可能となり、行動範囲の拡大と共に人々の食の行動も広がり、駅周辺のにぎわいが作り出されました。鉄道開業と共に、新橋駅構内に西洋料理店がオープンし、翌年には上野駅構内で駅弁の販売が始まったとの説もあります。飲食店の広告に「駅前」とか「駅近く」という表現が使われ、鉄道を使った旅の紹介にも食の紹介が欠かせなくなりました。交通の発達と共に、鉄道も食堂も、誰もが利用し得る一般的な文化として発展していきました。

明治の食革命「牛鍋屋」

出典：仮名垣魯文『牛店雑談安愚楽鍋』（1871〈明治4〉年刊、横浜開港資料館蔵）

Point **駅弁の始まり**　本文で述べている1883年上野駅説以外にも諸説ある中で、定説となっているのは、1885（明治18）年7月16日開業の日本鉄道宇都宮駅で、「白木屋」という旅館が「おにぎり2個、たくあん2切れ」を竹の皮に包んで5銭で販売したのが始まりだというもの。

外食の大衆化と広告宣伝

続く大正時代には、都市部だけでなく郊外にも飲食店が進出した時代だともいわれています。

鉄道の発達で、大都市に私鉄が敷かれていき、労働者が鉄道沿線で暮らすようになり、駅前には飲食店を備えた商店街が誕生しました。

1914年に日本橋三越が120人収容可能な**百貨店食堂**をオープン。お子様ランチも登場し、連日、家族連れでにぎわいました。白木屋、伊勢丹、高島屋などもこれに続き、レストランを備えた百貨店の原型ができあがり、外食店の宣伝活動も百貨店と一緒に行われるようになりました。大食堂の存在そのものが、百貨店の集客の目玉にもなり、外食の大衆化と多様化が進み、広告宣伝の手法も多彩になっていきました。

大正時代には料理書や婦人雑誌においても、家庭料理としての洋食の記述が増加し、米食に合う味として、カツレツ、ライスカレー、コロッケの3大洋食が、話題を集め始めました。大正時代の関東大震災の復興後は、鉄道のほかに乗合自動車の発達もあり、庶民の暮らしの近代化と新しい消費動向が顕著になっていきました。しかし昭和10年代になると、戦争の影響で外食文化は衰退を余儀なくされました。

戦後復興と外食産業

戦後間もない頃は、敗戦の混乱の中で全国の中心街はヤミ市に占拠されており、飲食業は**水商売**とみなされていました。外食業界が戦前のピーク時の店舗数を回復するまでにはかなりの時間がかかりました。

そんな中、東京ではニユートーキョウや東天紅を筆頭に、春陽堂やデパート系の外食店、スエヒロ、吉野家などが会社を設立。さらには福岡を拠点に事業を行っていたロイヤルが開業します。

経済成長期に入っていた60年の飲食店を業態別に見ると、喫茶店や酒場など飲料店の数が圧倒的に少ないのが特徴です。当時の外食は胃袋を満たす目的で利用されることが多かったからだと指摘されています。

1960年、池田内閣が**所得倍増計画***を発表しました。高度経済成長期には都市部への人口移動・集中は膨大なものになりました。これにより進んだ核家族化が、日本の外食を一大産業に転換させた要因です。

新たな住居形態ではコンパクトな台所に電気炊飯器や冷蔵庫が設置され、加工食品も普及したことで炊事の手間が劇的に変化し、さらにはテレビの普及により、テレビからの情報が流れることで新たな消費に拍車がかかりました。

Term

所得倍増計画　1960年、池田勇人が首相就任後に政策を本格化させた長期経済計画で、正式の名称は国民所得倍増計画。輸出増進による外貨獲得を手段として国民生産を倍増させ、これによって社会資本の拡充、失業の解消、社会保障と社会福祉の向上などを実現しようというもの。

外食時代の幕開け

高度経済成長によって所得に余裕が生まれ、女性の社会進出もあって外食需要は自然と増加していきました。「いざなぎ景気」のただ中である67年には、飲食店の年間販売額は1兆2000億円となり、外食業界は大躍進しました。この頃には喫茶のシャノアールや中華東秀が設立されたり、東京に「どさん子」、京都に「王将」1号店が開業するなどラーメンのチェーン化が始まりました。居酒屋では養老乃瀧が100店の出店を達成し、天狗チェーンなども設立されました。

東京オリンピックが開催された1964年は為替と海外渡航の自由化が実施された年で、それに続く**開放経済政策***では資本の自由化が進みました。

1970年以前に日本の外食業は完全自由化となりました。規制緩和により米国市場の状況が知られるようになると、米国の経営を学ぶ者が出始め、資本提携などの動きも盛んになりました。海外チェーンの日本上陸は1970年の大阪万博からで、ここから日本の外食業は、組織的事業としての「外食業界」として新たにスタートを切ることになりました。また、和製ファストフード、ファミリーレストランも出店ラッシュが続きました。

日本の好景気の歴史

年代	名称	トピックス
1954～1957	神武景気	耐久消費財（三種の神器＝冷蔵庫・洗濯機・テレビ）ブーム 「もはや戦後ではない」（1956年経済白書）
1954～1957	岩戸景気	「国民所得倍増計画」（池田勇人内閣） 「投資が投資を呼ぶ」（1960年経済白書）
1954～1957	オリンピック景気	東海道新幹線開通（1964年） 東京オリンピック開催（1964年）
1965～1970	いざなぎ景気	3C時代（車・カラーテレビ・クーラー）ブーム 資本の自由化（1967年） 大阪万博開催（1970年）

Term **開放経済政策**　1965（昭和40）年から始まった経済政策で、貿易の完全な自由化、国際通貨基金の八条国への移行、経済協力開発機構への加盟など、世界に向けた市場開放によって、日本の国際競争力を向上させていこうという政策。これを機に外国の外食チェーンなどが日本に進出してきた。

バブル景気で急成長

80年代に入ってバブル景気に支えられた外食業界は順調な成長を続けました。80年代後半には市場規模が20兆円を超え、百貨店業界と肩を並べるまでになりました。この成長に合わせて、外食業界全体の広告費も増加しました。

経営面では、セントラルキッチン方式および店舗運営に関するマニュアル化が確立し、均一な商品管理やサービスの効率化が図られました。

83年からはフランチャイズ形式を取り入れた居酒屋チェーンの登場や持ち帰り弁当チェーンの展開などが本格化し、コンビニで弁当が売られるようになったのもこの頃で、中食の原型ができました。回転寿司の元祖は58年オープンの元禄寿司ですが、80年には寿司ロボットの開発によりチェーン化がさらに進みました。

さらには、自家用車の保有台数が大幅に増加すると共に、国道のバイパス化などで市街地が郊外へと拡大し、全国で郊外型のファミリーレストランの出店が加速し、好立地を求めて大手チェーンの出店競争も激しくなってきました。この動きに合わせるように、広告では車の中で聴取することが多いラジオ広告への出稿が増えてきました。

成熟期に入った外食業界

90年代に入ると、バブル崩壊による痛手は負ったものの、業態転換や低価格化によって外食業界全体の規模はなだらかに上昇します。

地価や家賃が下落したために駅前などの好立地なところへの出店がしやすくなったほか、大型の商業施設が郊外にオープンするとその近くにロードサイド型の外食店が進出する例も増加しました。

しかし、バブル崩壊と共に始まったデフレの進行によって外食単価が下がり、各社では低価格化の対応を迫られていました。すかいらーくでは、「**ガスト化現象**」と呼ばれる新業態に着手しています。それまでファミリーレストランでは通常1000円以上の客単価だったものを800円に下げた業態（ガストという店）への転換がうまく行われ、その他のファミリーレストランチェーンでも、既存店の業態転換に着手し、売上を伸ばしていきました。

この頃、料理専門誌『dancyu*』や情報誌『Hanako*』などが創刊され、また、個人でラーメン店などの外食業を起業する人たちも増え、地域のラーメン雑誌も次々と出版されて、消費者の食に対する興味を一層引き立てました。

Term

dancyu　プレジデント社が1990年12月に創刊した。美食探訪を取り上げるグルメ雑誌。雑誌の名前は「男子厨房に入るべからず」に由来している。

■食の安心・安全のための情報発信

2001年、国内で初めてBSE（牛海綿状脳症）が発生し、その後、米国での発生により牛肉の輸入が停止されました。さらには、食品の偽装や虚偽表示、無認加添加物の使用、残留農薬問題、鳥インフルエンザ発生など、食への信頼を揺るがす事件が相次ぎました。

2011年の東日本大震災により、外食業界の経営環境はますます悪化し、長引くデフレから物価は下がり続けました。やがて、人件費を下げざるを得なくなってリストラが始まります。サラリーマンなどの外食費や企業の交際費なども減額されて外食市場は縮小に向かい、先行き不透明な時代となって、業界再編成などが始まります。

また、少子高齢化もあって外食の国内市場の縮小が止まらず、多くの外食企業が海外市場の開拓に取り組み始めました。持株会社を設立したり業界再編成を試みる企業も多く、また、従来のメニューや価格政策、接客技術の向上だけでは集客が難しくなり、新しい経営ノウハウが求められるようになってきました。そして、コロナ禍やロシアのウクライナ侵攻などによる、世界規模の食糧不足やインフレによる諸物価の高騰が始まりました。この過程の中で、外食業界の広告宣伝活動も大きく変わってきました。

ガストの店舗

1992年、バブル崩壊後の低迷を打開すべく、当初は高級路線の実験店舗ブランドだった「ガスト」の名称を受け継ぐ低価格の新業態の1号店が、東京都小平市に開店している。店名は、スペイン語･イタリア語で「味」「おいしい」「楽しく味わう」を意味する“gusto”（グスト）を英語読みしたもの。

Term
Hanako　マガジンハウスが1988年に創刊した、20代女性を主要読者とする情報系雑誌。創刊から2005年までは週刊誌だったが、2006年1月26日号（867号）から隔週刊化され、さらに2018年9月から月刊化されている。

Section

8-2 外食の機能と食スタイルの変化

外食業界はいつも時代の変化に合わせて、多様な食文化や食生活の形成、さらには地域経済活性化や交流の場の提供に貢献してきました。業界では外食が持っている価値を再確認し、新たなマーケティング手法を取り入れながら、日常的にもまた非日常的にも、明るく楽しい食のスタイルを、広告活動を通して消費者に提案してきました。

外食業界が担ってきた社会的役割

外食業界の社会的役割は普遍的ですが、いつの時代でも以下の4つの機能を発揮し、国民の消費経済と地域社会に貢献してきました。

1つ目は多様な食文化の形成です。江戸時代までの伝統的和食文化に加え、明治新政府のもとでの文明開化以降は肉食料理を中心とする洋食を広めてきました。その際、日本では牛鍋（すき焼）に見られるように、洋食の味を日本人向けの和洋折衷型の味に変えてきました。

2つ目として、女性の社会進出や核家族化など生活者の変化に対応し、様々な業態開発を推し進めながら、外食を核とする日本の新しい食文化を提案してきました。

地域経済への貢献

3つ目は地域経済への貢献です。外食業界は、食材の調達や従業員の雇用などを通じて、地域経済の発展に大きく貢献してきました。近年では**ご当地グルメ**＊、**B級グルメ**＊などが地域の経済効果に大きな影響を与えているように、外食業界が地域の活性化の中核を担うケースも増えています。

そして4つ目が、食の楽しみと交流の場の提供です。外食には、家庭などでの日常の食生活では味わえない食事の楽しみを提供し、人々の円滑な交流を促す「もてなし」機能があります。この機能は集客にも効果的であるために、多人数が集まるショッピングセンターなどでの外食店の誘致は不可欠になってきたのです。

Term

ご当地グルメ　「地産地消」をはじめ、地域資源を見直しながら地域の振興を図る活動の一環として、伝統料理や郷土料理を「ご当地グルメ」としてメディアを通して全国にPRする動きが活発になってきた。

食のコミュニティの形成

外食が担う社会的な機能の高まりから、消費者にとってもそれを利用するための情報が必要となってきました。

1970年代以後、「休日に家族そろってマイカーでファミーレストランなどへ出かけて食事をする」ことが、消費者にとって新しいレジャーとなりました。

外食業界にあっては、家庭では味わえない非日常的な空間や人々をもてなすサービスも求められ、その店舗でしか味わえない差別化された情報の発信も求められるようになってきたのです。内食・外食・中食など食のスタイルの変化と共に外食の業態も多様化し、同一業態での競合も激しくなってきました。外食業界のマーケティングでは、店と顧客とのリアルなコミュニティの形成、そして同時に、外食が普遍的に持っていた非日常的なレジャーとしての要素を満たすためのネット上でのコミュニティの形成などが求められるようになってきました。

マズローの欲求5段階説にあるような、顧客の外食に求める欲求を満たしてくれる機能の発揮と、それをわかりやすく伝えるマーケティングの必要性が叫ばれるようになってきたのです。

マズローの欲求5段階（概念図）

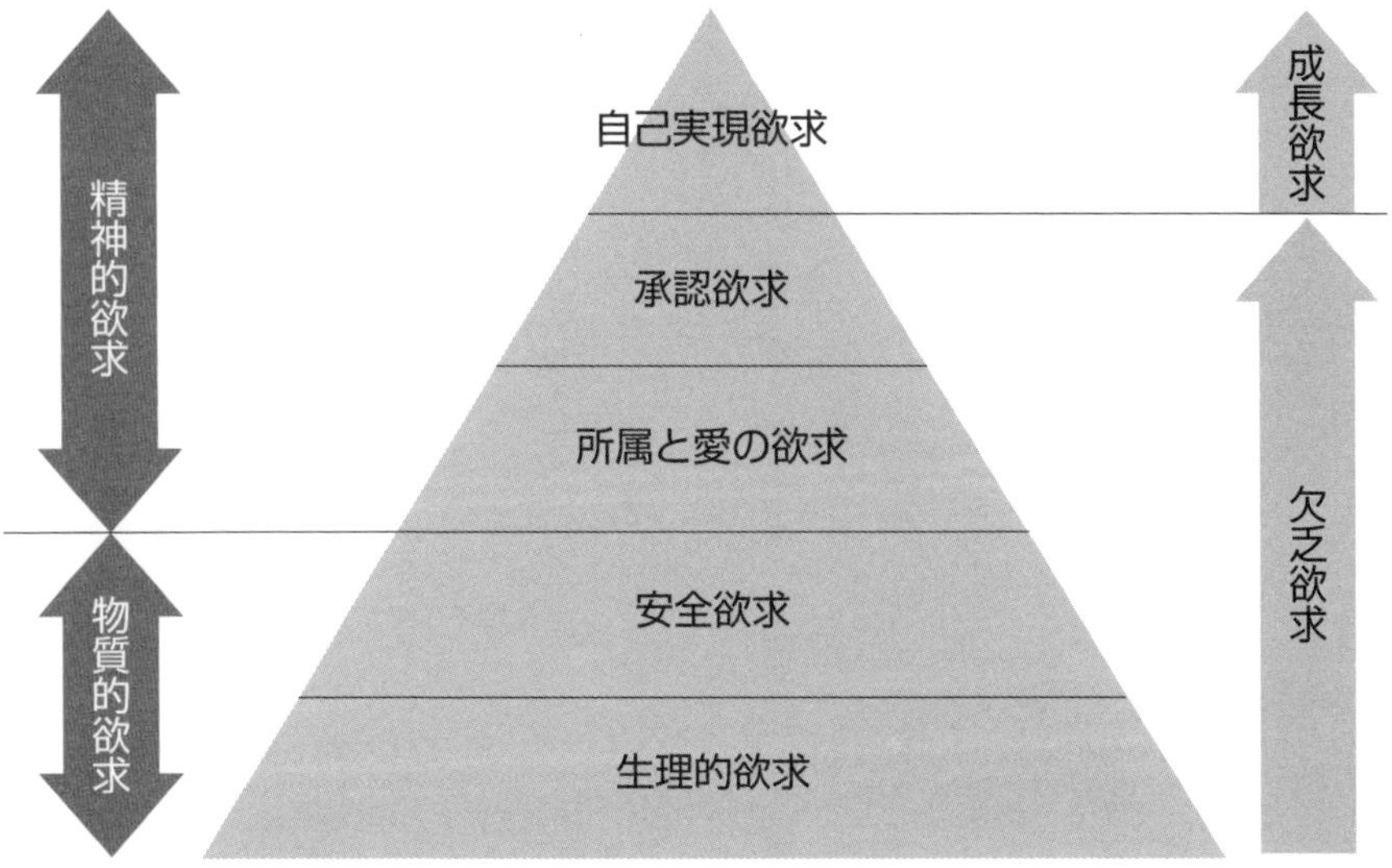

Term **B級グルメ** 外食ブームが始まり、誰もが気軽に外食店での食事を楽しめるようになる中で、「安価で、ぜいたくとはいえない、庶民的な料理」のことを高級料理店の料理と区別して「B級」と呼ぶようになった。

Section
8-3 多彩な広告メディアの活用

現代の外食業界は、国民の消費スタイルの多様化に合わせて業態も多彩になり、外食・中食・内食の境界線も不明確となり、同業種間の競合も激しくなってきました。こういった動きに合わせて、多様なメディアの活用による広告宣伝活動も活発に行われるようになっています。

■マスメディアの登場

戦後まもなく、大手広告代理店の電通による「日本の広告費」の推計が公表されたときのメディアは、新聞、雑誌、屋外広告。そのうち新聞広告だけで広告費全体の約75%を占めていました。その後、新しいメディアとして登場したのがラジオ広告です。1951年から民間ラジオ放送局に予備免許が交付されてラジオ広告が始まり、開局2年目には雑誌広告を抜き去って、マスメディアの一角を占めるようになりました。しかし、この頃の外食業界によるラジオへの広告出稿はまだ少なく、新聞と屋外広告が中心でした。

1953年にはテレビの民間放送も始まっていますが、高度経済成長が始まる昭和30年代までは、まだラジオ広告への需要が大きい時期が続きました。

■テレビ広告の躍進

テレビ広告がマスメディア広告のトップに躍進したのは1975年からでした。

1954年に始まった「**神武景気***」と58年からの「**岩戸景気***」によって、日本は高度経済成長を成し遂げ、テレビは洗濯機・冷蔵庫と並ぶ「三種の神器」と呼ばれて、テレビ受像機の世帯普及率が一気に高まりました。特に、64年の東京オリンピックや70年の大阪万博によってカラーテレビの普及が進み、テレビ広告は高度成長期の経済成長と呼応するように急速に伸びていきました。外食業界においても、既出の通り大阪万博の開催を機に外資の外食チェーンの進出があり、テレビ広告の伸びに比例するように外食の市場を広げてきました。

Term

神武景気　1954(昭和29)年12月から1957(昭和32)年6月までに発生した好景気のこと。名前は、「初代天皇とされる神武天皇が即位して以来、例を見ない好景気」だということで付けられた。その背景には、朝鮮半島で勃発した朝鮮戦争によって日本の産業界にもたらされた戦争特需があったとされている。

■失われた10年と広告業界

　1986年頃から始まったバブル経済では広告市場も大幅に拡大しましたが、バブル崩壊直後の1992年からはマイナス成長を歩むことになりました。

　バブル崩壊後の1990年代には「**失われた10年**」と呼ばれる経済不況を迎え、2000年代に入ってからも銀行の不良債権問題やデフレスパイラルの状況があって、日本経済は長期にわたり停滞しました。

　一方、メディアの世界では、情報通信網の高度化が進められ、ISDNの普及や文字放送、キャプテンシステム、パソコン通信などのサービスが開始され、広告モデルを取り入れたビジネスモデルも生まれ、やがてインターネットの本格的な普及が始まりました。

　電通の「日本の広告費」でも1998年からインターネット広告の推計結果の公表が始まりました。新聞、テレビなどの既存メディアの広告費が減少する中、インターネット広告費だけは成長を続け、広告市場の世界にもインターネット時代が到来しました。さらに、2000年12月からBSデジタル放送が開始され、衛星メディア関連の広告市場も生まれ、インターネット広告ともども広告メディアのデジタル化が進展し、現在に至っています。

日本の広告費（マスコミ四媒体とインターネット）

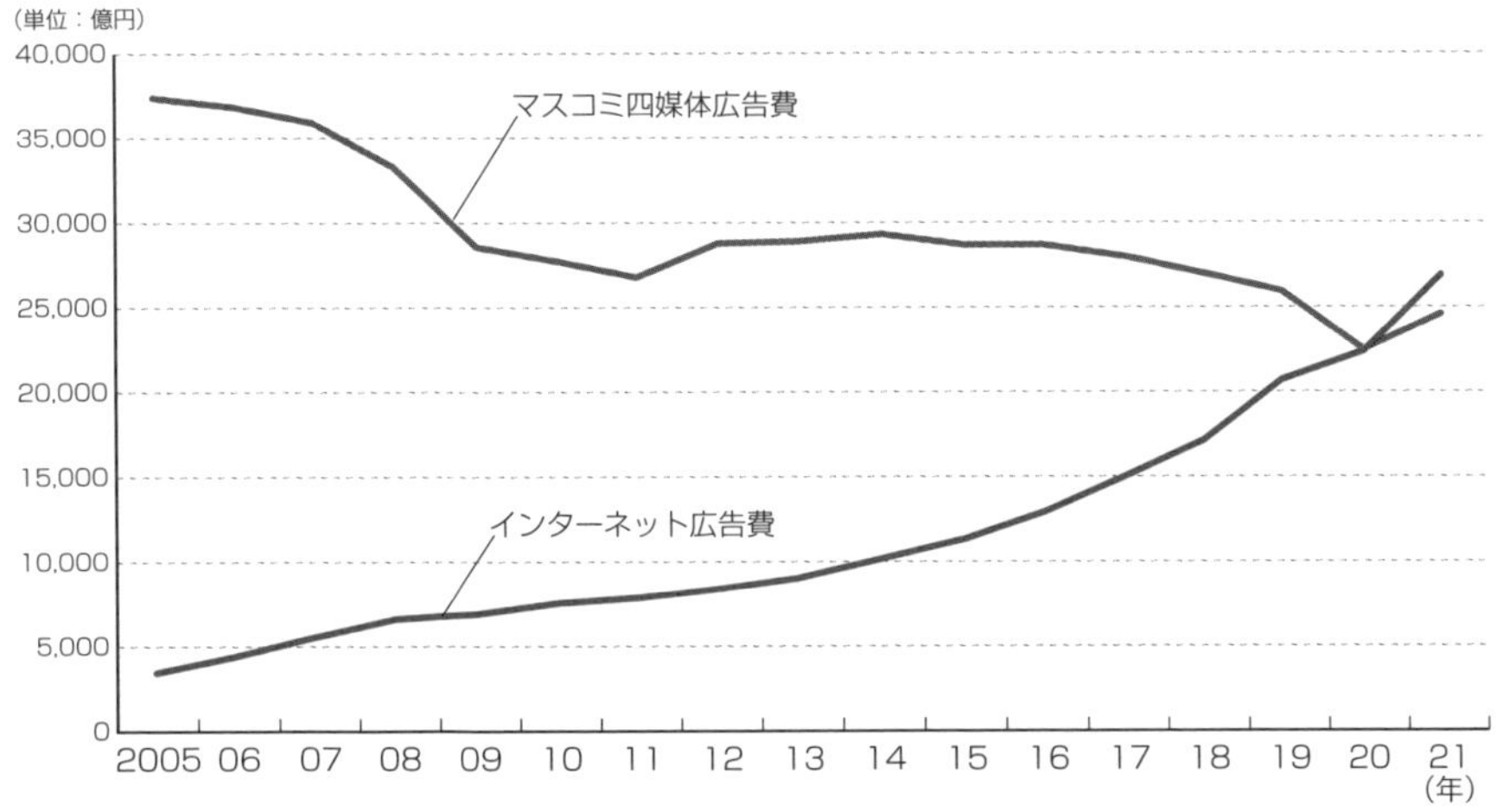

※「マスコミ四媒体」には、新聞、雑誌、ラジオ、テレビが含まれる。
※2014年より、テレビメディア広告費は「地上波テレビ＋衛星メディア関連」と区分し、2012年に遡及して集計した。

Term

岩戸景気　神武景気に続き、1958（昭和33）年7月から1961（昭和36）年12月までの42か月間続いた好景気の通称。景気拡大の期間が神武景気の31か月をしのぎ、神武景気を上回る好景気だったことから、神武天皇より前の「天照大神が天の岩戸に隠れて以来の好景気」だということで命名された。

Section
8-4 フリーペーパーとグルメ雑誌の時代

小商圏を対象とする店が多い外食業界では、**フリーペーパー**＊やタウン雑誌など、地域に密着したメディアへの広告出稿が多くありました。終戦後、新聞用紙の統制が解かれて、朝刊・夕刊のセットでの発行が再開されました。それに加え、地域限定のミニコミ紙などが全国各地で発行されるようになりました。

■フリーペーパーへの広告出稿

フリーペーパーは、特定層の読者を対象に無料で配布する定期発行の地域生活情報紙誌で、広告収入を主な収入源としています。内容としては、イベント、タウン、ショップ、求人求職、住宅不動産、グルメ・飲食店、レジャー・旅行など多彩な生活情報を記事化したり、新聞のように広告欄の形で情報を掲載しています。

一般に、新聞に近い形態をフリーペーパー、冊子形式のものを**フリーマガジン**と呼びますが、コンセプトはどちらも同じです。チラシでも新聞でも雑誌でもなく、商圏を特定できると共に、広告単価も比較的安いことから、外食店向けのメディアとして、多くのスポンサーを集めました。

■グルメガイドブック

バブル景気に支えられた1980年代の外食業界は、「1億総グルメ時代」などといわれるように、高級フランス料理をはじめ、イタリア料理やエスニック料理など多彩な食文化が花開いた時代。食べ歩きのガイドブックやグルメガイドブックの出版が盛んになり、テレビの料理ショーなども人気を集め、広告メディアも電波、新聞のみならず、雑誌広告への出稿も大幅に増えました。また、グルメブームは高級料理に限らず、ラーメンなどのいわゆる「B級グルメ」にも広がり、地域のラーメン店だけを紹介する「**ラーメン雑誌**＊」や、クーポンを付けた「**クーポン雑誌**」へと広がっていきました。

Term

フリーペーパー　生活情報誌の唯一の業界団体として活動してきた「日本生活情報紙協会」は、媒体環境の激変から2018年10月31日をもって解散している。

■メディアシフトが顕著に

電通の「日本の広告費」によれば、2022年はコロナ禍の影響緩和により、日本の広告市場は大きく回復し、総広告費は7兆1021億円で、対前年比104・4%になっています。広告費が増加した業種の中に「外食・各種サービス」も含まれ、2021年に続いて2年連続の増加になっています。

2010年代はインターネットやスマートフォンの普及により、テレビや新聞、ラジオといった従来型のメディアからインターネットへの「メディアシフト」が顕著になってきました。

市場の成熟とWeb広告への移行に伴い、外食業界では活発に展開されてきたフリーペーパーやフリーマガジン、グルメ雑誌などの市場が縮小傾向となり、22年の「フリーペーパー」の広告費は1405億円で、対前年比2・6%の減少となりました。

消費者が飲食店情報を集めるために利用するプラットフォームは、従来のチラシやフリーペーパー、グルメ雑誌などの紙媒体から、パソコン、スマホなどのWebメディアやSNSなどにシフトしてきており、Web集客対策が必須となってきました。

クーポン雑誌『ホットペッパー』の表紙

フリーのクーポン雑誌『HOT PEPPER』は、「日本の街を元気に」をコンセプトに、飲食店やヘアサロンなど日常生活に密着した生活情報誌として2000年に創刊されている。新潟、長岡、高松からスタートし、当時は珍しいクーポン付きのフリーマガジンとして反響があり、発行エリアは北海道から九州まで全国45エリアにまで広がった。

Term

ラーメン雑誌　1990年には週刊（のちに隔週刊）の雑誌『東京ウォーカー』が創刊され、その後若者に人気の『ぴあ』も週刊となり、「街の情報」を集めるタウン誌がブームとなった。特集記事や広告に「B級グルメ」の店が紹介されるようになり、「ラーメン」に特化した雑誌も全国各地で発刊されるようになった。

Section
8-5 リスティング広告とSNS広告

消費者が飲食店の情報を集めるために利用するプラットフォームがWebメディアやSNSなどにシフトしてきてから、業界の側でもWeb集客に力を入れ始めました。その代表的な手法が「検索連動型広告」や「PPC広告*」とも呼ばれる「リスティング広告」とSNS広告の利用です。

リスティング広告とは

GoogleやBingなどの検索エンジンに入力されたキーワードに応じて表示される広告が、**リスティング広告**と呼ばれるものです。

検索エンジンを利用した集客対策としては、最適化（SEO）を図り、検索結果の上位に自社のWebサイトなどを表示させるテクニックも使われますが、無料で行えるSEO対策だけで検索結果の表示順位を完全にコントロールすることはできません。そのため、掲載費用はかかるもののコントロール性が高く、掲載費用の総予算も調整しながら、自社の広告を検索結果の上位に表示させやすいリスティング広告に変わってきました。

リスティング広告の料金体系

リスティング広告の基本はクリックされることにあり、「広告がクリックされた回数に応じて費用が発生する」仕組みになっています。広告にかける総予算は、広告主である飲食店の側で自由に設定できるようになっています。つまり、「クリック単価×クリック数」で算出することが可能になっています。クリック単価の相場は50～200円くらいで、外食業界の平均的な予算は10万円ほどだといわれています。

ネットを利用しない人には届かないものの、紙媒体のように紙面サイズによって掲載できる情報量と料金が制限されたり、電波のように流される時間によって料金が高くなったりすることもなく、費用対効果が高いことが、リスティング広告のメリットとなっています。

Term **PPC広告**　PPCはPay Per Clickの略。PPC広告はクリック報酬型広告ともいわれる。インターネットのWWW上における広告形態の1つで、広告媒体のWebサイトに設置された広告を閲覧者がクリックすることによって、広告主がサイトの運営者に報酬を与えたり、広告掲載側が報酬を得たりできるもの。

SNS広告

リスティング広告は検索語句に連動して表示されるため、「対象となるキーワードを入力しなかったり、そもそも認知していないユーザーには、広告を見てもらえない」というデメリットがあります。つまり、ターゲットとするユーザーはすでに店舗を知っていたり興味を持っているユーザーで、顕在化している顧客です。それに対し、まだ検索には至っていないものの、潜在的に悩みや問題を抱えているユーザーに対して情報発信できるのが、**SNS広告**と呼ばれるものです。

現在、代表的なSNSとしてFacebook、Instagram、X(旧Twitter)、LINEなどがあります。仕組みとしては、細かなターゲティングをしたユーザーのSNS上に、自社の広告を露出させ、ユーザーに「クリック」「いいね」「シェア」「コメント」といった何らかの反応をしてもらうことで集客につなげます。さらに、広告を経由してユーザーをWebサイトや**LP**＊、ECサイトなどに誘導したり、イベントを告知し、顧客とのコミュニティを広げることで広告価値を高める、などの狙いもあります。そのほか、コストパフォーマンスが高く、若年層などにリーチでき、拡散されることでさらにリーチを広げられる、といったメリットもあります。

よく使われるWebマーケティングのツール

リスティング広告
Googleマップ広告
SNS広告
グルメサイトへの記事・広告
動画広告の配信（YouTubeなど）
インフルエンサーマーケティング
Webサイト / ブログの運営と記事配信
キャンペーン・クーポン進呈
ブックレット（小冊子）配布
イベント情報の配信
メルマガ配信
写真・動画
予約システムの導入と情報配信
デリバリー / テイクアウトでの車両広告

Webマーケティングのツールは、目的や用途に合わせた使い分けが必要です。

Term
LP　Landing Pageの略。ランディングページとは、検索結果や広告などを経由して訪問者が最初にアクセスするページのことで、訪問者がホームページに着地する（land）イメージからこの名前が付いた。

Section

8-6 多種多様なグルメコンテンツ

消費者による飲食店の情報収集の手段として、多種多様なグルメコンテンツが使われるようになりました。中でもグルメサイトの歴史は古く、1996年まで遡ることができます。当時、鉄道系広告会社の**株式会社NKB***の一事業部門だった「ぐるなび」は、クチコミ型グルメサイトの元祖と呼ばれるほどの人気サイトとなりました。

居酒屋人気と共に

1990年代後半から2000年代にかけて、出版社や地図会社、ポータルサイトなど多種多様な業種がネット上で展開するグルメコンテンツが、若者を中心に受け入れられるようになってきました。

この流れは、居酒屋業界が同じ世代を主要なターゲットとして新しい業態を作り上げてきたことと深いつながりがあります。「和民」や「笑笑」「甘太郎」など「総合居酒屋」と呼ばれた新業態の居酒屋は、駅前の一等地に大型店舗を構え、ファストフードやファミリーレストランのようなメニューを提供しながら、多様な客層のニーズに応えていました。

「ぐるなび」と「ホットペッパーグルメ」

「**ぐるなび**」（現在の正式名は「楽天ぐるなび」）が開設された当時の外食業界では、まだ自店のホームページを持っている店舗が少なく、ぐるなびは自店のホームページの代わりとして人気を得ていました。開設当時の掲載料はまだ月額3000円程度で、フリーペーパーやグルメ雑誌と比較しても使いやすい広告メディアでした。

「ぐるなび」に続いて開設されたのが株式会社リクルートのWebサービス「**ホットペッパーグルメ**」です。リクルートでは2000年に、クーポン雑誌として『HOT PEPPER』を創刊しており、クーポンでお得に楽しめる外食文化を作り上げ、外食業界においては影響力を持っていました。

Term

株式会社NKB　駅スペースに特化した交通広告代理店として、1948（昭和23）年2月3日に「交通文化事業株式会社」が設立され、1983（昭和58）年、「株式会社NKB」に社名変更。『ぐるなび』開設などのIT事業や派生する食関連事業でも多数の実績がある。

■クチコミ型からキュレーション型まで

日本で最初の**クチコミ型グルメサイト**は、1996年7月、広告代理店の電通でコピーライターやCMプランナーなどの仕事をしていた「さとなお」（本名・佐藤尚之）氏が自費で主宰した、素人参加型の自腹覆面レストラン評価サイト「**ジバラン**」で、2006年まで運営されました。

その後、アスクユーの「東京レストランガイド」や「東京グルメ」など、ユーザーがリアルタイムに投稿できる本格的なクチコミサイトが次々と開設されました。

しかし、サクラや荒らし、競合店の嫌がらせの書き込みなどで荒れやすく、広告収入が得にくく、収益化に苦しんでいました。収益化の道筋を付けて人気サイトとなったのが、2005年にスタートした「**食べログ**」で、開設2年目の2006年後半から急速に成長して巨大サイトに成長しました。

2010年頃からは、「スマホ」からの「予約」をキーワードにした、新しいタイプのグルメサイトが人気を呼ぶようになってきました。さらに近年は、「まとめサイト」のような、全国の実名レビュアーの信頼できるクチコミを検索できる「**キュレーション型***」のグルメサイトも登場しています。

グルメサイトのロゴなど

●楽天ぐるなび
https://www.gnavi.co.jp/

●食べログ
https://tabelog.com/

●ホットペッパーグルメ
https://www.hotpepper.jp/

●ヒトサラ
https://hitosara.com/

Term **キュレーション型**　IT用語の1つで、インターネット上の情報を収集してまとめること、あるいは収集した情報をつなぎ合わせて新しい価値を持たせて共有すること。語源は、博物館・図書館の管理者や館長、学芸員を意味する「Curator（キュレーター）」で、館内の展示物を整理して見やすくするところからきている。

Section

8-7 利用者側の変化と店の対応

店の検索のみならず、同業態の店との比較や客席の予約までできる便利さで、利用者も多いグルメサイト*ですが、近年は利用者の動きに変化が見られます。

■増加しているGoogleの利用

飲食店向けの予約・顧客管理システムを提供している株式会社TableCheckが、飲食店を利用する全国の20〜60代男女1100名および飲食店勤務の20〜50代男女550名を対象に「グルメサイトに関する意識調査」を行い、結果を公表しています。

2022年6月に実施した第3回調査の結果では、来店客の動向のうち「来店客が飲食店を探すとき、最も多く使われている手段」として、「グルメサイト信頼しない層」が2年前と比較して1.2倍に増え、利用率も大幅に減少する中で、「Google（**Google検索***、**Googleマップ***）」が初めてトップになっています。

■予約はグルメサイトか電話

一方、予約ツールとしての利用率は、「Google」「SNS」共に極めて低い利用率にとどまっており、予約ツールとしての普及はまだ途上段階にあると指摘されています。

予約については依然として「食べログ」や「ぐるなび」などの「グルメサイト」か「電話予約」が多いという結果になっています。

GoogleやInstagramはコロナ禍で飲食店の予約機能を充実させていますが、飲食店側の導入設定が進んでいないなど、検索から予約までの動線にまだ課題があると考えられています。

Term

グルメサイト　インターネット上で飲食店の情報を提供するWebサイト。代表的なサービスに「食べログ」「ぐるなび」「ホットペッパーグルメ」「Retty」が挙げられる。8-6節参照。

■「インターネット予約」の増加

リクルートの外食市場に関する調査・研究機関「ホットペッパーグルメ外食総研」でも、2023年10月に首都圏・関西圏・東海圏在住の20〜69歳の男女9808人から、夕方以降の外食における予約についてアンケートを実施しています。その結果では、コロナ禍後の夕方以降の飲食店で混んでいる印象を持っている人は過半数の51・9%で、満席等で飲食店に入れなかった経験のある人は27・9%になっています。

また、コロナ禍後は、コロナ禍前・コロナ禍中に比べて、夕食以降の外食を予約する割合が増加傾向にあり、特に20代女性においてその傾向が顕著に見られます。

コロナ禍後の予約経験者に予約方法を尋ねたところ、「**インターネット予約**」が82・0%と最も多く、次いで「電話予約」48・0%、「SNSを使った予約」5・8%となっています。

また、予約する理由はコロナ禍前もあとも、1位は「混んでいて席がないと困るから」、2位は「席が空くまで並んだり待ったりしたくないから」、3位が「予約するとポイントがもらえるから」でした。

Column　注目されるインターネット予約ツール

インターネット上で予約を行うことができるインターネット予約ツールには、従来の電話予約や店頭予約に比べ、予約情報の管理やスケジュールの調整といった予約業務の効率化を図ることができるほか、予約を取りこぼすことなく24時間自動的に受け付けることができ、店舗スタッフの負担が減るというメリットがあります。

「予約時にクレジットカード情報を預かり、キャンセルポリシーに同意してもらう」といったキャンセル対策機能や、来店前の予約確認機能を搭載したサービスであれば、予約者が当日現れない「ノーショー」への対策にもなります。

一方で、導入コストや人手不足、システム操作の難しさなどの課題も存在します。導入を検討する際は、メリットと課題を理解し、自店の状況に合ったツールを選ぶことが重要です。

Term
Google検索　世界で最も多く利用されている検索エンジン。
Googleマップ　世界で最も多く利用されている地図検索サービス。

Section
8-8 新しいグルメコンテンツとしての利用

前節で見たように、近年、ユーザーはお店探しにグルメサイトよりも「Googleサービスを使った検索」を利用する傾向が見られます。そのため、Googleマップなど様々なGoogleサービスに掲載される店舗情報をコントロールし、集客ツールとして利用する手法が注目されています。

■レストラン検索の最適化

2005年のリリース時にはシンプルな地図サービスだった**Googleマップ**は、様々な機能を実装し、全世界で圧倒的なユーザー数を誇るサービスへと進化。お店探しから、メニューや決済方法の確認、予約、ルート案内、クチコミまで、検索結果には必要な情報がそろっているため、グルメコンテンツとしての利用者も急増しています。

そんなGoogleマップに掲載される店舗情報は、Google検索と共通の「**Googleビジネスプロフィール**（**GBP**）」というツールによって管理・更新が可能で、効果的な集客戦略というだけでなく、利用者に正しい情報を提供する意味でも注目されます。

■検索結果とGBP

GBPは、Google上に無料で**店舗情報**を掲載・管理できるツールです。

「近く　居酒屋」などで検索した際、店舗情報がマップ情報と共に上位3件表示されます。この表示は**ローカルパック**と呼ばれ、上部の最もクリックされやすい位置に表示されることから、ユーザーの目に留まりやすく、集客上重要な要素として近年注目されています。この店舗情報のもととなる情報は、前述のGBPによって管理可能であり、日々の情報発信や情報整備は検索結果の順位にも影響を与えます。GBPの店舗情報は多くの旅行客の観光情報源にもなることから、2023年には観光庁も観光DXの推進上、GBP活用の必要性に初めて言及しています。

Point

検索エンジンの最適化（SEO）　検索エンジンの検索結果において、特定のWebサイトが上位に表示されるよう、Webサイトの構成や記述などを調整する手法の総称。SEOはSearch Engine Optimizationの略。

■インバウンド集客での効果

1－6節で紹介したように、Googleサービス上に掲載される店舗情報をGBPで管理・更新して情報発信することは、インバウンド対策としても非常に有効です。

世界中の多くの国（中国などを除く）で圧倒的なシェアを持つGoogleには、利用者によって自動的に表示言語が切り替わる機能が実装されています。

すなわち、GBPで店舗情報を充実させることは、日本語がわからない訪日客の情報収集の手助けにつながるといえます。GBPには、投稿機能（最新情報やイベント告知、クーポン配布など）、メニュー機能、予約機能、メッセージ機能など、インバウンド向けの機能が充実していますが、特に注目されやすい機能が**「クチコミ」**です。

クチコミに書かれた情報は関連情報として、Googleサービス上の検索結果にもダイレクトな影響を与えるほか、その内容は来店を検討する潜在客の店舗イメージにも大きな影響を与えます。投稿されたクチコミは店舗側で自由に削除・編集することができない領域なので、良質なクチコミの収集と、返信フォローによるクチコミのコントロールを行うことが重要です。

GBPの概念図

店舗情報を編集するツール	Google Business Profile
GBPの店舗情報が表示されるプロダクトの例	Google検索　Googleマップ　Google旅行　Googleアシスタント

これらすべての情報源がGoogleビジネスプロフィール！

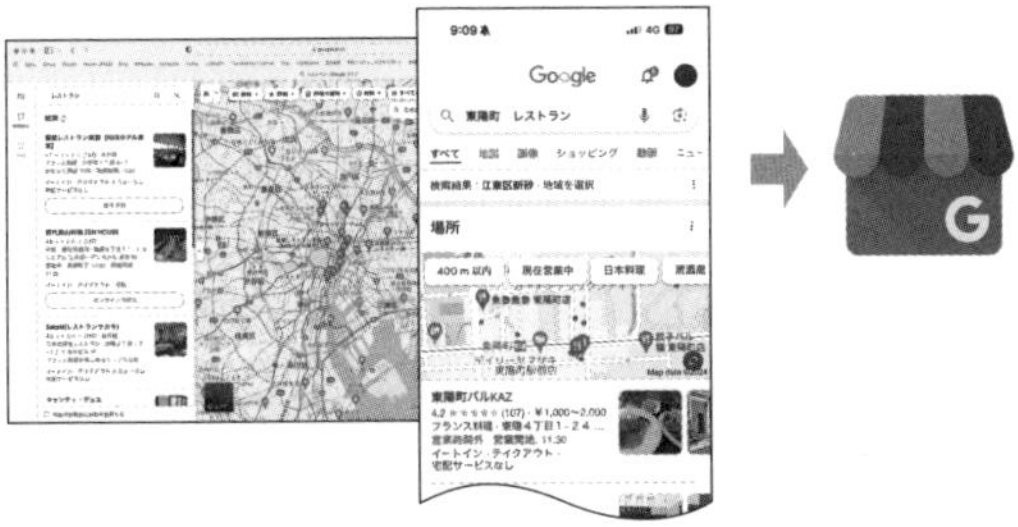

Googleビジネスプロフィール
（旧Googleマイビジネス）

- 検索ランキングで上位に表示させると、新規集客UPのメリットがある
- 情報発信でブランド力UP
- GBPの運用は店舗集客につながる

Point　**マップ検索の最適化（MEO）**　MEOは、Googleマップなどの地図アプリの検索結果で上位に表示されやすくするための施策。実店舗を持っている飲食店では、この検索結果で上位に表示されるほど、認知度獲得・集客数向上につながると期待される。次ページのコラムを参照。

MEOが注目されている

Column

外食店におけるMEOが注目されています。MEOとはMap Engine Optimization（マップ検索の最適化）の略称。地図検索やローカル検索の結果画面に地図と共に表示される「ローカルパック」での店舗情報表示の最適化、そこでの表示順位アップの施策などを指していわれることが多い言葉です。MEOはWebを使った店舗集客のトレンドで、様々な業種に注目されているものの、まだ歴史は浅く、定義も曖昧です。Google検索やSNSが進化し、従来の「様々なメディアに毎月多くの広告費を投入できる店舗」だけが目立ってきた仕組みから、いまはGoogle検索結果やSNSの更新頻度や充実ぶりが露出度に影響する仕組みに変わってきています。

そんな仕組みの変化に対応しているのが、MEOと呼ばれる施策になります。誰もが無料で管理できる自社コンテンツをしっかりと更新して育ててきた店舗が、ユーザーから優遇される時代になってきたのです。

ちなみに「上位表示対策」とはいうものの、上位に表示されることは目的ではありません。本当の目的は、Google検索、Googleマップからの集客を増やすことなのです。そして、そのGoogle検索とGoogleマップを有機的に結び付けているのが、これまで本書で何度か紹介してきたGBP（Googleビジネスプロフィール）であり、そのGBPの使いこなし方がMEOと呼ばれる施策になります。

SEOやMEOについて、よく「〜最適化」と訳されます。最適化されたお店のサイトというのは、「クチコミをよく返すから」とか、「更新頻度が高いから」あるいは「写真が多いから」といった理由で、最適化された「よいお店」だとされることも多いのですが、そうではありません。「よいお店」というのは、自然と最適化されるものです。つまり、人間の体の健康管理と同様に、自社サイトもちゃんと愛情を込めて健康的に管理していたら、小手先の裏技や専門知識など必要ありません。自然と健康なサイトになっていくのです。

では、その健康管理を誰が担うのでしょうか。お店のサイトの健康を維持し、成長を続けていくには、体力とか余力が必要になります。そして、その力を身に付けるためには、「売上」と「自由な時間」が必要になります。しかし、経営者には、売上を伸ばすためにやらなければならないことがたくさんあります。

自力でお店のサイトの健康を維持するだけの体力や時間的な余力がないのであれば、信頼できる有料サービスやサポーターとなるスタッフに委任すればいいのです。

もし、複数の店舗を持つチェーンでMEOをやろうとするなら、せめて広報担当者にまずGBPを理解してもらい、その人に管理権限を集めるようにすれば、可能になります。経営者は、実際の数字を見てパフォーマンスを確認し、費用対効果の測定で次に打つ手を判断するのがよいでしょう。

DATA

資料編・索引

外食産業市場規模推計値の推移（2012～21年）

（億円）

平成27年(2015)	平成28年(2016)	平成29年(2017)	平成30年(2018)	令和元年(2019)	令和2年(2020)	令和3年(2021)
254,078	254,553	256,804	257,342	262,687	182,122	169,494
202,598	204,320	206,907	207,899	212,538	155,455	149,048
168,893	170,664	173,116	174,287	178,993	127,175	119,639
136,247	139,464	142,215	142,800	145,776	109,780	104,018
97,923	99,325	101,155	101,049	103,221	73,780	68,046
12,373	12,499	12,856	13,016	13,144	9,613	9,464
14,386	15,187	15,231	15,445	15,466	12,639	12,179
11,565	12,453	12,973	13,290	13,945	13,748	14,329
2,667	2,672	2,698	2,714	2,714	934	939
29,979	28,528	28,203	28,773	30,503	16,461	14,682
33,705	33,656	33,791	33,612	33,545	28,280	29,409
4,982	4,899	4,882	4,883	4,826	4,011	4,679
17,463	17,495	17,527	17,316	17,256	13,860	13,964
12,132	12,126	12,113	11,923	11,876	9,678	9,768
5,331	5,369	5,414	5,393	5,380	4,182	4,196
8,014	7,917	7,954	7,917	7,901	7,494	7,428
3,246	3,345	3,428	3,496	3,562	2,915	3,338
51,480	50,233	49,897	49,443	50,149	26,667	20,446
21,937	21,518	21,663	21,661	21,922	14,544	12,250
11,285	11,256	11,454	11,646	11,784	8,055	7,767
10,652	10,262	10,209	10,015	10,138	6,489	4,483
29,543	28,715	28,234	27,782	28,227	12,123	8,196
3,531	3,432	3,375	3,321	3,373	1,449	980
26,012	25,283	24,859	24,461	24,854	10,674	7,216
71,384	75,444	76,166	76,602	77,594	75,023	75,357
66,053	70,075	70,752	71,209	72,214	70,841	71,161
5,331	5,369	5,414	5,393	5,380	4,182	4,196
320,131	324,628	327,556	328,551	334,901	252,963	240,655

	平成24年 (2012)	平成25年 (2013)	平成26年 (2014)
外食産業計	232,217	240,099	246,148
給食主体部門	185,698	191,154	195,493
営業給食	152,583	158,284	162,172
飲食店	124,683	129,088	132,204
食堂・レストラン	88,158	91,150	94,348
そば・うどん店	10,717	11,506	11,696
寿司店	12,753	13,551	13,916
その他飲食店	13,055	12,881	12,244
機内食等	2,440	2,496	2,558
宿泊施設	25,460	26,700	27,410
集団給食	33,115	32,870	33,321
学校	4,905	4,919	4,968
事業所	17,158	16,878	17,210
社員食堂等給食	11,977	11,747	11,953
弁当給食	5,181	5,131	5,257
病院	8,130	8,082	8,021
保育所給食	2,922	2,991	3,122
料飲主体部門	46,519	48,945	50,655
喫茶・居酒屋等	19,977	20,798	21,301
喫茶店	10,197	10,611	10,921
居酒屋・ビヤホール等	9,780	10,187	10,380
料亭・バー等	26,542	28,147	29,354
料亭	3,173	3,364	3,509
バー・キャバレー・ナイトクラブ	23,369	24,783	25,845
料理品小売業	64,648	64,934	67,725
弁当給食を除く	59,467	59,803	62,468
弁当給食（再掲）	5,181	5,131	5,257
外食産業（料理品小売業を含む）	291,684	299,902	308,616

※飲食店および喫茶店の市場規模には、百貨店等直営の飲食店および喫茶店の売上が含まれている。

2021年（1～12月）の外食産業市場規模推計値

[単位：億円　( )内は対前年増減率：%]

- 外食産業 169,494 (△6.9)
  [料理品小売業を含む場合 240,655 (△4.9)]
  - 給食主体部門 149,048 (△4.1)
    - 営業給食 119,639 (△5.9)
      - 飲食店 104,018 (△5.2)
        - 食堂・レストラン …… 68,046 (△7.8)
        - そば・うどん店 …… 9,464 (△1.5)
        - 寿司店 …… 12,179 (△3.6)
        - その他の飲食店 …… 14,329 (4.2)
      - 機内食等 …… 939 (0.5)
      - 宿泊施設 …… 14,682 (△10.8)
    - 集団給食 29,409 (4.0)
      - 学校 …… 4,679 (16.7)
      - 事業所 13,964 (0.8)
        - 社員食堂等給食 …… 9,768 (0.9)
        - 弁当給食 …… 4,196 (0.3)
      - 病院 …… 7,428 (△0.9)
      - 保育所給食 …… 3,338 (14.5)
  - 料飲主体部門 20,446 (△23.3)
    - 喫茶店・居酒屋等 12,250 (△15.8)
      - 喫茶店 …… 7,767 (△3.6)
      - 居酒屋・ビヤホール等 …… 4,483 (△30.9)
    - 料亭・バー等 8,196 (△32.4)
      - 料亭 …… 980 (△32.4)
      - バー・キャバレーナイトクラブ …… 7,216 (△32.4)
- 料理品小売業 …… 75,357 (0.4)
  [弁当給食を除く] …… [71,161 (0.5)]

※市場規模推計値には消費税を含む。
※外食産業の分類は、基本的に「日本標準産業分類（総務省）」（2002年改訂）に準じている。
※産業分類の関係から、料理品小売業の中には、スーパー、百貨店等のテナントとして入店しているものの売上高は含まれるが、総合スーパー、百貨店が直接販売している売上高は含まれない。
※四捨五入の関係で合計と内訳の計が一致しない場合がある。

資料：（一社）日本フードサービス協会の推計による

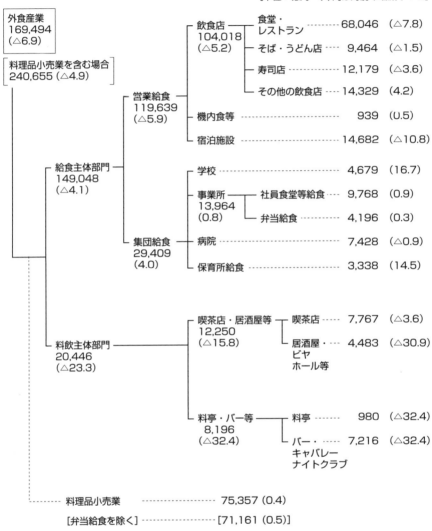

外食店経営管理のチェックポイント

外食店の経営にあたっては、下記の項目が基本的なポイントになる。項目ごとに自店の経営管理状況を確認し、漏れている項目については早急な善処が望ましい。

経営計画

①経営目標が具体的で、財務の裏付けはあるか
②年度計画は利益確保を基礎にしているか
③利益内容を具体的に策定しているか
④予算は絶対的と相対的、現実的と将来的の観点から検討したか
⑤販売費及び一般管理費予算はゼロベースで決めたか
⑥要員計画、人件費計画はきめ細かく立てたか
⑦出店、改装、厨房設備、ホール設備は長期資金を活用しているか
⑧売上、仕入れ予算は資金繰り計画として検討したか
⑨営業収支に連動した財務収支の資金繰り計画をしたか
⑩経営計画に財務改善計画を盛り込んだか

財務指標

①総資本回転率は適正か
②売上高対経常利益率は適正か
③総資本対経常利益率は適正か
④損益分岐点比率は適正か
⑤流動比率は適正か
⑥総資本対自己資本比率は適正か
⑦固定資産回転率は適正か
⑧販売・管理費比率は適正か
⑨売上高対人件費比率は適正か

投資計画

①設備投資借入は長期融資か
②借入条件に無理はないか
③キャッシュフローによる投資額の回収期間は適正か
④３年後に改装できる収益性はあるか
⑤銀行借入金の返済に余裕があるか
⑥出店資金の軽減化努力をしているか
⑦公的資金を活用しているか
⑧運転資金の効率化を図っているか
⑨省力化投資をしているか
⑩環境改善投資をしているか

経理

①パソコン会計を導入しているか
②必要な会計帳簿を常備しているか
③経理担当者の簿記知識は十分か
④試算表は締め日10日後にはまとまっているか
⑤月次決算を正確に行っているか
⑥金銭出納、支払勘定、銀行残高チェックは正確か
⑦会計事務所の税務指導は具体的でわかりやすいか

（次ページに続く）

売上管理

①月次売上計画を季節変動指数に基づいて立てているか
②平均月商と客数、客単価、客席回転率を把握しているか
③売上高の時間帯別実績を把握しているか
④売上の現金、売掛金別入金状況を管理しているか
⑤売掛金の集金は適正か
⑥料理売上、飲み物売上、サービス料、税などを正しく計上しているか
⑦部門管理を行い、予算と実績、差異分析を行っているか
⑧売上原価、売上総利益、直接経費、営業損益を把握しているか
⑨売上目標達成状況を当月と累計で把握しているか
⑩人、時間、坪当たり売上高は向上しているか

在庫管理

①食材の保管責任者と保管手続きを明文化しているか
②適正な保管場所を確保しているか
③在庫量が一目でわかるように分類、保管しているか
④食材の品切れ、過剰が発生していない
⑤腐敗や破損による食材ロスが発生していないか
⑥生ものは時間帯別に残量がわかるようになっているか
⑦入庫と出庫の検品と記帳を励行しているか
⑧棚卸しを毎月実行しているか

原価管理

①食材仕入れ費の改善目標を立てているか
②食材ロス率は減少しているか
③食材原価は主食材、副食材、調味料、酒類、雑消耗品に分けて管理しているか
④調理法の採用や開発は食材費低減の見地から行っているか
⑤冷凍食品、半加工食品、調理食品などの活用は食材費低減の見地から行っているか
⑥メニューごとの原価基準表作成と原価率計算をしているか

従業員管理

①従業員の募集と採用は計画的に行っているか
②従業員の補充や配置は適正か
③従業員の勤務割りと勤怠管理を適正に行っているか
④従業員の適性、スキルを把握しているか
⑤従業員の定着率はよいか
⑥労働条件と賃金は業界標準と比べて適正か
⑦労働基準法に基づいた勤務条件を遵守しているか
⑧従業員の平均年齢は高くないか
⑨パート、人材派遣など非正社員を効果的に活用しているか

食材仕入れ

①仕入れ担当者を決めているか
②生ものは当日の需要予測に基づいて仕入れているか
③仕入れ先や仕入れ価格は適正か
④支払い条件は有利か

FCのタイプ

日本では「ビジネスフォーマット型」を一般にFCと呼んでいるが、チェーンシステム上は次の4タイプに分かれている。

◆商標ライセンス型FC
メーカーなどが販売店に自社製品を供給すると共に、その製品ブランドやメーカー名の使用権も与えるタイプ。自動車販売、ガソリン販売、事務機販売などで広く行われている。

◆ビジネスフォーマット型FC
本部が開発した事業ノウハウ、商標、製品などの使用権をパッケージで与えるタイプ。外食産業、小売業、サービス業などで広く行われている。

◆ターンキー型FC
本部が店舗と製品を用意して加盟店を募るタイプ。加盟店は店の鍵を受け取ればその日から開業できるのが特徴。日本ではほとんど例がない。

◆転換型FC
既存の同業者や類似業者を加盟店として募集するタイプ。これも日本では例が少ない。

FCのメリットとデメリット

評価項目	区分	メリット	デメリット
全体	経済・社会	◎新規雇用創出 ◎中小企業への事業多角化チャンスの提供 ◎個人への創業機会の提供 ◇経済・社会の活性化 ◇消費者への安価で良質な商品・サービスの提供	●フランチャイズと称した紛らわしい商法の出現 ◆開業支援業、開業コンサルタント業、ブランド・ライセンス業との区別が難しい ◆代理店・特約店との区別が曖昧 ◆フランチャイズの本質をよく理解していないとトラブルを招きやすい
人・組織・オペレーション	FC本部	◇ニュービジネスや経営革新が短期間に普及しやすい ◇地域社会の活性化 ◎店舗運営に多くの要員を抱える必要がない ◎短期間で規模拡大が可能	●事業体が異なる加盟店をコントロールするのが難しい ●加盟店の選別にどうしてもリスクが残る ◆FC立ち上げまで、そして立ち上げ後も本部の人材（企画、店舗開発、スーパーバイザー）育成に時間と経費を要する ◆短期間に規模が拡大することによりスーパーバイジングが手薄になり、質のよくない加盟店が増加する可能性がある ◆不良店や不振店の存在がチェーン組織全体に悪影響を及ぼす

（次ページに続く）

メリット度：高い◎　普通◇　　デメリット度：高い●　普通◆

評価項目	区分	メリット	デメリット
人・組織・オペレーション	加盟店	◎経営・営業指導が受けられる ◎営業に専念できる ◎複数店経営でメガ・フランチャイジーに成長できる ◇従業員の教育を本部が行ってくれる ◇チェーンの信用により従業員を採用しやすい ◇個人経営では得られない仲間ができ、その援助と助言が得られる ◇加盟店会があるので情報や成功例の共有化ができ、本部への要求も通しやすい	●フランチャイズを運営している本部の企業体質やその理念、信頼関係は、実際に契約後開業してみないとわからない面があり、どうしてもリスクは残る ◆本部の倒産や事業廃止の可能性がある ◆本部の創業者死去、主要株主交替、M&Aなどにより、企業理念が変わることもあり得る
物・ハードウェア・デリバリー	FC 本部	◎スケールメリットが得られる	●加盟店が規格外の製造・加工・使用をする心配がある ●商品のわずかな調達ミスがチェーン全体の大きな信用不安につながる恐れがある ◆技術や情報が流出しやすい
	加盟店	◎本部が標準化した設備を利用できるので、設備コストは低廉 ◎本部の商品大量仕入れによりコストダウンの恩恵が受けられる ◇仕入れ価格は安定的であり、天候不順、相場、景気変動などの影響には左右されにくい ◎本部の受発注システムにより注文が容易にできる ◇店舗在庫が少なくて済む ◎サプライ·チェーン·マネージメントとジャスト・イン・タイム・システムの恩恵で小ロット多頻度発注が可能 ◇外食・中食産業においては、原材料は本部のセントラルキッチンで半加工されているので、加盟店側は盛り付けだけでよく、調理師を必要としない ◇技能者不要で人件費の圧縮ができる ◇商品在庫切れの際は近隣加盟店から借りられる ◇遊休資産（土地・建物）を利用して事業ができる ◇デッドスペースを利用して現業と組み合わせ、複業業態を作ることができる	●独禁法違反すれすれに調達先や仕入れ先が限定・指定・固定され、品ぞろえが制限されている ◆本部の利益とデリバリーコストが上乗せされて、仕入れコストが割高になっているものもある ◆価格が硬直的になりやすい（これは仕入れ価格安定と裏腹の関係） ◆商品・サービス価格や粗利益率をミックスする商売の面白さに欠ける

（次ページに続く）

メリット度：高い◎　普通◇　　デメリット度：高い●　普通◆

評価項目	区分	メリット	デメリット
資金・P／L	FC 本部	◎少ない投資で企業規模を拡大できる	●加盟店オーナーの経営・営業能力に未知数の部分があるので、開業後の売上高・損益予測が極めて難しい ◆経営主体が違うので、加盟店の開業後の正確な P/L 把握が難しい
	加盟店	◎独立自営で行うより成功の可能性が高い ◎ほとんどのハードウェアは標準化されているので、投資は比較的低く抑えられる ◇資金調達に本部の援助や協力が得られる ◇本部で金融機関との提携ローン制度を設けているところもある ◇本部の紹介でリースを利用しやすい ◇大手チェーンに加盟することにより金融機関の信用が得られやすい ◇費用はかかるが会計帳簿の記帳代行をしてくれる本部もある	●本部が提案する売上高・収益予測は常に正確で信頼できるものとは限らない（目標達成には様々な要素が影響するため） ◆ノウハウを一通り習得すると、ロイヤリティや指導料という継続的な金銭支払いが無駄に思えてくる
ノウハウ・ソフトウェア	FC 本部	◎加盟店側に種々の成功事例、アイデアや工夫が生まれ、それらを本部の FC パッケージに取り込むことにより、チェーンとしての相互補完作用が得られる ◎分業のメリットが得られる	◆FC ビジネスの事業化には、長年のノウハウの蓄積と努力が必要で、一朝一夕にできるものではない ◆商標・サービスマークの浸透と確立に努力と時間が必要 ◆信用や名声の維持が難しい ◆加盟店による商標・サービスマークの侵害や目的外使用の恐れがある ●ノウハウや技術や機密が漏えいしやすい ●FC 事業開始後の FC パッケージの進化とイノベーションに多大の努力と時間を要する ●同様に、新商品・サービスの開発継続に多大の努力と時間と費用を要する ◆加盟店向けに継続的な転換業態・新業態開発努力が必要
	加盟店	◎独立自営業と違い、営業ノウハウの構築なしに事業が始められる ◎経験が乏しくても事業経営が可能 ◎加盟金の支払いと契約により、著名な商標やサービスマークの使用が即可能となる ◇店舗立地の良否の判断に本部の力を借りることができる ◇大規模な広告宣伝が不要 ◇本部の競合店対策により競争優位に立てる ◇著名チェーンに加盟することにより地域社会での信用が得られる ◇本部が加盟店へ、独立自営業では得られない様々な情報を提供してくれる ◇本部の IT 導入により、いつも最先端技術利用の恩恵を受けることができる	●本部に本当にノウハウや技術があるかどうかは、開業後でないと確認が難しい ●加盟にあたり本部の情報開示に不安がある ●本部の過大なセールストークがつきまとう ●本部が提示する FC 契約は、加盟店側からの変更・修正の余地はない ●契約上の責任と義務が多い ◆創意工夫の余地が少ない ◆すべてにわたり本部の締め付けが多い ◆イメージの統一を強いられる ◆商圏が同一ブランドに侵食されることに不安がある ◆解約違約金条項にしばられる ◆競業避止義務があり、解約後まで制約を受ける

外食店開業・FC加盟に関する相談窓口

一般社団法人日本フランチャイズチェーン協会

〒105-0001　東京都港区虎ノ門3-6-2　第2秋山ビル1F
TEL：03-5777-8701（代表）　FAX：03-5777-8711
ホームページ　https://www.jfa-fc.or.jp
　経済産業省認可の、日本で唯一のフランチャイザー（本部）による公的組織。

協会の主要な活動は次の通り：
・法的環境整備
・苦情相談・相談業務
・業界の組織化
・広報・PR活動
・フランチャイズに関する統計資料の作成
・教育・研修活動
・環境問題への取り組み
・国際活動
・地域活動
・社会貢献活動
・事業者間の交流

中小企業庁

〒100-8912　東京都千代田区霞ケ関1-3-1
TEL：03-3501-1511（代表）
ホームページ　https://www.chusho.meti.go.jp

　中小企業の育成・発展を図るための基本方策の作成、中小企業に関する法律施行など事務を取り扱う機関（経済産業省の外局）。具体的には中小企業に対して、①経営の安定と強化 ②IT革命への対応 ③創業・ベンチャー・経営革新 ④商業振興 ⑤技術 ⑥雇用・人材育成などの分野で、補助金、融資、税制、相談、助言、研修などにより、中小企業の発展を支援している。これらの情報はホームページやメールマガジンで詳細が公開されているので、参考にするとよい。

▼中小企業庁の相談窓口

都道府県等 中小企業支援センターへ

公正取引委員会

〒100-8987　東京都千代田区霞が関1-1-1
TEL：03-3581-5471（代表）
ホームページ　https://www.jftc.go.jp

FCビジネスでも関わりの深い、独占禁止法を運用するために設置された機関。

▼公正取引委員会の相談窓口

北海道事務所	011-231-6300（代）
東北事務所	022-225-7095（代）
中部事務所	052-961-9421（代）
近畿中国四国事務所	06-6941-2173（代）
近畿中国四国事務所四国支所	087-811-1750（代）
近畿中国四国事務所中国支所	082-228-1501（代）
九州事務所	092-431-5881（代）

商工会議所・商工会

●日本商工会議所
〒100-0005　東京都千代田区丸の内3-2-2　丸の内二重橋ビル
TEL：03-3283-7823
ホームページ　https://www.jcci.or.jp

●全国商工会連合会
〒100-0006　東京都千代田区有楽町1-7-1　有楽町電気ビル北館19F
TEL：03-6268-0088
ホームページ　https://www.shokokai.or.jp

商工会議所は商工会議所法、商工会は商工会法に基づく地域商工業者の団体。基本的には市・特別行政区には商工会議所（全国 515 か所）が、町村には商工会が設置されている。主に地域の中小企業を対象に金融、税務、経理、経営、労務、商取引などに関する相談や指導を行っている。また、これから創業しようとする起業家に対しても、相談や指導を行っている。相談や指導は無料。創業に役立つ各種講演会やセミナーも開催している。このほかに、無担保・無保証人で融資する「小規模事業者経営改善資金融資制度」の斡旋も行っている。

索引

INDEX

■か行

■あ行

■さ行

た行

■な行

■は行

■や行

■ら行

■ま行

■わ行

■アルファベット

■数字

●著者紹介

中村　恵二（なかむら　けいじ）

1954年山形県生まれ。法政大学経済学部卒。ライター。これまで「図解入門業界研究」シリーズ（秀和システム）を中心に、多数の業界解説本を発表している。執筆の傍ら、高校や大学等で進路選択の講演活動なども行っている。

紙と電子本の編集プロダクション「ライティング工房」を主催。

南　まい（みなみ　まい）

1995（平成7）年大阪府生まれ。ホテル、旅館での勤務のあと、2016年より大手ソフトウェア会社のインハウスデザイナーとして社内マーケティングに携わる。その後、Googleビジネスプロフィール運用責任担当者としてWeb制作会社に従事。現在、店舗集客コンタクトを行っている。一般社団法人DXビジネスコンティニュー推進協会　講師。

図《ず》解《かい》入門《にゅうもん》業界《ぎょうかい》研究《けんきゅう》 最新《さいしん》
外食業界《がいしょくぎょうかい》の動向《どうこう》とカラクリが
よ～くわかる本《ほん》［第《だい》4版《はん》］

発行日　2024年　5月　1日　　　第1版第1刷

著　者　中村《なかむら》　恵二《けいじ》／南《みなみ》　まい

発行者　斉藤　和邦
発行所　株式会社　秀和システム
〒135-0016
東京都江東区東陽2-4-2　新宮ビル2F
Tel 03-6264-3105（販売）Fax 03-6264-3094
印刷所　三松堂印刷株式会社　　Printed in Japan

ISBN978-4-7980-7195-4 C0033

定価はカバーに表示してあります。

乱丁本・落丁本はお取りかえいたします。

本書に関するご質問については、ご質問の内容と住所、氏名、電話番号を明記のうえ、当社編集部宛FAXまたは書面にてお送りください。お電話によるご質問は受け付けておりませんのであらかじめご了承ください。